新时代广西旅游产业发展战略研究

林 娜 著

中国财经出版传媒集团
经济科学出版社
Economic Science Press

图书在版编目（CIP）数据

新时代广西旅游产业发展战略研究/林娜著．—北京：经济科学出版社，2017.10

ISBN 978-7-5141-8583-6

Ⅰ.①新…　Ⅱ.①林…　Ⅲ.①地方旅游业-旅游业发展-经济发展战略-研究-广西　Ⅳ.①F592.767

中国版本图书馆 CIP 数据核字（2017）第 270380 号

责任编辑：李晓杰
责任校对：蒋子明
责任印制：李　鹏

新时代广西旅游产业发展战略研究
林　娜　著
经济科学出版社出版、发行　新华书店经销
社址：北京市海淀区阜成路甲 28 号　邮编：100142
总编部电话：010-88191217　发行部电话：010-88191522
网址：www.esp.com.cn
电子邮件：esp@esp.com.cn
天猫网店：经济科学出版社旗舰店
网址：http://jjkxcbs.tmall.com
北京季蜂印刷有限公司印装
710×1000　16 开　13.5 印张　270000 字
2019 年 1 月第 1 版　2019 年 1 月第 1 次印刷
ISBN 978-7-5141-8583-6　定价：39.00 元
（图书出现印装问题，本社负责调换。电话：010-88191510）

此书受广西高校“党的十八大精神研究”专项课题重点项目、“休闲养生旅游研究中心”广西高校人文社科重点研究基地、“旅游管理”广西一流学科（培育）资助

自　序

改革开放以来，在国家总体战略引领下，广西在一直努力探索“赶超跨越”发展之路。从 1985 年的“尽快翻身”到 1997 年的“三大战略、六大突破”，再到 2011 年的“富民强桂”新跨越，都把争取较快增长速度、尽快做大经济总量放在中心位置，这既是广西各族人民的迫切要求和共同愿望，也是由特殊区情所决定的。近年来，为深入落实国家整体战略部署，广西壮族自治区党委、政府提出了两区一带“双核驱动”发展战略，这是在全面深化改革的宏阔历史背景下，对广西区情、发展优势、发展潜力、发展途径的科学认知；是重新审视广西开放发展历史方位、审视广西发展战略、审视广西发展方式的智慧结晶；是进一步加快广西经济社会发展步伐、如期实现“两个建成”富民强桂目标、推动广西跨越发展的正确的战略选择。

大众旅游时代的到来，逐渐改变了人类社会经济的活动方向，使得旅游逐渐成为当前人类社会的主要生活方式。随着人民经济生活水平的不断提高，国家政策的大力扶持，再加上人们日益增长的物质文化需求特别是对旅游度假的需求以及带薪假期的不断增加，给当前旅游业的发展提供了一个良好契机。与其他产业相比，旅游业以其强劲的发展态势成为当前经济产业中最具活力的“朝阳产业”，拥有后发优势的旅游产业在国民经济中所起到的作用也逐步提高。理论对人们的实践活动具有良好的指导作用。旅游业是国民经济支柱产业的重要组成部分，明确与旅游产业发展的相关理论，并在理论指导下发展旅游业，对于旅游经济的良好健康快速发展以致国民经济的发展皆起到不容忽视的作用。

党的十九大指出，中国特色社会主义进入新时代，我国社会主要矛盾已经转化为人民日益增长的美好生活需求和不平衡不充分的发展之间的矛盾。旅游作为人民群众对美好生活的向往，作为美丽经济、健康产业、幸福产业，如何适应新时代发展要求，推动从高速旅游增长向优质旅游发展，推进结构优化和增长动能转换，实现旅游产业可持续健康发展，是我们面临的新情况、新问题、新考验。广西要坚持发展第一要务，以提高发展质量和效益为中心，围绕旅游强区建设目标，以改革创新、提质增效为主线，以加快美丽广西和生态广西建设为契机，突出规划引领、保护优先、创新驱动、开放合作，整合特色资源，优化发展布局，提升产业素质，实施脱贫攻坚，把旅游业培育成为广西国民经济的战略性支柱产业和人民群众更加满意的现代服务业，为确保如期实现“两个建成”目标作出更大贡献。努力将广西建成旅游强区，成为全国一流、世界知名的区域性国际旅游目的地和集散地，成为国家健康养生旅游区以及国家全域旅游示范区、国家旅游扶贫示范区。

本书从战略管理的角度出发，认真梳理了近些年广西旅游产业发展脉络，全面总结广西旅游整体发展、人才发展、产业结构发展、产业可持续发展、产业融合发展、产品开发、区域协调发展、沿边旅游开发等方面的现状，分析旅游产业发展所面临的问题，提出相应的旅游产业发展战略，并结合理论研究成果展望新时代广西旅游产业的发展。希望本书的出版，为广西各级地方政府、旅游相关部门和企业提供一定意义的参考意见。

林　娜

2018 年 10 月

目　录

第一章

广西旅游产业理论研究

第一节 研究背景

近年来，在广西所推行的“赶超跨越”发展战略指引下，全区各项经济指标在短期内得到了大幅度提升，获得了令人瞩目的成绩。2013 年，广西全区 GDP 为 16803 亿元，是 1952 年的 1300 多倍；目前全区的工业产值已经突破 2 万亿元，工业企业种类具体包括 39 个核心种类、170 多个中级分类和 300 多个微观层面的分类，这皆有利于全区经济总量规模化发展与经济结构的调整。此外，广西在运输、能源、基础设施建设与公共服务等方面也取得了较好的成绩。各项公共基础设施水平的不断提高，使得广西在经济发展上获得了更为理想的条件。通过产业经济开发与对外交流方式，大部分经济欠发达地区经济得到了迅速发展。广西构建的系统化全方位经济发展格局，也为经济进一步提升和发展创造了良好的政策环境；全区的财政收入达 2332.96 亿元，用于民生领域的公共财政开支达 2400 亿元，财政资金的有效积累为广西更好改进民生、提高全区人民生活质量，奠定了良好基础，也加快了全区实现经济发展提质增效目标的进程。

“十三五”期间，广西旅游面临良好的发展环境与机遇。从全球来看，旅游业蓬勃发展，世界旅游业产值占 GDP 的比重已经超过 9.5%，对就业的贡献超过 10%。从目前来看，我国人均国民生产总值已经超过 7000 美元，逐渐进入了旅游消费需求的高速增长发展阶段。党的十八届五中全会明确提出要大力发展旅游业，国家出台了《国务院关于促进旅游业改革发展的若干意见》（国发〔2014〕31 号）等一系列文件，旅游业成为新常态下促进经济发展新的增长点。在“一带一路”倡议的指导下，加上广西北部湾经济区、珠江—西江经济带、桂林旅游区以及左右江革命老区的建设，将有望使全区旅游业实现跨越式发展。另外，因高铁的建成通车，也使区内交通条件得到了改善，整体运输体系的综合运力水平得到了大幅度提升，这必将带动广西旅游消费量的增加。综合以上因素，广西在旅游业发展上具有十分显著的优势。

不过与此同时，广西旅游发展也需要面对多方面的挑战与压力。一是全区旅游资源缺乏深层次开发，具有国际影响力的高端旅游品牌数量太少，旅游产品结构不合理。观光型旅游产品有待提质升级；休闲度假、养生旅游、民族风情旅游和文化旅游等产品有待拓展；会展旅游、生态保健旅游、内河旅游、探险旅游、种植园旅游等新型的旅游产品有待深入开发。二是旅游产业结构有待进一步优化。广西目前在旅游产业的融合上还存在一些问题，旅游产业的新业态并未得到有效建立，旅游服务与产品的供给无法满足旅游市场与旅游消费的多样化需求。三是旅游方面的基础设施建设与公共服务综合水平较差。尤其在交通大通道建设上急需提升建设水平，小交通设施亟待健全；旅游服务与接待能力也有待进一步提高。四是目前广西旅游市场的体系建设不够完善，市场主体有待加强。旅游开发市场化程度不高，旅游市场营销创新不足。旅游市场的国际化程度不高，旅游市场经营主体数量相对较少，在证券资本市场上市的旅游企业不多，旅游业的融资渠道还需要拓展和加强。五是旅游发展体制机制仍需完善。在职能组织、审批管理、资源开发与产业管理、旅游规划、行业组织等方面的体制机制有待完善。六是面临的市场竞争日趋激烈。广西旅游业发展水平与旅游发达省份相比还存在一定差距，同时还面临与广东、云南、贵州等周边省和东盟各国的激烈竞争。七是面临自然与文化资源保护的压力，担负石漠化环境治理的重任，面临贫困地区保护资金相对不足等困难。

因此，必须运用战略管理理论，综合旅游经济学理论对广西旅游产业进行系统、全面的分析，确定广西旅游产业发展的挑战和机遇，研究和制定广西旅游产业发展的战略体系与规划方案。

第二节　研究意义

广西作为我国生态环境优良、区位优势显著、旅游可开发资源丰富的旅游大省区，在旅游发展上具有得天独厚的优势。由于广西旅游业发展起步较早，到目前为止，全区旅游业已基本实现了规模化建设。在“十五”规划中，广西明确提出了要加大力度做好绿色生态产业的建设发展，提高旅游业在整体经济格局中的占比，通过大力发展旅游业，提高全区经济发展水平的宏观思路，并就重点旅游区、旅游路线、旅游产品的开发等进行了系统规划与布局，全面开发广西旅游资源，使全区旅游优势转化为经济发展的动力。“十一五”规划正式将旅游业确定为广西未来发展的重要战略，充分确立了发展旅游经济对广西经济发展的重要地位。虽然广西是我国最早进行旅游业开放的重点地区，但是，与全国其他旅游重点地区相比，其国内游客数量、入境游客数量或者旅游业整体产业发展规模都相对落后，这与广西旅游大区的形象极不相符。因此，基于上述背景，进一步明确了选题方向，就广西如何在CAFTA背景下充分把握发展机遇，面对威胁，迎接挑战，怎样制定科学的旅游业发展模式，实现未来广西旅游产业的规模化发展，进行了专门的课题探讨与研究。本书的课题研究对广西旅游产业发展而言具有十分重要的战略意义，有利于提升旅游产业经济，有利于促进旅游产业结构的科学调整，有利于实现“十三五”规划中将广西建设成为旅游强区目标。

本书主要用现代市场营销领域的战略管理理论解决旅游经济领域的实际问题。首先，梳理广西自“十五”规划以来的旅游战略的调整和演进，客观分析了旅游产业发展的环境，并提出了本书关于广西旅游产业发展的理论基础；随后整体分析广西旅游产业当前发展现状，具体分析人力资源、产业结构、产业融合、市场竞争力、产品开发、沿边开发的方面出现的现状，并且规划这些方面出现的问题；接着，对全区旅游产业发展的现实情况与存在的问题进行深入探讨，提出广西旅游业发展的战略选择；最后针对现有研究的不足和国家旅游“十三五”规划的发展要求，提出了广西旅游产业发展展望。

第三节 广西旅游战略的调整和演变

一、“十五”时期广西旅游业发展战略的提出

“十五”期间，广西旅游行业积极贯彻并落实中央政府和广西壮族自治区关于旅游产业发展的政策规划与战略部署，提出了积极发展区域旅游产业经济，开放带动周边产业发展，以重点突破发展全区经济的发展战略。在这一战略思想的指引下，广西旅游产业的经济规模与经济经济效益都获得了显著提升。通过产业联动效应，使得周边其他产业也获得了发展。目前，广西旅游产业整体格局逐渐成型，旅游产业已经步入健康良性高效发展的轨道，在未来有望发展成为广西重要支柱型产业。

在“十五”期间，广西累计接待入境游旅客数量为593.37万人次，创造外汇收入14.33亿美元，与“九五”计划期间相比，分别提高了64.1个百分点与43.7个百分点；累计接待国内游旅客数量达到2.58亿人次，收入达到了1085.55亿元，与“九五”计划期间相比，同比上升了49.1个百分点与60个百分点；广西在这一时期旅游业整体收入达到了1203.22亿元，相对于“九五”计

划期间而言，同比上升了58.1个百分点。总的来说，“十五”期间全区所有旅游产业的经济指标相对于“九五”期间都有了超大幅度地提升，旅游业在产业规模与产值上实现了突破式增长。2005年，广西总计接待入境游旅客数量达147.71万人次，与2004年相比，同比增长25.6个百分点，以外汇形式计算的旅游收入达到了3.59亿美元，同比上升了24.7个百分点；2005年全年总计接待国内游旅客数量达到了6493.38万人次，同比上升了17.7个百分点，全年旅游收入达到了277.80亿元人民币，同比上升了20.2个百分点；全区旅游产业整体收入达到了306.91亿元人民币，同比上升了20.5个百分点，旅游业的产值可以占到全区GDP的7.6%①。

根据省党委、省政府提出的战略决策，广西在旅游业发展上目前的主要战略措施有：

一是努力建设全区旅游产业规模与体系。截至2005年底，广西所拥有旅游方面的各种行政、企事业单位超过1000家，旅行社为355家；客房4.6万间、床位8.83万张；饭店352家，景区景点800多处；客运企业、商业服务企业、餐饮购物等周边旅游业服务企业100多家，客运车辆1760辆，座位总数量达到4.85万个；游船281艘，座位总数量达到2.54万个②。

二是打造广西旅游业产品品牌，发展特色旅游项目。在“十五”期间，全区累计投入200多亿元，用以建设旅游业，并顺利打造出一批以生态休闲、滨海度假、边关览胜、红色旅游为主题的特色旅游产品，提升了广西在旅游市场上的综合竞争力，旅游产品在布局结构上也更加科学合理，摆脱以往单一的观光型旅游模式，逐步向多元化旅游模式进行过渡。

三是拓展客源市场和营销模式。采取多元化的形式、选择以多层次、立体性的营销方式展示宣传广西旅游的品牌形象与服务特色，构建并形成高效通畅的旅游营销网，在巩固以往旅游市场客源基础的同时，拓宽广西旅游业的市场规模，构建形成入境游旅游市场、国内旅游市场与出境旅游市场多元化立体互补的综合性旅游业市场格局。

四是提高旅游环境与服务质量。加大力度做好全区城市旅游基础设施建设，完善各项旅游服务功能，提升旅游环境与旅游综合接待水平。要协调好旅游业主管部门跟其他行业之间的关系，做好行业内部的监督管理，以法制手段规范旅游市场的运营管理秩序，做好教育培训工作，提高旅游从业人员的专业化素质，为全区旅游业服务质量与服务水平的持续提升做好准备工作。

五是加强区域合作和交流。要充分利用广西的区位优势，强化区域经济合

① 根据历年《中国统计年鉴》《广西统计年鉴》及作者计算得出。
② 资料来源于历年《广西统计年鉴》。

作，加入大湄公河次区域，发展中国—东盟博览会，努力强化以阳朔为国际旅游组织观测点的核心地位。构建广西国际旅游合作组织框架，与邻近省区构建无障碍旅游区；加大区内不同市县之间的旅游领域产业合作与经贸交流，打造多省联合的旅游业大市场。

六是继续建设全区旅游基础设施与环境。进一步加大交通基础设施的投入，重点关注公路、航运、铁路、海运与内河的交通运输，做好交通基础设施的建设工作。进一步推进我国西部大开发战略的落实执行，针对边境沿海地区，实现海陆空综合运输交通体系的良好衔接，构建形成立体化综合性的旅游交通网络，以高效畅通的旅游交通服务为全区旅游业发展创造条件，尽快形成集合陆路运输、铁路、水运、空运一体的立体旅游交通网。同时，做好水电、通信、消防等周边配套设施的建设工作。

七是做好旅游从业队伍的素质建设。建设多元化的旅游教育培训基地，增加旅游教育资源的开发建设和投入，通过旅游专业化培训，做好旅游产业的人力资源培育与管理，进一步完善本区旅游业人力资源培育供给机制，提高旅游从业队伍的专业化水平与综合素质。截至 2005 年底，广西旅游从业人员数量接近 120 万人。全区旅游规划设计单位 15 家，在旅游规划设计的质量上处于全国领先位置①。

八是旅游产业的宏观发展环境不断改善。大旅游、大产业、大市场意识不断增强，旅游业已成为当今时代带动区域经济发展最为核心的绿色生态可持续发展产业。我国政府逐年提升旅游业发展支持力度。受到政府政策的影响，我国社会居民的旅游意识也逐渐加强。随着居民人均收入水平的不断增加，很多居民的旅游消费能力也在不断提高，因此，逐渐形成了有利于旅游业发展的社会环境。

“十五”期间，广西在旅游业发展上取得的成绩为全区进一步发展旅游业，建设旅游强区打下了良好基础。

二、“十一五”期间广西旅游业战略的发展推进

“十一五”期间，广西确立了把旅游业当作广西经济发展支柱型产业的整体规划，充分肯定了旅游业在全区经济发展中的核心地位。努力推行建设旅游强区的发展规划，加大力度推进全区旅游业发展。构建富有地方特色的旅游产品生产销售体系、旅游基础设施与配套服务机制、旅游营销体系、旅游服务体系、旅游人才开发培育体系五大支持旅游业发展的支撑机制，充分考虑统筹协调、重点推进，构建系统化的广西旅游产业综合体系，为广西旅游产业的规模化、规范化、

① 资料来源于历年《广西统计年鉴》。

品牌化发展创造优良环境，注入更多发展动力。

在这一时期，广西旅游业总计接待入境游者旅客数量达到 1037.4 万人次，同比上升了 74.83 个百分点，旅游领域实现外汇收入达到 30.52 亿美元，同比上升了 112.96 个百分点；国内游旅客数量达到了 51516.2 万人次，同比上升了 99.36 个百分点，实现国内旅游收入达到 2783.0 亿元，相比于“十五”计划，同比上升了 156.37 个百分点；广西旅游整体收入为 3001.28 亿元，相比与“十五”计划期间，同比上升了 149.44 个百分点。总体而言，上述数据全面赶超了“十一五”规划提出的所有项目指标，全区旅游产业的发展速度超过全国平均水平 5%，年均游客数量递增率达到了 16.6%，旅游产业收入年均增长率达到了 25%。截至 2010 年，广西旅游产业的整体收入几乎占到全区产值的 1/10，为建设和形成旅游强省奠定了基础①。

当下，广西旅游发展战略主要是：

一是以政府为主导，以企业为主体，加大力度做好旅游产业的市场推进的发展战略。通过加强政府对旅游产业的政策支持力度，引导广西旅游业的良性健康发展。构建科学有效的旅游产业投融资平台，满足旅游业发展的资金需要。调整产业结构，做好旅游产业的上下游配套产业建设与基础设施建设，为旅游业的发展创造良好的外部条件。充分发挥市场对资源的优化配置作用，为旅游业的发展创造自由竞争的良好环境，促进行业领域优胜劣汰，使得优质的旅游企业脱颖而出，为广西旅游业的不断优化升级而注入活力。

二是以人为本，和谐发展战略。坚持为消费者服务的原则，深入研究旅游领域的市场动向与消费者旅游消费需求的变化，设计契合市场需要的旅游产品与符合消费者旅游消费需求的服务，以针对性的旅游营销策略来更好地满足旅游领域广大消费者的需要。同时，要注意做好旅游领域人力资源的队伍建设，提升旅游从业人员的专业化素质与服务水平。协调好城乡旅游、区域旅游、入境游市场、出境游市场与国内旅游市场等各个方面的相互关系，实现广西旅游业的和谐发展。

三是整合优化，结构调整战略。坚持长期可持续发展原则，对广西旅游业的空间整合与品牌建设进行进一步优化。构建区域联动、以核心企业为支点的广西旅游资源整合开发战略，整合旅游资源，充分发掘和利用旅游产业的所有要素。通过进行旅游产品优化与产业结构调整，使广西旅游产业的布局结构得到改善，使旅游业的系统化水平上获得整体提高。

四是品牌打造，质量提升战略。要坚持优质化、品牌化思想，构建广西优质旅游品牌。通过树立和宣传品牌，以品牌战略带动广西全域旅游资源开发利用，提升广西国内外旅游市场的综合竞争力。以优质品牌为核心，完善旅游相关产

① 根据历年《中国统计年鉴》《广西统计年鉴》及作者计算得出。

业，提升旅游服务水平。打造广西旅游精品路线与精品景点，以吸引更多游客到桂旅游。

五是创新驱动，开放带动战略。要做好广西旅游业体制改革与创新工作，进一步推动广西旅游产业的优化升级，将旅游产业的发展方式从传统的主要依托与资源与资金进行驱动，转变为由品牌和产品、服务进行推动。要立足广西拥有的旅游优势资源，在产业创新与营销创新上找到新的突破口，扩大宣传促销手段，提升旅游业的消费水平与消费量。

六是科教兴旅，可持续发展战略。整合优化广西旅游教育培训资源，扩大和提高本区旅游人才资源的总量与人才供给能力，同时也要引进各类专业旅游人才。在发展旅游业的同时，要做好旅游资源的合理开发与生态环保工作，制定科学合理的旅游业长期发展规划，有效实现旅游资源的合理开发与利用，实现旅游业资源的良性循环，实现广西旅游业的长期可持续发展。

在当前形势下，广西旅游业发展的整体规划可以概括为：全面构筑“一个旅游龙头，两条黄金旅游带，两大旅游集散中心，五大旅游特色，六大旅游品牌，八大旅游区，十大精品旅游线路”的旅游业产业发展整体格局。努力打造广西精品旅游品牌，推动精品旅游路线的建设与旅游区建设，在以往的旅游经典线路与景点基础上，打造广西十大精品旅游线路。

三、“十二五”期间广西旅游业战略的纵深发展

“十二五”时期，广西把加快发展旅游业放在了十分重要的战略高度，确立了“富民强桂”和以旅游业为支柱型产业的经济发展整体规划。坚持科学发展观，以市场为导向、以改革开放为动力，在政府扶持下，大力推动广西旅游产业向集约化、市场化、规模化与国际化方向发展。在充分整合旅游资源的同时，打造广西旅游品牌，着重建设精品品牌，构建旅游综合服务网络，努力实现由旅游大省（区）向旅游强省（区）的转变与跨越。

广西旅游业目前的核心任务是于调整区域旅游发展格局，做好旅游产业的优化转型，培育和建设具有市场竞争力的旅游服务机制与产品体系，大力发展上下游配套产业，丰富旅游业发展相关的各个方面要素。完善基础设施建设，提升公共服务水平，做好旅游领域专业人才的队伍建设与人才供给培训机制建设，做好旅游市场的规范化、制度化、公平化、法制化建设，为旅游产业的发展营造良好的市场环境。

在“十二五”期间，广西旅游业发展的核心原则可以概括为：

一是坚持以人为本，通过科学的营销方案与人性化的产品服务设计，提升消费者对旅游产品的满意度。以市场为导向，以提高旅游服务质量为原则，深入调

查旅游市场发展动向与消费者旅游诉求的变化，设计契合市场需求旅游产品与符合消费者旅游消费习惯的服务。如此制作出来的旅游营销策略针对性强，可以更好地满足广大旅游消费者的需要。

二是坚持创新、优化调整旅游产业的发展机制。要做好旅游管理体制的改革工作，进一步优化和创新运行机制。积极引入先进的现代管理思想与旅游经营理念，对传统的旅游企业进行改造升级，以新的旅游开发方式、管理理念与服务方式，改进和提高广西旅游企业的综合管理能力与市场竞争力水平。

三是坚持开放合作、构建旅游发展大格局。立足于广西显著的区位优势，把握住我国“一带一路”倡议的良好契机，利用多区域合作的良好机遇，努力提高广西旅游业的对外开放力度，拓宽广西旅游业的发展格局，加强广西旅游跟国外旅游产业的横向合作，提升广西旅游业的现代化与国际化水平。

四是坚持联动协调、促进产业融合发展。要深入研究旅游与其周边产业之间的协调发展规划，把握好旅游与整个社会经济的关系。协调布局旅游相关产业，实现良性的资源互补与经济协同，实现旅游跟其他周边行业的良性共生的关系，促进产业融合发展。

五是坚持重点突破、打造旅游精品品牌。以旅游业发展的优质化、品牌化思想打造广西优质旅游品牌。树立与宣传品牌，以品牌战略带动广西全域旅游资源开发利用，能够提升广西旅游市场的综合竞争力。

六是坚持节能环保、实现旅游产业的长期可持续发展。注重生态环保，做好节能减排与污染治理工程，实现广西旅游资源的长期合理开发。合理控制旅游景区游客数量，严格落实旅游规划内容，完善旅游环境评价机制。要实现旅游资源的合理开发与利用，保护水资源、土地资源，将节能减排思想融入旅游发展之中，实现旅游业资源的良性循环，促进广西旅游业的长期可持续发展。

“十二五”期间，广西旅游业发展主要目标是：

在“十二五”时期内，构建以旅游业为支柱型产业的广西经济发展体系，建设现代化旅游产业体系，优化旅游发展方式，打造具有广西特色的旅游精品，改进旅游服务态度，提高旅游服务水平，以国际化标准打造广西旅游的优质品牌；让广西成为国内首屈一指、国际知名的旅游品牌与旅游大区。

旅游市场规模整体上得到进一步提升，2015 年广西旅游消费人数达到 2. 5 亿人次，相比“十一五”时期，年均增长达到 15%；入境游客消费者数量达到 400 万人次，相比“十一五”时期，年均增长达到 10%；旅游业产值达 2500 亿元人民币，相比“十一五”时期，年均增长达 22%，旅游业产值可以占到广西 GDP 的 13% 以上。

广西旅游从业人数达到 100 万人以上，带动社会相关领域就业人数达到 500 万人以上。

广西旅游的服务质量获得显著提升，消费者满意率达90%以上，主要旅游经济指标在国内排名前10位。

建成100个4A以上景区，100家四星级以上酒店，100家营业收入超亿元旅游企业，300个游客服务中心，1000座旅游厕所，10000家以上“农家乐”，实现全社会旅游总投资3000亿元①。

“十二五”期间，广西旅游业发展主要框架为：

系统化构建“一个龙头，两条发展带，三大国际旅游目的地，四大旅游集散地，五大旅游品牌，六条精品线路，七大旅游区，九大特色产品”的系统化旅游发展规划。也就是：

一个龙头：有效发挥桂林对全区旅游的带动作用。

二条发展带：重点建设桂林—柳州、来宾—南宁—北海、钦州、防城港南北旅游发展带与梧州、贺州—贵港、玉林—柳州、来宾—南宁—崇左、百色旅游发展带。

三大旅游目的地：着力打造大桂林、北部湾、红水河流域三大国际旅游目的地。

四大集散地：构建以南宁、桂林、梧州、北海为代表的四大旅游集散地。

五大品牌：继续培育桂林山水、北部湾浪漫滨海、中越神秘边关、巴马长寿养生、刘三姐民族风情五大旅游品牌。

六条精品线路：整合推出桂东北山水精华游、中越边关探秘游、北部湾休闲度假游、少数民族风情游、世界长寿之乡休闲养生游、桂东祈福感恩游六条旅游精品线路。

七大发展区：将桂林国家旅游综合改革试验区、南宁凤亭国际生态文化旅游区、左右江红色旅游区、河池生态养生旅游区、北海涠洲岛旅游区、中越国际旅游合作区和桂台（贺州）客家文化旅游合作示范区作为广西旅游发展重要基地，不断探索跨越式发展的新路子。

九大旅游产品：开发提升游览观光、休闲度假、宗教历史文化体验、长寿养生、民族民俗风情、康体运动、红色旅游、会展商务、乡村旅游九大特色旅游产品。

第四节 广西旅游产业发展的客观环境

一、政治环境

党中央、国务院历来高度重视广西发展，改革开放以来，相继作出了一系列

① 根据历年《广西统计年鉴》计算得出。

促进广西开放开发的重大决策。

1984 年，国务院批准北海成为全国首批沿海对外开放城市。1985 年，国家同意钦州、梧州、玉林等市（县、区）享受沿海经济开放区政策。2000 年，国务院把广西纳入西部大开发战略实施范围。2009 年，我国出台了《关于进一步促进广西经济社会发展的若干意见》①。2013 年 7 月，国务院总理李克强在视察北部湾后指出，要将广西加快建设成中国西南中南地区开放发展新的战略支点。2014 年，广西开始加快建设 21 世纪海上丝绸之路的新门户建设。2015 年，我国多个部门联合出台了《推动共建丝绸之路经济带和 21 世纪海上丝绸之路的愿景与行动》②，其中明确提出要“充分发挥广西跟东盟国家之间区域位置相邻的地区优势，做好北部湾经济区与珠江—西江经济带的建设工作，打造我国跟东盟国家之间进行经贸交流的通道，构建形成西南、中南地区对外开放的新支点。”③ 在国家改革开放的大潮中，广西旅游业迎来优势叠加、加快发展的历史时期。

为大力发展旅游业，国家针对旅游业相应出台相应的政策，旅游业逐渐上升为国家战略。2009 年，我国出台了《国务院关于加快发展旅游业的意见》（国发〔2009〕41 号）；2013 年，我国第一部旅游法，即《中华人民共和国旅游法》正式出台；2014 年又颁布了《国务院关于促进旅游业改革发展的若干意见》（国发〔2014〕3141 号），这些相关政策的颁布无不揭示了国家已经将旅游业的发展上升到战略高度层面。

为规范旅游市场秩序，国家制定了《中国旅游饭店行业规范》《旅行社条例》《旅行社质量保证金暂行规定实施细则》《旅游安全管理暂行办法》《中国公民出国旅游管理办法》《边境旅游暂行管理办法》《旅游发展规划管理办法》等，并对其中一些规范和条例作了相关修订，这在一定程度上给广西旅游业的发展营造了一个良好的政治环境。

广西高度重视旅游业的发展，相应出台了一系列促进旅游业发展的文件和规划方案。《关于加快旅游业跨越发展的决定》与《关于加快旅游产业发展建设旅游强区的决定》等相关文件的出台成为促进广西旅游发展的指导性文件。除文件和规划方案外，自治区政府还出台了多项激励优惠政策以促进广西旅游业的发展。不仅加大旅游财政投入力度，还对旅游景区的升级实行补助奖励。《关于印发加快创建广西特色旅游明显若干支持和激励政策的通知》（桂政发〔2014〕49 号）里明确指出，在 2014 ~ 2017 年期间，每年都要安排 1000 万左右的旅游发展

① 郑月波．广西生产性服务业发展之我见［J］．百色学院学报，2010，23（5）：64 - 69.

② 张玥，欧阳柳依．一带一路，各省找路［J］．中国外资，2015（7）：40 - 42.

③ 胡德坤，邢伟旌．“一带一路”倡议构想对世界历史发展的积极意义［J］．武汉大学学报（人文科学版），2017，70（1）：17 - 23.

资金来完善各个市（县）的旅游公共服务设施，支持重点旅游项目建设。此外，自治区还进一步发展服务业，将特色名镇名村的旅游发展提上政治议程，着力打造旅游强区，出台了《中共广西壮族自治区委员会广西壮族自治区人民政府关于进一步加强服务业发展的决定》《广西壮族自治区人民政府关于促进特色名镇名村发展的意见》《广西壮族自治区人民政府关于加快建设旅游强区的决定》等文件引导广西旅游业的发展。

二、经济环境

为推动中国特色社会主义事业的发展，党在十八大报告中明确提出要进行"五位一体"总体布局，要全面把握政治、经济、文化、社会和生态文明的建设。旅游产业作为旅游经济的重要组成部分，与国家"五位一体"建设密切相关。在《中华人民共和国旅游法》的框架下，广西紧紧抓住国家颁布的《国民旅游休闲纲要（2013～2020年）》，确定了"一个龙头，两条发展带，三大国际旅游目的地，十大旅游集散地和创建一批特色旅游名县名镇名村"战略部署，不仅促进了广西旅游业的跨越发展，还带动了广西经济的平稳持续增长①。总体而言，广西旅游业经过多年发展已经有了较大的改善。良好的旅游经济发展环境是一国或一地区旅游业可持续发展的重要保障。旅游经济环境主要指旅游业发展的社会经济状况和国家的经济政策。在国家和自治区的高度重视和相关政策扶持下，广西旅游经济得到较快发展，旅游经济环境不断优化。

由于金融和土地是制约旅游业经济发展的两大瓶颈，所以国家不仅逐渐加大对民间旅游投资的金融支持力度，还加大了对民间旅游投资的用地保障力度。就全国而言，在中央财政层面，先后出台了国家旅游发展基金和海南国际旅游岛购物免（退）税的一系列政策，大大增加了中央财政对旅游业发展的支持力度。就广西而言，由于资金流可以带动经济流，因此自治区财政政策的倾向对广西旅游业的可持续发展起到十分重要的作用。为促进旅游业的发展，自1999年起，广西壮族自治区人民政府针对旅游业设立了自治区旅游发展专项资金。据有关资料统计，2015年的自治区旅游发展专项资金累计金额安排已超20.4亿元。特别是近些年来，自治区旅游发展专项资金呈现超规模增长的态势，由2010年的5000万元增长到2015年的6亿元。这种专项资金不仅促进了广西旅游资源的整体规划和宣传促销，而且还有利于广西重点旅游项目的开发和建设，引导和扶持自治区党委和人民政府近期提出的打造四大国际旅游目的地及建设广西特色旅游名

① 黄永久．在新的起点上把南宁市旅游业培育成战略性支柱产业［J］．中共南宁市委党校学报，2010，12（6）：7－11.

县。与此同时，与广西经济实力相近的省（自治区、直辖市）相比，广西在旅游业上的财政投入已超过全国平均水平，并位于全国上游水平。在2013～2015年，在桂林国际旅游胜地旅游项目建设上，自治区旅游发展专项资金安排补助了21375万元；在北部湾国际旅游胜地旅游项目建设上安排的补助资金为20030万元；在巴马长寿养生国际旅游胜地旅游项目建设上安排的补助资金为15980万元；在广西特色旅游名县旅游项目建设上安排补助资金68130万元。货币政策方面，在2014～2015年，广西加大了旅游贷款项目补贴力度，贷款贴息达12350万元[①]。由此可见，广西旅游业的经济环境状况较佳。

三、社会环境

广西具有得天独厚的区位条件，与越南接壤，同时跟菲律宾、新加坡、印度尼西亚等国隔海相望，是东盟自贸区的地理位置中心。在中国—东盟自由贸易区的大背景下，广西旅游业迎来了新的发展机遇，东南亚游客入境旅游人数也越来越多。

2013年，习总书记在访问中亚和东南亚国家期间提出了“一带一路”的构想，随后在政府的引导下，“一带一路”倡议成为国家级和世界级倡议。“一带一路”是丝绸之路经济带和21世纪海上丝绸之路经济带的简称，其将东南亚和东北亚的经济整合起来，通过陆路和海陆方式最终通往欧洲，形成了一个海上、陆地的闭环。丝绸之路经济带涵盖了13个省（自治区、直辖市），分别为：黑龙江、吉林、辽宁、内蒙古、甘肃、陕西、青海、宁夏、新疆、重庆、西藏、云南和广西。广西是丝绸之路经济带的重要组成部分，是丝绸之路经济带与21世纪海上丝绸之路有机衔接的重要门户。由于旅游对经济增长起到了不可忽视的作用，而“一带一路”倡议又是一系列政治、经济和文化等行动的合集，因此旅游也是“一带一路”倡议的重要组成部分。在“一带一路”倡议的大背景下，广西充分融入国家战略，旅游经济得到较大增长。2013～2014年，广西旅游收入由2057亿元上升到2602亿元，在此基础上，2015年的旅游收入突破了3000亿元大关，达到3252亿元。在入境旅游人数上，2015年广西入境旅游人数达450.06万人次，同比增长6.9%，其中，外国游客共239.23万人，同比增长7.2%[②]。总体上看，“一带一路”倡议的实施给广西的旅游业提供了一个良好的社会环境，带动广西旅游业的发展。

广西要打造“一带一路”有机衔接的重要门户，旅游不可或缺。沿边沿海的

① 根据广西壮族自治区统计局官方资料得出。

② 资料来源于历年《广西统计年鉴》。

独特优势，让广西天然成为中国与东盟间的黄金旅游通道。如何利用通道，如何完善通道，广西既要修好内功，又要加强外联。目前，广西正在重点推进"泛北部湾旅游圈建设"，争取对东盟国家适用旅游团落地签或免签入境等通关便利化政策，并积极与东盟国家开展海上旅游合作。

随着供给侧结构性改革的提出，各类行业逐渐转变了其发展模式。就旅游业而言，旅游产品、旅游服务和旅游要素供给的结构性改革势在必行。广西旅游业也紧跟供给侧步伐，加快旅游产业的提档升级，不断改善产品结构。在供给侧结构性改革的带动下，自治区的大部分涉旅商家与去哪儿网、美团网、途牛旅途网、携程网、艺龙等网络平台合作，投放了星级酒店、景点门票、旅游路线、青年旅社等折扣优惠券，游客可直接通过上述平台购买旅游相关产品，方便游客进行旅游消费。随着广西高铁的全面开通，近些年来选择高铁沿线度假休闲旅游的游客大幅增长。交通环境的改善也促进了广西旅游产业的发展。

第五节　广西旅游产业发展的理论基础

一、产业集群理论

人类经济活动具有聚集性，聚集（agglomeration）是经济活动发展的一种规律特征。经济学家们很早就注意到这样一种现象：经济活动或产业发展与区域环境或地理环境有着某种比较密切的联系，很多产业往往聚集于一个特定的区域而发展①。20 世纪 90 年代，美国哈佛商学院的迈克·波特（Michael E. Porter）出版了《国家竞争优势》一书，该书首次提出用产业集群一词对集聚现象进行分析，产业集群理论正式创立②。根据他的观点，产业集群指的是在特定区域内，出现很多上下游产业联系密切的企业聚集在一起的现象，其可以通过聚集而形成多赢效应，从而有利于产业链企业的共同发展。

国内外学者一直关注产业集群理论，而对于集群的关注主要源于对区域经济增长的思考。马歇尔（Marshall）的产业区位论、韦伯（Weber）的工业区位理论、帕鲁（Francois Perrour）的增长极理论，还有地域生产综合体理论，皆从不同角度出发，探讨产业集群理论。在上述理论的基础上，西方经济学者又进一步深入探讨了西方产业集群理论。具体包括：巴格纳斯科（Bagnasco）的新产业区

---

① 高乐华．山东省旅游产业集群及其发展战略研究［D］．中国海洋大学，2009.

② 张广海，高乐华．旅游产业集群及其空间布局研究——以青岛市旅游产业为例［J］．中国海洋大学学报（社会科学版），2008（3）：38－42.

理论，克鲁格曼（Krugman）的新经济地理理论、科斯（Coase）的新制度经济学理论、新社会经济学派、波特（Porter）的新竞争理论和区域创新理论。

通过进行旅游产业集群问题的研究，能够为旅游业合理规划产业发展的格局和上下游产业的配套发展问题提供科学指导。由于现代经济的复杂化与多元化特征，任何产业都具有上下游产业和周边产业，旅游业也不例外。而把旅游业发展联系密切的上下游产业与其周边产业的资源优势集中起来，汇集到一定区域当中，可以为旅游业的发展创造十分有利的条件。产业发展格局的形成依赖于长期的战略规划，因此，以科学的现代产业发展思想作为指导，在此基础上进行产业整体布局，才能为广西旅游产业步入健康良性的快速可持续发展轨道提供战略指引。按照产业集群观点的思想，结合世界旅游组织、世界旅游理事会进行的专业领域研究，要发展旅游产业，应构建以旅游核心产业、旅游依托产业、旅游配套产业为三个主要层次的产业格局，这样才能为旅游业发展形成良好的产业集群效应①。

二、产业融合理论

产业融合，是指不同产业或同一产业不同行业相互渗透、相互交叉，最终融合为一体，逐步形成新产业的动态发展过程②。产业融合是时代发展所带来的经济格局变化的重要特征，同时也是今后世界范围内经济领域产业发展的整体方向。

纵观工业革命以来的全球经济发展历程，能够发现，产业融合具体指经济产业在实现了信息化、科技化发展以后普遍出现融合发展的一种现象。在理论领域研究中心，有关产业融合的研究最初在20世纪60年代就已经出现③。到20世纪80年代，哈佛大学的欧丁格（Oettinger）与法国经济领域著名学者罗尔（Nora）和敏斯（Mince）各自创造出Compunctions与Telemetriqu两个专用词汇用于解释产业领域融合发展的现象，其将利用信息产业的技术应用使传统产业以数字媒体形式实现的通讯、经济往来、账务现代化管理等现象称为“数字技术跟传统产业的融合”④。以这一融合为开端，格林斯腾和卡恩纳（Greensteina & Khanna，1997）将产业融合解释为“为顺应产业的生产力发展要求而出现的产业边界拓展到其他产业领域的现象”。该解释主要针对的是传统产业受到现代计算机技术、网络技

---

① 张广海，高乐华．旅游产业集群及其空间布局研究——以青岛市旅游产业为例［J］．中国海洋大学学报（社会科学版），2008（3）：38－42.

② 王淑荣．旅顺经济开发区制造业与文化产业融合研究［J］．对外经贸，2016（12）：75－77.

③ 赵霞，韩一军，姜楠．农村三产融合：内涵界定、现实意义及驱动因素分析［J］．农业经济问题，2017（4）：49－57.

④ 赵玲，胡春．新兴文化产业的发展：三网融合新产业［J］．现代传播—中国传媒大学学报，2012，34（6）：87－90.

术、信息技术的影响而形成的所有基于科技化通信与管理平台的产业融合现象。2001 年，植草益依据原因与影响从不同角度就产业融合的概念定义再次给予了解析，提出产业融合可以定义为由于通用技术的出现及其在传统产业里面的广泛应用，使得传统产业消弭和模糊了其跟其他产业之间的界限，形成了具有多种产业特征的新兴产业发展形式①。以上学者揭示的仅限于信息通讯业的产业融合。实际上，产业融合除了发生在信息通讯领域，还广泛地存在于其他领域中。

自 20 世纪 70 年代以来，随着经济全球化和信息化的不断发展，世界上许多国家出现了产业融合的现象，主要集中在信息、物流、能源和金融等领域。高新技术革命的快速发展使得某些原本形成的产业边界逐渐变得模糊甚至消融，与此同时在这些原有产业的边界处又重新融合发展，形成了新的产业形态，这种产业形态也逐渐成为促进经济增长的活力源泉。产业融合理论也应运而生。

伴随着全球经济的不断发展，产业之间出现的融合现象越来越普遍。而不同产业领域出现的相互融合，在融合方式上存在一定的差异性。产业融合的演进方式主要由高新技术的渗透融合向产业间的延伸融合，并进一步发展为产业内部出现的跨界转型与重组。

产业融合已经成为当前产业发展的现实选择。也有理论证明产业融合是提升产业生产效率与市场竞争力的重要推动力量②。其能够通过融入对产业有利的新兴技术与综合元素而使产业在发展效率、资源利用情况得到改善，同时也可以促进产业结构优化调整，有助于提高产业竞争力，还有助于推动区域经济一体化。

旅游产业发展作为经济社会发展的重要组成部分，是完善居民精神文化建设的重要渠道，对提升居民幸福水平，满足广大居民的旅游消费需求均具有十分关键的作用。旅游产业的融合问题，是旅游产业发展上的一个重要课题，是推动旅游产业高速发展的重要途径，对于实现旅游产业与其他产业之间的协同发展，加快推进产业结构优化升级和实现产业协同创新具有重要的意义③。

三、产业竞争力理论

产业竞争力（Industrial Competitiveness），指的是一个国家或地区在本国拥有的某些产业上相比国际上其他国家所具有的市场竞争力强弱方面的对比

① 李晓钟，陈涵乐，张小蒂．信息产业与制造业融合的绩效研究——基于浙江省的数据［J］．中国软科学，2017（1）：22－30．

② 黄钦琳．新疆畜牧业发展问题研究［D］．新疆财经大学，2010．

③ 王岚．地区文化产业竞争力评价研究［D］．天津大学，2009．

指标①。在此基础上所建立的产业竞争力理论也成为国家竞争优势理论。

产业竞争力理论最早由美国经济领域著名学者迈克尔·波特提出。在其所著《国家竞争优势》里面，波特指出在世界贸易领域中进行市场竞争要注意的基本原则，其包括：某国世界市场竞争力的核心优势体现在哪些方面，哪些产业使得该国具有了国际市场的核心竞争优势，怎样通过发展核心产业并创造更大竞争力从而稳固其市场地位。波特的这一理论也被称为“钻石理论”，其主要针对一个国家在参与全球贸易竞争的过程中怎样培育与发展本国具有优势的产业来获得更大市场竞争优势来进行理论研究。在国际贸易领域，有关产业竞争力问题的研究具有代表性的理论思想主要有两种：一是波特所提出的产业竞争力理论，二是以产业竞争力的量化分析为核心内容的理论。依据产业发展为切入点进行对比分析，二者都是注重对一个国家的优势产业进行培育，并以提升其国际市场上的竞争力为主要发展方向进行的理论研究②。在产业竞争力评价指标上，我国经济领域的很多专家学者认为应把产业竞争力评价指标依据性质不同分成两种：一是显示性指标，用于表示特定优势产业在国际市场上的占有份额与产业利润率；二是分析性指标，该指标还可以细分成直接原因与间接原因指标两类，前者指的是以生产率与企业效益指标来反映产业生产方面的能力，后者主要为按照市场竞争对比情况来反映一个国家优势产业所具有的在国际市场上的竞争优势。在指标赋权方面，通常采用传统的经验判断法与现代量化技术性分析手段结合而得出指标数据③。

随着我国经济的不断发展，旅游业在经济发展中所到的作用也日益显著。地方政府密切关注旅游业，新的旅游目的地在政府的支持下，也随着旅游资源的持续开发而不断地出现。城市旅游竞争力决定城市旅游业的生存和发展，在当前也已经成为衡量城市综合竞争实力的重要指标。确定区域旅游竞争力，分析旅游竞争力结构要素，发掘影响旅游竞争力的障碍因素，调整区域旅游发展规划，皆有利于促进区域旅游经济的健康发展。然而，受限于区域经济发展水平，各区域旅游需求增长速度呈现出差异性，并且存在着某种此消彼长的分配关系而导致区域旅游之间的竞争。因此，必须关注区域旅游需求状况，对症下药，提升广西的旅游产业在国际市场上的竞争优势。

四、可持续发展理论

可持续发展理论（Sustainable Development Theory）指的是在社会建设与经济

① 王新刚．大庆服务外包产业竞争力评价及提升途径［D］．东北石油大学，2011.

②③ 陶良虎，张道金．论产业竞争力理论体系［J］．湖北行政学院学报，2006（4）：53－55.

发展上，要实现既满足当代发展的要求，又能够实现社会与经济发展的长期可持续性，不会因为资源枯竭与环境破坏而导致后续发展出现难以为继的现象，以公平性、持续性、共同性为原则的社会建设与经济发展理论。可持续发展理论的最终目的是达到共同、协调、公平、高效、多维的发展。

可持续发展理论经历了较长时间的发展历程。20 世纪五六十年代，人们面临的环境压力十分巨大。在资源、人口、城市化和经济增长等因素形成的压力下，人们开始怀疑“增长 = 发展”的模式，并就此展开了讲座。美国生物学家莱切尔·卡逊（Rachel Carson）在 1962 年发表了一部名为《寂静的春天》的环境科普著作，在当时引起了很大的轰动。全世界开始引发了人类关于发展观念的争论。虽然卡逊在该书问世时被外界诋毁和攻击，但是书中关于生态的观点最终被人类所接受。到 20 世纪 70 年代，美国著名学者巴巴拉·沃德（Barbara Ward）和雷内·杜博斯（Rene Dubos）合著的《只有一个地球》，将人类对生存与环境的认识引入一个新的境界——可持续发展。之后，罗马俱乐部在其发表的《增长的极限》中明确提出了“持续增长”和“合理的持久的均衡发展”的有关思想。20 世纪 80 年代，联合国颁布了《我们共同的未来》报告，在报告中明确提出了可持续发展这一思想，并以追求全人类的长期可持续发展为主题，系统论证了当今时代的生态环境与社会经济发展方面的一系列问题，该报告的出台，获得了世界各国政府和其他组织的高度重视，可持续发展的要领也在 1992 年召开的联合国环境与发展大会得到与会者的共识和承认。

与其他理论或概念的发展一样，可持续发展概念也形成了几种不同派别，这些流派或对相关问题有所侧重，或强调可持续发展中的不同属性，具体而言主要有以下几种类别：侧重自然属性、侧重社会属性、侧重经济属性、侧重科技属性。

旅游产业的可持续发展是建立在联合国可持续发展思想基础上的产业发展指导思想，主要目标可以概括为：让旅游业实现经济增长、规模扩大、效益提升的同时，维护旅游业发展所需的各项生态环境与社会环境，保持其发展所需的动力不受破坏，从而使得旅游业的发展具有长期的可持续性，为未来旅游业的健康良性发展进行整体上的规划布局①。1990 年召开的全球国际大会首次明确提出了旅游可持续发展一词。1995 年 4 月，在兰沙罗特岛上召开的“可持续旅游发展世界会议”上，确立了有关旅游可持续发展的基本理论。该会议指出，“旅游可持续发展的实质就是要求旅游与自然、文化和人类生存环境成为一个整体。”主张经济、社会、生态之间的和谐共赢。因此，为实现这一目标，必须充分了解可持

① 唐承财，钟林生，成升魁．我国低碳旅游的内涵及可持续发展策略研究［J］．经济地理，2011，31（5）：862－867.

续发展理论，在理论的基础上引领旅游业更好更快发展。

五、非均衡发展理论

非均衡发展主要是指一国或一地区的自然资源与社会资源分配不均而出现区域经济发展水平不一的现象。

在西方经济学中，非均衡是相对于瓦尔拉斯均衡的，是非瓦尔拉斯均衡的缩写。在非均衡状态下，每个市场的供给和需求都是不一致的，由于市场信息的不完全和市场竞争的不充分等原因，价格不一定能很快调整到均衡状态。此时，各种经济力量会依据其自身情况而变动到适应的位置，并在这个位置上达到均衡。均衡是短暂的，非均衡才是常态，因此提高经济运行效率的唯一途径就是把非均衡程度降低到最小，最终实现非均衡条件下资源的最优配置。

在非均衡发展理论的正式形成过程中，瑞典经济学家冈纳·缪尔达尔的循环累计因果论、德国著名经济学家阿尔伯特·赫希曼（Albert Otto Hirschman）的不平衡增长论、法国著名经济学家朗索瓦·佩鲁（Francois Perroux）的增长极理论、美国区域发展和区域规划专家 J. R. 弗里德曼的中心外围理论和美国经济学家威廉姆逊的倒“U”型理论皆为非均衡发展理论的形成奠定了前期基础。在前人非均衡发展理论的研究成果下，邓小平在 1978 年 12 月 13 日的中央工作会议上首次提出了区域经济非均衡发展思想。人们认为，邓小平许多讲话精神皆充分体现了经济非均衡发展思想，对马克思主义政治经济学做出了发展和创新，纠正了“一大二公”的观点，突破产权形式的单一性等。

非均衡发展是一种普遍存在的经济和社会现象。旅游业是经济发展的重要组成部分，同样也存在着发展不平衡的问题。由于各区域资源禀赋、经济政策和政治政策等不同，我国的旅游经济呈现东中西部发展的局面。区域旅游发展中存在一系列亟待解决的问题，其中最为突出的是区域旅游发展不均衡。因此，要充分认识区域旅游资源优势和劣势，大力发展当地优势，尽量弥补劣势。

六、区域一体化发展理论

区域经济一体化指的是在区位上处在同一地理区域当中，相互临近的国家或地区，以实现区域内经济的集聚效应与互补效应为发展方向，通过确立共同发展的规划布局，合理配置各项资源要素，以有利于区域经济协同发展的政策来推动区域中整体的经济水平提升与产业规模扩大，实现区域内经济结构科学布局与各项资源地合理配置。

该理论的产生主要源于关税同盟理论、自由贸易区理论及对关税同盟理论的逐步完善。到19世纪80年代，人们渐渐将规模经济和不完全竞争理论融入区域经济一体化的研究中。随后，关于政策一体化、区域经济一体化的外部性问题研究逐渐兴起。当前，关于区域经济一体化理论的最新发展是经济地理学跟区域主义理论的发展与经济应用。前者从经济现象的地理要素影响作为切入点展开研究，分析了区域一体化发展过程中的很多问题。后者从20世纪90年代开始的国际经济发展情况为依托，通过案例分析研究了区域一体化发展中小国跟大国的相互关系及其在经济发展上的各自影响。

总体而言，区域合作属于构建区域经济一体化发展格局的基础，而要加强区域合作，通常要经历四个发展时期：最初是区域贸易一体化发展时期。通过实现区域内部贸易沟通交流的壁垒消除与标准建设，使得区域当中的经济要素流动得到促进，形成区域内经济发展方面的共同认识与经济隔膜的打破消除。第二时期是要素一体化发展时期。也就是实现区域内生产要素的自由流动，使得区域当中的产业发展与获得资源要素的区内共享与优化配置。第三时期为政策一体化发展时期。也就是在区域当中实现各项政策的协调和统一，使得区域当中在社会管理、行政、公共服务等方面实现协调，消弭政策差异导致的区域内矛盾和壁垒。第四时期是完全一体化发展时期。也就是实现区域当中的从经济到要素到政策的全面一体化协调与统一，使得区域当中构建各类资源共享，政策协调的自由环境，为区域经济与社会的发展创造优良条件。当前，区域经济一体化已经成为世界各国、各地区经济发展的重要特征，再加上我国正处在经济转型的关键阶段，区域经济的一体化理论对于指导我国调整产业结构、进一步加快国内一体化和加快旅游服务产业转型升级，都具有重要的借鉴意义。

七、人力资本理论

人力资本理论认为，资本的价值表现在个体层面上就是人力资本，也就是对社会生产领域的劳动者通过实施教育与培训而提升其生产水平与劳动效率，提升单位生产资本价值等手段措施的总和，具体表现为蕴藏在人们身上的生产知识、劳动、管理技能和健康素质的存量总和。

人力资本理论的起源最早追溯到柏拉图在其《理想国》里面就个体在接收了教育以后其所创造经济价值提升的有关研究。首个将人力视为资本的经济学家是亚当·斯密。亚当·斯密认为只要劳动者进行了生产技术与劳动技巧的熟练掌握，其在单位劳动量投入下所创造的资本价值就会提升。而要有意识地达到这一目的，可以通过对劳动者进行知识培训与技能训练等方式实现，人力资本理论被认为是现代人力资源管理理论形成的基础。大卫·李嘉图通过发展亚当·斯密的思想，就其理论观点进行了完善。虽然马克思并没有专门深入研究人力资本理论，但其提出的许多与劳动相关的基本观点和理论正是人力资本理论的重要思想基础。他把教育和训练用以提高个体生产力创造水平的科技要素视为生产力提升的关键性要素。20 世纪 60 年代，美国著名的经济学家加里 · 贝克尔与 W · 舒尔茨进一步研究人力资源，并在美国经济学年会上提出并系统阐述了人力资本理论，该理论的提出让人们更加深入理解人力资源这一基本概念，开辟了一个关于人类生产能力的新思路。除贝克尔和舒尔茨外，还有许多专家学者对人力资本理论做出了较为突出的贡献，主要包括美国经济学家爱德华 · 富尔顿 · 丹尼森（Edward Fulton denison）和加里 · 贝克尔（Gary S. Becker）和波兰的明塞尔等。他们分别从不同的角度论述人力资本。其中，明塞尔利用其所提出的人力资本理论解释人力资本与个人收入差别两者之间的关系，分析了劳动力供给问题。这些突出贡献者的观点，皆为现代人力资本理论奠定了基础。现代人力资本理论认为，体现在拥有劳动能力人身上的和用劳动者数量和质量表示的资本是通过投资而形成的。人力资本理论的重要分支是人力资源开发理论。人力资源开发理论始于 20 世纪 50 年代。随着人力资源开发理论的不断发展，人力资源学说也不断形成。人力资源开发有多重定义，它既包含了宏观成分，又包含了微观的成分。不管其最终的定义，它的出发点都是为了促进个人和社会的发展。

每个行业都有其所需的人力资源，旅游业也不例外。旅游人力资源是人力资源的一个重要分支，要提高旅游业发展质量，就必须重视旅游人力资源对旅游的贡献。因此，为促进旅游业的健康良性发展，应做好现代人力资本理论的引入与应用，通过加强旅游产业的人力资本科学开发与利用，以推动广西旅游业更好地提高旅游服务水平和服务质量。

八、供给侧结构性改革理论

供给侧结构性改革指的是通过调整产业领域的供给水平与供给质量，调整产业结构，扭转要素配置上的不合理现象，提升产业之间的供需衔接，改善产业领域的要素综合利用率，让单位产业资源可以创造出更多的效益。

供给侧结构性改革这一理论思想最早源于供给学派对经济发展中要素配置问题的研究，供给学派的创始人萨伊最早提出了“供给创造需求”的理论思想。萨伊提出，任何商品的市场交换有效率跟有效性都跟供应与需求的各自强度与数量有关，如果市场上产品供应量与供应强度恰好符合产品的需求量与需求强度，则产品的供应可以达到最优，这种情况下产品的市场交易价格最为合理，产品可以得到充分利用，不会出现短缺与闲置。而如果市场上供给大于需求，会导致产品供给侧生产过剩，导致产品售价下降，资源浪费，产量闲置。而如果需求大于供给，则会导致产品供不应求，价格虚高，质量和服务下降。因萨伊主张自由的市场机制而反对政府管制，所以其提出依靠市场自身的调节机制可以自动实现供需的平衡。不过20世纪30年代美国爆发的经济萧条导致萨伊提出的供给创造需求和依靠市场自由调节能够实现供需平衡的理论彻底失效，在这一局面下，凯恩斯提出了新的市场管理思想，提出萨伊理论中没有注意到货币流通所导致的市场上产品供需在某些时点的矛盾升级与对立激化，因而提出以政府积极管制来维护市场供需平衡的经济管理理念。这也被称为“凯恩斯主义”。不过到20世纪70年代，因西方发达国家出现的“滞胀”局面，导致凯恩斯提出的政府积极管制的经济思想也开始遭受质疑。因而美国学者阿瑟·拉弗提出了“拉弗曲线”理论，其核心思想为，政府在税收管理上应看到其对经济影响的关键转折点，如果政府在税率制定与管制上不超过一定限度，其可以为经济发展产生良性影响。而一旦超过某一限度，则其不仅无法推动经济发展，反而会产生限制经济发展的反效果。而只有深入观察与研究市场上的供需情况，设定科学的调节方案，才能使政府的政策措施对经济发展产生有益的效果。其提出的理论思想也被称为供给经济学。

供给侧结构性改革的思想就是建立在供给经济学理论基础上，其主要目的在于通过调整市场上经济资源的配比关系，使经济结构得到合理化，实现资源供需平衡，从而使各项经济要素实现最优配置，使经济健康良性发展。需求侧管理包括了投资、消费、供应三方面核心内容，以及劳动力、土地、资本、创新四大要素，其主张通过把影响供需的相关要素和问题进行深入研究与合理调节，实现供给与需求的协调平衡，从而实现经济结构的优化。

第二章

广西旅游产业现状分析

改革开放以来，广西旅游业得到较快发展，特别是近年来在党和国家、自治区政府领导班子的带领下，全区旅游业人力资源总量总体得到稳步前进，质量也有所提高，旅游人力资源的开发工作取得一定成效。广西是中国重要的旅游资源大省（区），旅游业发展潜力巨大。作为国家西部少数民族地区，旅游业的发展对地区扶贫、富民和增收作用等方面产生了非常重要的积极作用。2013 年，自治区党委、政府在桂林召开全区旅游发展大会，作出了《关于加快旅游业跨越发展的决定》，明确提出了建设广西“旅游强区”的战略目标，2015 年全区旅游总收入达到 3000 亿元，到 2020 年实现基本建成桂林国际旅游胜地、北部湾国际旅游度假区、巴马长寿养生国际旅游区，成为全国一流、世界知名的区域性国际旅游目的地和集散地，努力实现旅游资源大区向旅游强区的历史性跨越①。旅游业是最符合广西区情、最富有广西特色、最能充分利用广西资源、最能吸引人气财气的产业②。

近年来，广西紧紧抓住国家颁布《关于加快发展旅游业的意见》《关于促进旅游业改革发展的若干意见》《中华人民共和国旅游法》《国民旅游休闲纲要（2013 ~ 2020 年）》等重大机遇③，确定了“一个龙头，两条发展带，三大国际旅游目的地，四大旅游集散地和创建一批特色旅游名县名镇名村”战略部署。当前，作为软实力标志和经济增长点的旅游产业正进入黄金发展时期：全区旅游投入加大，服务能力提高，旅游整体形象全面提升，旅游业发展环境进一步改善，旅游业经济指标平稳较快增长。

2009 年 12 月 7 日，《国务院关于进一步促进广西经济社会发展的若干意见》（国发〔2009〕42 号）颁布实施，这是在全面建设小康社会的重要时期，国家为

---

① 徐巧英．特色旅游助推广西县域经济跨越发展——以创建特色旅游名县工作成效为例［J］．市场论坛，2014（8）：73 – 75.

② 彭清华．努力实现从旅游资源大区向旅游强区的历史跨越［J］．当代广西，2013（14）：4.

③ 蒋升湧．适应世界旅游新形势促进旅游业富民强区实现跨越发展——促使广西成为世界旅游购物消费高地和理想地的研究与建议［J］．全国商情，2015（7）：13.

促进民族团结、经济繁荣、社会进步而制定实施的一个十分重要的文件，对新时期广西实现科学发展、和谐发展、跨越发展起到积极的推动作用①。

第一节　广西旅游发展整体状况

截至2014年，广西壮族自治区与全国一样进入了经济发展新常态。旅游业作为新常态下一个重点发展的产业，2014年全区按照“一个龙头、两条发展带、三大国际旅游目的地、四大旅游集散地”的战略部署稳步推进②。尽管世界经济低迷，国内经济环境下行压力较大，但是区内旅游经济依旧保持平稳较快发展的态势，全年实现接待国内游客2.86亿人次，相较于上一年增长17.7%；国内旅游收入2495亿元，相较于上年增长27.2%，入境过夜游客421万人次，相较于上年增长7.5%，国际旅游（外汇）收入17.3亿美元，相较于上年增长11.7%，旅游总人数2.9亿人次，相较于上年增长17.4%，旅游总收入2602亿元，相较于上年增长26.5%。旅游业成为全区经济发展的一道亮丽风景③。

一、旅游发展体制机制不断创新

经过数年的发展，广西壮族自治区建立和完善了各项旅游发展机制和体制。第一，建立重大旅游项目厅际协调制度，由自治区级领导分管和协调重大旅游项目建设中的重大问题。第二，建立自治区领导联系重大旅游项目机制，由四大班子负责和推进重大旅游项目的建设工作。第三，建立各厅级部门的联系机制，比如建立与财政厅联合做好产业发展资金筹措与安排工作，与国土厅做好服务重大旅游项目推进工作。第四，推进旅游综合改革项目，包括桂林国际旅游胜地旅游产业改革试点政策和建立巴马全国第一个国家级养生度假区④。

二、三大国际旅游目的地捷报频传

旅游相关政策得到实质性的落实和取得良好进展。桂林旅游项目方面，全面启动漓江保护利用营运工程，调整漓江景区管理体制，提高漓江游船质量标准，

① 全峰梅．项目策划视角下的中国—东盟现代农业科技合作园区概念性规划设计［J］．规划师，2014（1）：65－69.

② 广西旅游发展大会．从旅游资源大区向旅游强区跨越［J］．广西经济，2013（7）：14.

③ 资料来源于《广西统计年鉴》。

④ 把旅游业打造成为全区战略性支柱产业［N］．广西日报，2015－01－05.

筹备成立桂林旅游基金管理公司，加快发展桂林低空旅游新业态。北部湾国际旅游区重点项目方面，已经开工建设北海涠洲岛环岛公路，鳄鱼山景区的5A景区申报工作也井然有序地进行，防城港江山半岛度假区5星级酒店已经顺利开业并正常营业，中越海上航线和边境旅游异地办理工作也按照计划进行，顺利推进钦州三娘湾海水浴场改造和海豚馆建设工作，而麻蓝岛度假区航道清淤和填海等工程也实现了较为顺利地开展。此外，自治区政府审定和下发实施了《巴马长寿养生国际旅游区基础设施建设大会战行动计划（2014～2016年）》已经自治区政府审定并下发实施，促进了长寿养生“巴马论坛”筹备工作进展，巴马基础设施建设步伐不断加快，河池到百色的高速公路顺利开通，巴马水晶宫—命河景区和乐业大石围天坑群景区创国家5A级景区的创建工作和凤山县三门海国际生态养生度假基地的建设工作均处于不断推进的状态。

三、乡村旅游和生态休闲发展迅速

为了大力发展自治区生态休闲农业和乡村旅游产业发展，2014年自治区制定了《广西农家乐质量等级划分与评定标准》，根据这项标准对全区乡村旅游进行评定，指导农户和企业采取“公司+农户”“农家乐合作社”的方式，深化生态休闲农业和乡村旅游产业融合发展。全区2014全年新增3家5星级乡村旅游景区、12家4星级乡村旅游景区、1家5星级农家乐和28家4星级农家乐。同时，生态保护和乡村旅游的结合效果也非常显著，新增1家国家生态旅游示范区、7家区级生态旅游示范区和15个森林人家①。此外，自治区政府组织相关部门编撰了《广西壮族自治区红色旅游资源普查报告》与《广西红色旅游导览手册》，弥补了自治区旅游发展基础工作的不足，百色起义纪念园5A级景区创建工作也在不断推进。

四、全区旅游信息化显著水平提升

随着信息技术水平的不断发展，开展旅游业技术数据库和相关平台的顶层设计工作势在必行。在信息平台建设方面，自治区政府逐渐建立起了旅游应急指挥监控系统，不断改进和完善网络舆情监控系统，利用广西旅游在线网站、旅发委微博和微信平台以及广西旅游咨询服务中心等途径，为游客提供关于广西旅游的实时服务信息。在合作平台建设方面，广西旅游目的地智慧营销平台也得到了完善，与携程网、途牛网和去哪儿旅行网等国内20余家知名网络服务商签署合作

---

① 多措并举，推动乡村旅游跨越发展［N］. 广西日报，2015-02-09.

协议，且开展系统对接调试和合作工作。针对国外游客，自治区实施出入便利政策，对奥地利等51个国家的游客实施国外游客出入境便利政策——在桂林72小时过境免签政策，桂林成为全国第9个、广西第1个实施该政策的城市，也是全国首个获此政策的地级市，对东盟10国旅游团实行6天入境免签政策，为国外游客提供了方便。

五、四大旅游集散中心功能凸显

启动了《旅游交通规划》编制工作，统筹推进全区旅游交通体系建设。全区高速公路新建设了110块旅游景区道路交通标识牌和2个高速公路游客服务中心，在4A级以上旅游景区建设101块广西旅游导览图。新建115个旅游咨询服务中心，新增152个旅游厕所①。随着贵广高铁、南广高铁全线贯通，南宁、柳州、桂林、梧州四大旅游集散中心全部通高铁，旅游可进入性大大提升②。

六、旅游产品宣传促销亮点频出

广西“遍行天下　心仪广西”整体旅游形象，获得了“2014中国广告长城奖·广告主品牌奖”之知名品牌奖。召开旅游电子商务合作交流大会，出台了《2014年广西旅游电子商务奖励办法》，与携程网等国内20余家知名网络服务商合作共建“广西旅游目的地智慧营销平台”，并在中国智慧旅游创新发展大会上获“智慧旅游创新奖”；制作26集旅游公益宣传片，并在广西电视台等媒体播放，开创国内系列动漫旅游宣传先河；成功举办世界旅游组织/亚太旅游协会旅游趋势与展望国际论坛、中国桂林国际旅游博览会③。

第二节　广西旅游业人才发展机遇和挑战

对旅游产业而言，人才资源是关键，旅游从业人员的素质高低关系到旅游产业的兴衰成败。面对旅游业的快速发展和新经济时代的挑战，如何大力提高旅游从业人员的整体素质成为当务之急。广西以服务旅游强区建设为主要目标，通过加强对旅游人才的开发力度，使旅游人才规模持续扩大，结构更加优化，布局均衡发展，综合竞争力得到普遍提高，体制机制日趋完善，发展环境不断优化，旅游人才带动作用得到充分发挥，初步建成具有广西特色的区域性

---

① 资料来源于广西旅游交通规划。

②③ 王晓易.2014年广西旅游业在经济新常态下实现新突破［N］.广西日报，2015-02-10.

国际旅游人才高地①。广西旅游产业将在新一轮开放开发中将承担做大做强的重任，旅游人才的资源开发、管理工作十分严峻。

"十三五"时期，是我国启动新一轮改革、全面建成小康社会、实现中华伟大复兴"中国梦"的关键时期。同时，也是我国旅游业大有可为的战略机遇期，是我国旅游业由大众旅游初级阶段向中高级阶段演化的关键时期，是旅游业转型升级、攻坚克难、突破瓶颈的关键期。落实"科教兴旅，人才兴旅"战略，确立旅游人才优先发展地位，引领旅游业科学发展，对推动广西实现率先建成旅游经济强区的目标具有重要意义。实现广西旅游业"十三五"发展规划的宏伟目标，关键在人才，旅游发展需要人才发展做保障。

一、旅游从业人员发展基本状况

（一）各行业旅游从业人数发展不均

据统计，广西旅游从业人员主要分布在星级饭店、旅行社及其他旅游服务业等，根据表2－1所示，2005～2009年广西旅游业从业人数整体呈上升趋势，星级饭店的从业人数远远高于旅行社及其他旅游服务业的从业人数，旅游从业人员分布不均的现象十分明显。表2－1为2005～2014年广西旅游业从业人数。

表2－1　2005～2014年广西旅游业从业人数　　单位：人

年份	星级饭店	旅行社	其他	合计
2005	44887	7018	23483	75388
2006	46014	7201	23607	76822
2007	47346	8328	22627	78301
2008	46462	7918	22436	76816
2009	48176	8055	21198	77429
2010	42479	5812	—	48291
2011	35931	7016	6929（旅游景区）	49876
2012	35789	8313	7923（旅游景区）	52025
2013	37038	6986	5943（旅游景区）	49967
2014	33954	7312	24151	65417

资料来源：历年《中国旅游统计年鉴》。

① 冼敏．我区打造国际旅游人才高地［N］．南宁日报，2011－09－02.

（二）各地市旅游从业人数发展不均

旅游业是第三产业，往往涉及其他许多部门，除旅游核心基础部门之外，还涉及文化、宗教、文物、建筑和林业等旅游相关部门。这些旅游相关部门的从业人员往往受到季节、政府政策等因素的影响，导致从业人数出现不定时增减的情况。就目前而言，由于缺乏各市的旅游从业人员具体数据，因此只能将住宿业、餐饮业、文化、旅游娱乐业的从业人员作为广西各市的旅游业从业人数进行统计，具体见表2－2。

表2－2　2005～2014年广西各市旅游从业人数　单位：人

城市	2005年	2006年	2007年	2008年	2009年	2010年	2011年	2012年	2013年	2014年
南宁	25351	25406	24483	26183	26153	25632	25495	23569	32588	31118
柳州	5697	6236	6051	6197	7328	8117	9025	15196	8088	8065
桂林	16683	17267	15956	14712	14948	13872	15291	15023	16628	15747
梧州	2788	2839	2626	2762	2670	2563	2460	2185	2743	2566
北海	5058	4487	4754	4458	3892	3795	3672	3513	3839	3692
防城港	1495	1489	1487	1644	1719	1363	1542	1546	1522	1612
钦州	2233	2260	2133	2406	2156	2293	2151	1914	2527	2192
贵港	1202	1125	874	828	738	647	560	538	1796	1926
玉林	4058	4211	4268	3471	3835	4510	3740	4542	3821	3741
百色	3946	3590	3379	3047	2868	2961	2727	2747	3404	3325
贺州	1812	1630	1696	1604	1605	1677	1725	1594	1607	1650
河池	3241	3357	3316	3165	3130	3257	3736	3393	3547	3236
来宾	1578	1541	1426	1370	1104	1176	1133	1156	1381	1341
崇左	2273	2152	1805	1619	1642	1584	1581	1667	1867	2013
总计	77415	77590	74254	73466	73788	73447	74838	78583	85358	82224

资料来源：历年《广西统计年鉴》。

由表2－2可知，在2005～2014年这十年间，南宁、桂林和柳州三市的旅游业从业人数比其他地级市翻几番。就2014年来看，南宁市的旅游从业人数最高，是桂林市的1.5倍、柳州市的3.9倍、来宾市的23倍，可见，区域分布不均现象极其明显。

二、旅游人才发展面临较大机遇

（一）“515”战略提升旅游人才的职业技能

在2015年全国旅游大会上，国家旅游局局长李金早表示今后三年，我国旅游业的发展将实施“515”战略，即紧紧围绕“文明、有序、安全、便利、富民强国”这5大目标，推出旅游10大行动，开展52项举措，推进旅游业转型升级，提质增效，加快旅游业现代化、信息化、国际化进程①。这一战略的实施要求旅游业人才必须对个人的职业生涯规划有所重视，并采取实际行动提高个人职业技能，以跟上旅游时代发展的步伐。

（二）重大旅游项目为旅游人才提供新的发展契机

为了促进广西旅游业迅速发展，广西壮族自治区旅游发展委员会制定了《2014年自治区领导联系推进重大旅游项目（事项）责任制工作方案》。在2014年中，广西壮族自治区的领导班子亲自到所属联系的重大旅游项目进行调研100余次，不仅解决旅游项目在建设过程中存在的问题和困难，也顺利推进了旅游项目的发展②。重大旅游项目使旅游业在压力下稳住脚跟，全面提升了全区旅游产品档次。然而提升全区旅游产品档次的关键在于旅游人才的专业技能，因此，重大旅游项目也给广西旅游人才的发展提供了新的契机。

（三）“高铁时代”的到来加速了区内旅游人才流动

截至2014年底，广西已经成功开通运营的铁路有湘桂高铁、广西沿海高铁、南广高铁和贵广高铁，运营里程超过1600千米，约占全国高铁总里程的14%。“高铁时代”的到来，带动了广西旅游业的发展，拉近了广西与华东、华中、华北的距离，形成了一个上山下海的旅游经济带，加速了全国各地旅游人才的流动。

（四）“软实力”的提升带动导游行业整体素质提升

发展广西旅游业不能忽视“软实力”给旅游带来的经济效益。全区在领导班子的带领下，大力提升“软实力”。旅游景区道路交通标志牌、高速公路旅游客服中心、旅游导览图、旅游厕所、旅游咨询服务中心等是提升广西旅游“软实力”的重要表现。值的关注的是，“寻找最美导游”活动是广西旅游业提升软实

---

① 殷剑，邱婷．以余江为例谈县域旅游开发的模式思考［J］．商，2015（40）：282－283.
② 吴丽萍．朝阳产业火起来［N］．广西日报，2015－01－11.

力的重要举措，通过本次活动，广西发现了一批积极向上、乐于奉献、诚实守信、奋发有为的导游，弘扬了“游客为本、服务至诚”的旅游行业核心价值观，带动了导游行业整体素质的提升，促进了旅游业的健康发展。

三、旅游业人才发展取得的成绩

（一）旅游院校输送大量的专业人才

旅游人才素质的高低关乎旅游产业的长远发展，培养大批旅游人才是提升广西旅游业发展质量的重要途径。伴随着广西旅游业的人才发展需要，旅游院校所肩负的培养专业人才的作用日趋凸显。就旅游人才而言，旅游高校是旅游专业人才培养的聚集地，为旅游业提供了大量旅游应用型人才和智囊团，在提高管理和服务质量等方面起到了积极的促进作用，满足当地旅游业的特色发展需要。

表 2 -3 为 2005 ~2014 年广西旅游高校基本情况。结合表 2 -3 可以得出以下结论。

表 2 -3　　2005 ~2014 年广西旅游高校基本情况

年份	院校数（所）			在校生数（人）		
	中等	高等	总计	中等	高等	总计
2005	19	21	40	9322	11048	20370
2006	22	19	41	11265	16014	27279
2007	11	20	31	5671	14061	19732
2008	18	24	42	—	16094	16094
2009	18	24	42	9696	22532	32228
2010	18	31	49	23456	28144	51600
2011	23	36	59	23837	18531	42368
2012	24	41	65	28757	18129	46886
2013	26	39	65	20794	18020	38814
2014	17	21	38	11494	14120	25614

注：高等院校指高等院校及开设旅游系（专业）的普通高等院校和成人高等院校。中等职业学校指旅游中等专业学校、旅游职业高中及开设旅游专业的其他中等专业学校、职业高中和技校。

资料来源：历年《中国旅游统计年鉴》。

第一，广西注重培养高等旅游专业人才，大力支持旅游高等教育的发展。就旅游院校数而言，除2006年之外，其余年份的广西高等院校数均高于中等院校数；2008年与2009年的中等和高等院校数保持不变，2014年的旅游院校总数与上年相比下降幅度较大①。

第二，广西高等旅游专业人才数量较多，中等旅游专业人才数量较少。就旅游院校在校生数而言，2005~2010年，高等院校的在校生数均高于中等院校在校生数，而2011~2013年，中等院校的在校生数高于高等院校的在校生数，2014年的高等院校生数又高于中等院校生数。

（二）旅游业人才队伍建设不断完善

根据2009年广西旅游业人才普查的调研结果发现，在全区32.56万各业从业人员中，具有一定旅游相关专业知识或专业技能的旅游人才大约有7.62万人，占全区从业人员的23.40%。而目前，据有关部门统计，在全区78.55万从业人员中，旅游人才总量约30.59万人，人才率达到38.94%。5年的平均增速32.05%，远远高于旅游从业人员的增长率，旅游人才队伍不断壮大②。

（三）旅游新兴产业从业人员增长明显

在区政府的大力支持和推动下，"旅游+""互联网+"的新型产业融合趋势愈演愈烈。传统旅游业不断创新，与工、农、商、林、建等相关产业不断融合，推动了当地乡村特色旅游、旅游交通运输、旅游纪念品开发、旅游装备制造和旅游文化娱乐服务等新兴产业的快速发展，间接促使相应旅游部门的从业人数不断增加。

第三节　广西旅游业产业结构测量和现状

一、广西旅游产业结构测量

当前衡量旅游产业结构的定量指标比较多，如旅游资源空间集聚度、行业集中度、空间基尼系数、区位熵、标准差系数方法等。旅游资源空间集聚度能够有效反映旅游资源聚散分布情况，但却不能反映其他旅游产业要素的分布情况③。行业集中度能够形象地反映产业集聚水平，但却忽视了规模最大地区之外其他地

---

① 资料来源于历年《中国旅游统计年鉴》。
② 广西壮族自治区旅游发展委员会官方网站。
③ 韦东海，刘又堂．广西旅游产业发展模式比较研究［J］．企业经济，2011（9）：119－122.

区的规模分布情况，而且也不能反映规模最大地区内部之间产业结构与分布的差别。空间基尼系数可以方便地将基尼系数转化成非常直观的图形，但是却忽视了具体产业组织状况及区域差异，所以在表示产业集聚程度时往往含有虚假的成分。相对上述方法而言，区位熵法具有较强的计算综合性，能够较好地结合旅游产业空间集聚的特征，是众多学者在研究产业集聚时较常使用的分析方法。标准差系数方法能够准确地反映旅游产业的离散分布情况，在研究产业集聚程度时起到不可忽视的作用。

为确保准确性，在此将应用区位熵法、标准差系数法这两种方法分别对广西旅游产业分布是否较为集中进行判断。

（一）区位熵法

旅游产业集群化现象的出现在一定程度上反映了旅游业的发展程度，产业集群现象越明显，则该地的旅游业专业发展程度就越高。区位熵用于衡量某一区域要素的空间分布情况，能够反映某一产业部门的专业化程度。其计算公式为：

$$LQ = \frac{q_{ij}/q_j}{q_i/q}$$

其中，q_{ij}表示 i 地区 j 产业的产值；q_j 表示 i 地区所有产业的总产值；q_i 表示全国范围内 i 产业的产值；q 表示全国所有产业的总产值。当 LQ 越接近 1，则说明该产业的集聚化水平即专业化水平比较低；越大于 1，则说明该产业的专业化水平越高；此外，指数越大的地区在该产业的集聚程度就越高。如果区位熵系数大于 1.12，则说明该产业已达到高水平的专业化①。

根据区位熵的计算公式，以广西壮族自治区为实证检验区域，计算了广西 2005～2014 年的旅游区位熵，具体见表 2－4。

表 2－4　2005～2014 年广西旅游区位熵

年份	广西旅游总收入 q_{ij}	广西 GDP q_j	全国旅游总收入 q_i	全国 GDP q	广西旅游总收入/广西 GDP（q_{ij}/q_j）	全国旅游总收入/全国 GDP（q_i/q）	广西旅游区位熵值 $LQ=(q_{ij}/q_j)/(q_i/q)$
2005	307.1	3984.1	7685.7	185895.8	0.0771	0.0413	1.8644
2006	366.2	4746.2	8936.1	217656.6	0.0772	0.0411	1.8793
2007	443.9	5823.4	10958.1	268019.4	0.0762	0.0409	1.8644
2008	533.7	7171.6	11585.9	316751.7	0.0744	0.0366	2.0346

① 魏丽华．京津冀产业协同发展困境与思考［J］．中国流通经济，2017（5）：117－126.

续表

年份	广西旅游总收入 q_{ij}	广西 GDP q_j	全国旅游总收入 q_i	全国 GDP q	广西旅游总收入/广西 GDP (q_{ij}/q_j)	全国旅游总收入/全国 GDP(q_i/q)	广西旅游区位熵值 $LQ=(q_{ij}/q_j)/(q_i/q)$
2009	701.0	7700.4	12893.9	345629.2	0.0910	0.0373	2.4402
2010	952.9	9502.4	15681.1	408903.0	0.1003	0.0383	2.6149
2011	1277.8	11714.4	22435.6	484123.5	0.1091	0.0463	2.3538
2012	1659.9	13035.1	25864.2	534123.0	0.1273	0.0484	2.6297
2013	2057.1	14449.9	29475.8	588018.8	0.1424	0.0501	2.8400
2014	2601.2	15672.9	33849.9	636138.7	0.1660	0.0532	3.1190

资料来源：历年《中国旅游统计年鉴》。

图2－1为2005～2014年广西旅游产业区位熵走势。由表2－4、图2－1可得出以下几个结论：2005～2014年，广西旅游区位熵整体呈上涨的趋势；广西旅游区位熵值均大于1.8，表明广西旅游产业的集聚度明显高于全国水平；2008～2013年，广西旅游产业区位熵均大于2，并呈继续上涨的趋势，这说明广西旅游产业逐渐向前发展，已经形成明显的产业集群特征；而在2014年广西旅游区位熵值已超过3，这充分表明了广西旅游产业的集群效应逐渐凸显，对全国经济的发展起到的作用越来越大。

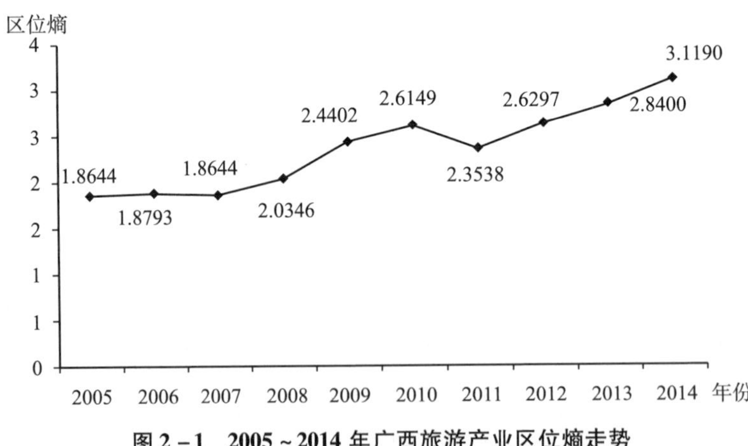

图2－1　2005～2014年广西旅游产业区位熵走势

（二）旅游产业地区分布标准差系数法

运用衡量产业集聚与地理集中的标准差系数方法，计算旅游产业在广西的地区分布对平均分布的偏差，有利于把握广西旅游产业的集聚状况，从而确定旅游产业集群存在的可能性①。其公式为：

$$S_i^k = \frac{x_i^k}{\sum_{i=1}^{n} x_i^k}$$

$$STD_k = \sqrt{\frac{N\sum(S_i^k)^2 - (\sum S_i^k)^2}{N(N-1)}}$$

$$VCO_k = \frac{STD_k}{1/N}$$

其中，VCO_k 为标准差系数；STD_k 为个地区产业份额的标准差；S_i^k 为地区 i 产业 k 在区域所占的份额；x_i^k 为地区 i 产业 k 的总产值。

经计算，2014 年广西旅游产业地区分布的标准差 $STD_k = 0.97$，$VCO_k = 16.4$ 说明广西很可能存在着高集聚态势的旅游产业集群。但是旅游产业的集群效应还有待进一步的提高，因为广西旅游产业只有地理空间的集聚却没有产业内和产业间实际上的广泛联系，以至于包括产业增值、成本降低、创新现象在内的集群优势发挥的作用不明显。通过观察以上两种不同计算方法的结果，我们可以明确广西旅游产业已初具产业规模，集群效应态势也逐渐上升，但旅游集群效应仍存在很大的提升空间。表 2－5 为 2014 年广西各城市旅游收入及比重。

表 2－5　2014 年广西各城市旅游收入及比重　单位：亿元

城市	旅游收入	城市	旅游收入
南宁	597	防城港	76
桂林	421	钦州	75
柳州	226	贵港	107
北海	71.78	百色	154
玉林	150.1	来宾	87
河池	147	崇左	94.46
贺州	137.5	全区	32500
梧州	103.7		

数据来源：各市政府工作报告。

① 刘艳，董晓峰．甘肃省旅游产业集群化初探［J］．甘肃科技，2010（13）：3－4.

二、广西旅游产业发展现状

（一）旅游产业整体发展势头趋于良好

2014 年广西旅游经济持续快速发展，旅游业的支柱性产业的地位进一步提升。全区的旅游总收入占全区 GDP 的 16.6%，旅游直接间接的就业人数达到了 580 万人，对全区就业的贡献超过 10%①。2014 年广西旅游投资达 1300 亿元，也占到全区固定资产投资的 10%，对交通、住宿、饮食文化产业等等行业拉动作用非常明显，这表明广西旅游产业呈现快速发展势头②，具体表现为：

1. 抓住机遇充分释放高铁红利，发展高铁旅游

截至 2014 年 12 月 26 日，广西开通运营的高铁有湘桂高铁（衡阳—柳州；柳州—南宁）、广西沿海高铁（南宁—钦州、钦州—防城港、钦州—北海）、南广高铁（南宁—广州）、贵广高铁（桂林—贺州段），广西高铁运营里程已超过 1600 千米，约占全国高铁总里程的 14% 左右③。广西高铁开通后，拉近了广西与华北、华中、华东及东盟国家的距离，形成了一个上山、下海、出国的快速旅游带，给广西旅游业发展带来了历史性的机遇。已有多个省区、城市间形成了旅游联盟，共同开发高铁旅游市场。其中，湖南衡阳、永州和广西桂林、柳州、来宾、南宁、崇左 7 个城市共同打造湘桂高铁沿线精品旅游线路。

2. 旅游景点不断增多，接待设施逐步完善

2014 年，南宁青秀山创建国家 5A 级旅游景区工作顺利完成，姑婆山、黄姚古镇、百色起义纪念公园、北海涠洲岛创 5A 工作顺利推进，全区新增 4A 级旅游景区 16 家。全年新增星级乡村旅游区 30 家，其中五星级 3 家、四星级 12 家；新增星级农家乐 118 家，其中 4 星级 28 家；推进旅游和生态保护的结合，新增国家生态旅游示范区 1 家、自治区级生态旅游示范区 7 家、森林人家 15 个④。广西已经形成了以 A 级旅游景区、旅游度假区、森林公园、自然保护区、风景名胜区、水利风景区、工业农业旅游示范点、文物保护单位为载体的多元化、多层次、多类型的广西特色精品旅游景区序列。

---

① 全娜．广西应用型本科院校英语（旅游）专业师资队伍建设研究［J］．广西教育，2017（7）：95 –97.

② 邝伟楠．旅游对广西就业贡献率超 10%［N］．中国旅游报，2015 –02 –16.

③ 倪孟伟，沈燕，李康乐，徐成，杨琳，欧益花．广西智慧旅游发展策略研究［J］．现代商业化，2015（7）：152 –154.

④ 广西：适应发展新常态　推动旅游大发展［N］．中国旅游报，2015 –02 –11.

3. 特色旅游名县取得突破性进展，推动旅游产业快速发展

2013年7月，广西区党委、区人民政府作出的《关于加快旅游业跨越发展的决定》（桂发〔2013〕9号）中，决定在全区首批建设20个特色旅游名县。2014年5月在广西特色旅游名县建设推进会上又决定增加13个特色旅游名县建设预备县。特色旅游名县创建工作推动了旅游产业的快速发展，2014年广西20个“创特”县全年接待游客量7173万人次，同比增长18%，旅游总收入547亿元，同比增长25%，增长率超过全区平均水平。20个创建县在建投资额超亿元的重点旅游项目45个，总投资193亿元①。

4. 项目建设成绩斐然，拉动效应日渐凸显

项目带动旅游提档升级。2014年，广西以重大旅游项目建设为突破口，由自治区旅游发展委员会牵头负责的41个自治区领导联系推进重大旅游项目完成投资总额达110亿元以上，超额完成年初下达的计划投资任务。重大旅游项目使旅游业在压力下稳住脚跟，全面提升了全区旅游产品档次。

（二）旅游产业结构呈现多元发展格局

在旅游产业持续、快速增长的同时，旅游产业结构不断转型升级，目前广西已形成以旅游住宿业、旅游景观业、旅游运输业、旅行社业和旅游服务机构为核心的综合旅游产业体系。

目前全区已评定国家A级旅游景区共计238家。其中有4家5A，112家4A，95家3A，27家2A。表2－6为广西国家A级旅游景区总量排位。

表2－6 广西国家A级旅游景区总量排位

城市	5A	4A	3A	2A	合计	占总量%	排名
桂林市	3	29	19	0	51	21.4	1
柳州市	0	19	13	0	32	13.4	2
南宁市	1	16	12	0	29	12.1	3
河池市	0	6	13	6	25	10.5	4
百色市	0	11	5	0	16	6.7	5
玉林市	0	3	6	3	12	4.6	6
北海市	0	6	4	1	11	4.6	7

① 数据来源于《关于加快旅游业跨越发展的决定》。

续表

城市	5A	4A	3A	2A	合计	占总量%	排名
防城港市	0	5	4	2	11	4.6	8
钦州市	0	4	5	2	11	4.6	9
来宾市	0	3	4	4	11	4.6	10
贺州市	0	3	2	5	10	4.2	11
梧州市	0	2	6	1	9	3.8	12
崇左市	0	3	2	2	7	2.9	13
贵港市	0	2	0	1	3	1.2	14
合计	4	112	95	27	238	100	

资料来源：广西区旅游发展委员会网站。

目前，广西拥有各类旅游行政、企事业单位1000多家，其中旅行社409家（国际旅行社84家、国内旅行社325家）；旅游饭店510家，星级饭店415家；旅游车船公司等旅游企业110家，旅游客车3364辆，旅游游船703艘，总座位约3.81万个。

（三）旅游基础设施和接待设施逐渐完善

据统计，截至2014年底，广西旅游管理部门150家，旅行社608家，星级饭店466家。其中，五星级饭店11家，四星级饭店74家，三星级饭店265家，二星级饭店114家，一星级饭店2家①。

全区旅游管理部门、旅行社和星级饭店的数量都保持着较好的水平，可以满足当地旅游的需要。为了提升旅游机构的服务质量，广西在2014年对旅游机构进行了相关整治，因此，与2013年旅游机构数量相比，旅游管理部门减少了22家，旅行社减少了6家，星级饭店减少了11家，其中，四、五星级饭店各减少1家，三星级饭店减少7家，旅游产业服务质量也不断提高。表2－7为2014年广西各城市的旅游机构数量。除旅游机构外，旅游交通也得到了新的发展。在公路方面，全区高速公路网已正式建成；在航空方面，南宁新开通的航线近140条，顺利通航的城市也已经超过80个；在铁路方面，多条高铁的开通也给游客提供了许多出行选择。

① 资料来源于广西区旅游发展委员会网站。

表 2-7　　2014 年广西各城市旅游机构数量

城市	旅游管理部门	旅行社	星级饭店					
			五星	四星	三星	二星	一星	合计
南宁市	19	93	3	11	25	13	—	51
柳州市	14	47	2	10	21	12	—	45
桂林市	17	195	5	14	41	11	—	70
梧州市	8	23	—	1	18	11	—	30
北海市	3	50	1	4	17	9	—	31
防城港市	5	28	—	6	22	—	—	28
钦州市	7	18	1	1	21	1	—	24
贵港市	3	23	—	5	10	5	—	20
玉林市	8	32	—	4	9	9	—	22
百色市	13	19	—	4	14	5	—	23
贺州市	6	15	—	2	13	6	1	22
河池市	29	36	—	6	27	16	1	50
来宾市	7	14	—	2	15	5	—	23
崇左市	11	15	—	4	12	11	—	27
总计	150	608	12	73	272	118	2	466

资料来源：各市国民经济与社会发展统计公报。

（四）旅游产业集中分布资源优势明显

广西作为我国西南的一个省区，旅游资源十分丰富，不仅自然旅游资源异彩纷呈，人文旅游资源也彰显着无限魅力①。从资源禀赋角度看，广西旅游资源具有种类多、品位高、分布广、组合好等突出特点，自然山水、岩溶洞穴、滨海岛屿、流泉飞瀑、珍稀物种、边关风情、民俗文化、历史遗存、名人故居、宗教寺庙等各类旅游景观应有尽有，共同构成了旅游产业发展的综合资源优势，尤其是城市、海滨、温泉、山林、边关等资源在全国具有较为突出的特点，为旅游产业集中分布的培育和发展奠定了坚实的基础②。

① 刘又堂，陈柏林．广西旅游产业竞争力提升策略研究［J］．桂林航天工业高等专科学校学报，2011（16）：35-37.

② 韦东海，刘又堂．广西旅游产业发展模式比较研究［J］．企业经济，2011（16）：119-122.

第四节　广西旅游业可持续发展优势和现状

旅游业是当今世界第一大产业。2009 年 12 月，《国务院关于加快发展旅游业的意见》就确定了把旅游业培育成国民经济战略性支柱产业和人民群众更加满意的现代服务业的战略目标。2015 年，我国旅游业总体保持健康持续发展，全年实现旅游业总收入 4.13 万亿元人民币，比上年增长 11%①。广西具有独特的区位优势和战略地位，是“丝绸之路经济带”中重要省区之一，是“中国西南、中南地区开放发展的新的战略支点”，中国—东盟自由贸易区的前沿、泛北部湾区域合作的枢纽和大湄公河次区域旅游合作的门户。广西是中国重要的旅游资源大区，旅游业发展潜力巨大。

《广西壮族自治区旅游业发展“十二五”规划》明确提出广西旅游业“坚持节能环保，实现旅游可持续发展”的基本原则，即实施旅游节能减排工程，积极倡导和利用新能源、新材料和技术，大力发展旅游循环经济，创建绿色环保旅游企业。合理确定景区游客容量，严格执行旅游规划和项目建设环境影响评价制度，加强水资源保护、水土保持及固体废弃物处理。

一、生态旅游资源和旅游产品丰富

广西多为山区，依山傍水，自然环境秀美，奇山异石密布四周，山区远离现代化城市，保持着少或无污染的自然环境；桂林的山和水是广西的名片，桂林山水甲天下，广西处处是桂林；广西是喀斯特地貌广泛分布、景观最美的地方，素以山清、水秀、洞奇、石美而著称，广西到处是青山绿水和恬静幽美的田园风光。此外，广西有着得天独厚的海洋旅游资源，洁净的蓝天，湛蓝的海水，洁白的沙滩，具有浓郁的亚热带滨海风情。广西还是北回归线上的“绿洲”，绿色环境、洁净空气、优质水质，气候宜人，生态优良，是健康养心养生福地。

广西地处中亚热带季风性气候，热量丰富，日照充足，还有较丰富的植物资源和水资源，河流落差较大，能较好地开发出令人神往的低碳可持续发展旅游产品。此外，经过近年来的发展，广西壮族地区经济社会有了较大发展，有较好的交通道路等基础设施，有沼气、太阳能、生活民用电等无污染能源保障。

① 资料来源于《中国旅游业统计公报》。

二、旅游业成为国民经济支柱产业

广西作为国家西部少数民族地区，旅游业在扶贫、富民、增收方面作用显著。2013 年，广西旅游总收入达到3254.18 亿元，占广西 GDP 的 19.37%，同比增长 25.1%，高于全国旅游行业平均增速，高于全区其他行业经济增速，跃居广西“千亿元产业”前列，成为广西国民经济的支柱产业和第三产业的龙头①。当前，作为软实力标志和经济增长点的旅游产业正进入黄金发展时期。2013 年，自治区党委、政府在桂林召开全区旅游发展大会，做出了《关于加快旅游业跨越发展的决定》，明确提出了建设广西“旅游强区”的战略目标，2015 年全区旅游总收入达到3000 亿元。

三、旅游可持续发展项目不断增多

目前广西已开发出以登山、徒步、骑行、漂游等可持续发展旅游线路。同时，为合理利用生态资源，有效保护自然生态环境，积极推进广西生态旅游持续健康发展，2014 年广西继续开展生态旅游示范区创建工作。自治区旅游发展委员会和环境保护厅参照《国家生态旅游示范区建设与运营规范（GB/T 25362－2010）评分实施细则》和《国家生态旅游示范区建设与运营规范（GB/T 25362－2010）》，严格按照《广西生态旅游示范区管理规程》的有关程序，对申报的广西生态旅游示范区进行考核验收，最终评定南宁大明山风景旅游区等 7 家景区为广西生态旅游示范区。

四、倡导低碳环保促进可持续发展

倡导低碳环保，以实现旅游低碳可持续发展。例如，阳朔在旅游低碳化发展方面采取了卓有成效的行动。一是“印象·刘三姐”文化娱乐产品的低碳环保化设计。“印象·刘三姐”由清华大学建筑学院设计、广维文化旅游文化产业有限公司投资出品。清华大学建筑学院运用现代高端节能环保科技技术，将演出场区的漓江河面及其方圆 2 千米内的 12 座山体设计成为山水实景剧场，投影放映技术、灯光照明技术、使用材料等均为节能环保型，并在演出场区采用了环境污染处理技术。通过高超的节能灯光技术，把不断变幻的色彩同具体场景及表

① 资料来源于《广西壮族自治区国民经济与社会发展统计公报》。

演结合在一起。在音响效果上，采用目前国际一流的音响设备，利用山峰的屏障与回声，形成天然立体声效果。二是创造环保型夜游夜娱照明环境。阳朔聘请国内最顶尖的照明公司，全程参与策划设计、组织施工，投资6000万元，安装2618盏新型低功耗节能灯，将漓江边、县城内的41座山体88座山峰和100个建筑节点、26座大型楼宇进行夜景美化，打造出全国首个县级“山水夜游城”①。三是打造农家乐、水上休闲娱乐等低碳型娱乐项目。如开展采摘、垂钓、捕鱼虾、攀岩、遇龙河戏水、菩萨水岩泥巴浴、对唱山歌、拔河比赛等各类娱乐项目。

五、稳步推进特色旅游名县的工作

丰富多彩的旅游资源和良好的生态环境是广西经济社会发展的优势，更是旅游产业发展之根本。为贯彻落实《自治区党委自治区人民政府关于加快旅游业跨越发展的决定》，促进广西旅游业实现跨越式发展。广西以创建良好生态环境和特色旅游的名县为抓手，出台《广西特色旅游名县评定标准与评分细则》，《广西特色旅游名县评定标准与评分细则》有10个项目分类，各项目总分值为1000分，获评为广西特色旅游名县的最低分应达到900分。其中，“旅游资源开发与生态环境保护”项目分值较高，评定标准与评分细则包括旅游资源保护、旅游资源普查及其开发利用规划、“美丽广西，清洁景区，清洁乡村旅游区，清洁农家乐”活动、重点流域和生态区域环境保护等方面内容，强化对旅游资源和生态环境保护的要求。

第五节　广西旅游业与其他产业融合发展基础和现状

目前，广西在积极推进旅游产业与其他产业的融合发展方面取得了积极的成效，对实现广西旅游产业融合发展和跨越式发展具有重要的意义。2015年8月，广西壮族自治区政府根据广西旅游业融合发展的实际，出台了《广西壮族自治区人民政府办公厅关于促进旅游与相关产业融合发展的意见》（桂政办发〔2015〕79号），提出了分别从第一产业、第二产业和第三产业等角度加快其与广西旅游业之间的融合发展，为广西旅游业融合发展创造了良好的政策环境和外部条件。

---

① 资料来源于《阳朔县政府工作报告》。

一、旅游业与其他产业融合发展的基础

广西旅游业与其他产业之间的融合发展包括农业、林业、水利业、工业、文化产业、商业会展业、休闲养生与养老健康产业、体育产业等方面，并取得了积极的成效。如：在推进农业的融合发展方面，已打造形成一批包括桂北山水生态乡村民俗游、北部湾滨海生态渔家风情游等在内的生态农业新村、休闲农业与乡村旅游示范点、乡村旅游区、星级农家乐等旅游产品；在与林业融合的融合方面，已打造成一批生态旅游示范区、森林公园、生态茶园、湿地公园等景区；与水利融合发展方面，已打造成一批水上休闲运动基地、水上旅游产品等；在与工业融合发展方面，已打造形成一批旅游商品生产和批发集散基地、旅游工业园区等；在与文化产业融合方面，已打造成一批包括刘三姐故乡民族风情游等在内的历史文化名城名镇名村、博物馆、纪念馆、文化馆、文化遗产旅游景区、红色文化旅游景区、民族民俗文化旅游区域等；在与商务会展融合方面，已形成一批包括中国—东盟博览会在内的各种旅游展览会、博览会等；在与康疗养生融合方面，已形成一批巴马长寿养生旅游区在内的养生生态旅游区、养老中心和养老基地等；在与体育融合方面，已形成一批包括中国—东盟国际汽车拉力赛等在内的体育运动休闲旅游产品。可见，广西在推进旅游产业与其他产业的融合发展方面，已经具备良好的旅游业融合发展基础，对进一步整合广西旅游业与其他产业之间的资源条件，更好地实现广西旅游业与其他产业之间的融合发展具有重要的促进意义。

二、旅游产业与其他产业融合的测量方法和结果分析

（一）灰色关联度分析

1. 灰色关联度测算方法

灰色关联度是衡量两个不同的主体或对象之间的关联程度的重要指标，其是由我国著名的学者邓聚龙教授在 1982 年提出的，现已被国内外学者广泛应用到不同的研究领域当中。灰色关联度通过分析两个不同的因素之间的发展趋势或其相似或差异程度，探讨两者之间的关联性，从而对其之间的关联程度做出判断的一种分析方法。通常认为，若两个不同因素之间的发展或者相似程度越高，表明其关联性越强，灰色关联度就越高；反之，若两个不同因素之间的发展或相似程度较低，其两者之间的关联性也就越差，其灰色关联度就越低。在计算灰色关联

度的过程中，通常需要选取参考序列，以判断各序列与参考序列之间的相似程度。因此，本书在探讨广西旅游产业融合过程中，为分析各产业与旅游产业的关联程度，现选取旅游业作为参考序列，然后结合灰色关联度的测算方法，探析各产业与旅游产业之间的关联程度，从而进一步探讨广西旅游产业与各产业之间的关联度及其融合程度。

灰色关联度的测算公式如下，见公式2.1~公式2.2：

$$X_{ik} = \frac{Y_{ik} - \min_i Y_{ik}}{\max_i Y_{ik} - \min_i Y_{ik}} \times 100 \tag{2.1}$$

$$\zeta_i(k) = \frac{\min_i \min_k |X_0(k) - X_i(k)| + \delta \max_i \max_k |X_0(k) - X_i(k)|}{|X_0(k) - X_i(k)| + \delta \max_i \max_k |X_0(k) - X_i(k)|} \tag{2.2}$$

$$\bar{r}_i = \frac{1}{n} \sum_{i=1}^{n} \zeta_i(k),\ k = 1,\ 2,\ \cdots,\ m \tag{2.3}$$

公式（2.1）为无量纲化公式，主要对原始数据 $Y_i(k)$ 进行无量纲化，以消除数值的不同量纲造成的影响。序列 $X_0(k)$ 为选取的参考序列，$X_i(k)$ 为 k 产业 i 指标（产业）的属性值，$\zeta_i(k)$ 表示 k 产业 i 指标（产业）的灰色关联系数，δ 是分辨系数（取值0.5），$\bar{r}_i$ 是 i 指标（产业）的灰色关联系数。

在数据来源方面，相关产业数据主要来源于2007年中国统计出版社出版的《中国地区投入产出表》中的“广西2007年投入产出表”（注：截至2012年10月，中国地区投入产出表的最新数据只到2007年）。由于2007年的《中国地区投入产出表》中没有单列旅游业，根据旅游业的行业特点，把住宿和餐饮业、交通运输及仓储业两个行业的数据合并成为旅游业的数据。同时，由于广西旅游业在石油和天然气开采业、废品废料、金属矿采选业三个行业中的中间投入数量为0，为提高数据分析的准确性，将这三个行业做剔除处理。

2. 关联度分析结果

基于2007年《中国地区投入产出表》中的“广西2007年投入产出表”的各行业中间投入数据，采用灰色关联公式（2.1）至公式（2.2），求得广西旅游产业在不同行业中分别与各行业之间的灰色关联系数（见表2-8）。

从表2-8中的测算得到的数据可以看到，在旅游行业中，广西旅游产业与各行业之间的关联性水平总体上较低，主要与非金属矿物制品业、研究与试验发展业、煤炭开采和洗选业之间的关联性水平较高，这三个行业的值都在0.8000以上。

表 2-8　　广西旅游产业在不同行业中分别与各行业之间的灰色关联系数情况

序号	行业	农林牧渔业	煤炭开采和洗选业	非金属矿及其他矿采选业	食品制造及烟草加工业	纺织业	纺织服装鞋帽皮革羽绒及其制品业	木材加工及家具制造业
1	旅游业	0.5094	0.8316	0.3491	0.5266	0.5053	0.5103	0.5374
2	农林牧渔业	0.4614	0.5381	0.3556	0.4830	0.4814	0.4799	0.4751
3	煤炭开采和洗选业	1.0000	0.9944	0.8819	0.9777	0.9810	0.9862	0.9538
4	非金属矿及其他矿采选业	0.9960	0.9971	0.7614	0.9984	0.9964	0.9977	0.9964
5	食品制造及烟草加工业	0.9253	0.4843	0.3333	0.6706	0.4926	0.6103	0.4847
6	纺织业	0.9737	0.9572	0.9554	0.9654	0.3832	0.5580	0.9665
7	纺织服装鞋帽皮革羽绒及其制品业	0.9831	0.8955	0.9765	0.9733	0.9744	0.3993	0.9724
8	木材加工及家具制造业	0.9959	0.7272	0.7855	0.9819	0.9787	0.9825	0.3555
9	造纸印刷及文教体育用品制造业	0.9836	0.9845	0.9140	0.9304	0.9889	0.9826	0.8927
10	石油加工、炼焦及核燃料加工业	0.3333	0.3335	0.4862	0.3339	0.3334	0.3339	0.3335
11	化学工业	0.4533	0.6797	0.4608	0.9960	0.6916	0.6586	0.5756
12	非金属矿物制品业	0.9987	0.9240	0.9713	0.9744	0.9881	0.9926	0.9876
13	金属冶炼及压延加工业	0.9594	0.6686	0.9265	0.9664	0.9628	0.9750	1.0000
14	金属制品业	0.9953	0.8019	0.9857	0.9891	0.9697	0.9934	0.8850
15	通用、专用设备制造业	0.8952	0.7142	0.7575	0.9067	0.9098	0.9231	0.9318
16	交通运输设备制造业	0.6865	0.7831	0.5575	0.6954	0.6926	0.6927	0.6954
17	电气机械及器材制造业	0.9374	0.7482	0.9487	0.9475	0.9463	0.9486	0.9630
18	通信设备、计算机及其他电子设备制造业	0.9735	0.9860	0.9639	0.9781	0.9786	0.9780	0.9794
19	仪器仪表及文化办公用机械制造业	0.9884	1.0000	0.9843	0.9933	0.9898	0.9922	0.9978
20	工艺品及其他制造业	0.9950	0.9820	0.9786	0.9992	0.9977	0.9821	0.9997
21	电力、热力的生产和供应业	0.8109	0.3600	0.6912	0.8113	0.9229	0.8319	0.8553
22	燃气生产和供应业	0.9795	0.9810	0.9639	0.9829	0.9840	0.9824	0.9810
23	水的生产和供应业	0.9577	0.9827	0.9746	0.9652	0.9635	0.9655	0.9645

续表

序号	行业	农林牧渔业	煤炭开采和洗选业	非金属矿及其他矿采选业	食品制造及烟草加工业	纺织业	纺织服装鞋帽皮革羽绒及其制品业	木材加工及家具制造业
24	建筑业	0.9459	0.9564	0.9231	0.9529	0.9503	0.9511	0.9495
25	邮政业	0.9987	0.9976	0.9908	0.9953	0.9938	0.9950	0.9943
26	信息传输、计算机服务和软件业	0.9752	0.9881	0.9516	0.9811	0.9516	0.9518	0.9576
27	批发和零售业	0.9726	0.9580	0.9833	0.9810	0.9937	0.9668	0.9822
28	金融业	0.5598	0.6949	0.5635	0.5848	0.5909	0.5707	0.5839
29	房地产业	0.8894	0.8953	0.9295	0.9023	0.8974	0.8996	0.8962
30	租赁和商务服务业	0.8227	0.8747	0.7915	0.8547	0.8408	0.8558	0.8440
31	研究与试验发展业	0.9971	0.9975	0.9943	0.9995	1.0000	0.9994	0.9972
32	综合技术服务业	0.9965	0.9868	1.0000	0.9964	0.9933	0.9954	0.9923
33	水利、环境和公共设施管理业	0.9957	0.9893	0.9979	0.9991	0.9957	0.9982	0.9962
34	居民服务和其他服务业	0.9103	0.8897	0.9063	0.8974	0.8883	0.8917	0.8864
35	教育	0.9812	0.9648	0.9842	0.9786	0.9765	0.9776	0.9760
36	卫生、社会保障和社会福利业	0.9997	0.9666	0.4134	0.9937	0.9980	0.9907	0.9783
37	文化、体育和娱乐业	0.9636	0.9910	0.9840	0.9704	0.9681	0.9689	0.9698
38	公共管理和社会组织	0.9983	0.9989	0.9969	1.0000	0.9987	1.0000	0.9988

序号	行业	造纸印刷及文教体育用品制造业	石油加工、炼焦及核燃料加工业	化学工业	非金属矿物制品业	金属冶炼及压延加工业	金属制品业	通用、专用设备制造业
1	旅游业	0.5318	0.3431	0.5246	0.9197	0.5255	0.5190	0.5497
2	农林牧渔业	0.8507	0.3544	0.5999	0.5153	0.5129	0.5146	0.5119
3	煤炭开采和洗选业	0.7941	0.7874	0.8896	0.4044	0.9013	0.9895	0.9966
4	非金属矿及其他矿采选业	1.0000	0.9925	0.9066	0.3426	0.9960	0.9964	0.9985
5	食品制造及烟草加工业	0.4929	0.3333	0.5097	0.4919	0.4890	0.4912	0.4884
6	纺织业	0.9887	0.9208	0.9785	0.9839	0.9614	0.9581	0.9600
7	纺织服装鞋帽皮革羽绒及其制品业	0.9877	0.9453	0.9759	1.0000	0.9737	0.9714	0.9771
8	木材加工及家具制造业	0.8918	0.9617	0.9820	0.9668	0.9877	0.9843	0.9940

续表

序号	行业	造纸印刷及文教体育用品制造业	石油加工、炼焦及核燃料加工业	化学工业	非金属矿物制品业	金属冶炼及压延加工业	金属制品业	通用、专用设备制造业
9	造纸印刷及文教体育用品制造业	0.3335	0.9500	0.9179	0.6682	0.9739	0.9893	0.9923
10	石油加工、炼焦及核燃料加工业	0.3350	1.0000	0.3408	0.4002	0.3472	0.3334	0.3339
11	化学工业	0.5852	0.9036	0.3339	0.6314	0.9968	0.9327	0.8326
12	非金属矿物制品业	0.9831	0.9804	0.9868	0.3335	0.9702	0.9998	0.9997
13	金属冶炼及压延加工业	0.9747	0.9324	0.9901	0.7955	0.3335	0.3355	0.3536
14	金属制品业	0.9795	0.9370	0.9872	0.9801	0.9978	0.8336	0.7204
15	通用、专用设备制造业	0.9326	0.8226	0.9123	0.8626	0.9541	0.8915	0.3425
16	交通运输设备制造业	0.6962	0.5388	0.6805	0.7225	0.6992	0.6932	0.7376
17	电气机械及器材制造业	0.9569	0.8989	0.9474	0.9912	0.9641	0.9702	0.8202
18	通信设备、计算机及其他电子设备制造业	0.9784	0.9537	0.9779	0.9876	0.9784	0.9849	0.9808
19	仪器仪表及文化办公用机械制造业	0.9960	0.9847	0.9998	0.9710	1.0000	0.9984	0.9823
20	工艺品及其他制造业	0.9991	0.9954	0.9964	0.9703	0.9971	0.9997	0.8945
21	电力、热力的生产和供应业	0.9140	0.7082	0.9667	0.3977	0.8255	0.8125	0.8502
22	燃气生产和供应业	0.9865	0.9639	0.9861	0.9973	0.9886	0.9829	0.9843
23	水的生产和供应业	0.9701	0.9258	0.9636	0.9830	0.9623	0.9632	0.9652
24	建筑业	0.9514	0.9116	0.9507	0.9526	0.9577	0.9505	0.9524
25	邮政业	0.9943	0.9872	0.9956	0.9960	0.9941	0.9938	0.9967
26	信息传输、计算机服务和软件业	0.9535	0.9054	0.9568	0.9640	0.9527	0.9539	0.9612
27	批发和零售业	0.9539	0.8232	0.9844	0.5439	0.7618	0.9574	0.8340
28	金融业	0.6099	0.4314	0.5737	0.6363	0.5832	0.5761	0.5767
29	房地产业	0.8997	0.8182	0.8945	0.9026	0.8969	0.8986	0.8989
30	租赁和商务服务业	0.8555	0.7490	0.8850	0.8816	0.8405	0.8404	0.8801
31	研究与试验发展业	0.9989	0.9500	0.9889	0.9984	0.9979	1.0000	0.9868

续表

序号	行业	造纸印刷及文教体育用品制造业	石油加工、炼焦及核燃料加工业	化学工业	非金属矿物制品业	金属冶炼及压延加工业	金属制品业	通用、专用设备制造业
32	综合技术服务业	0.9805	0.9984	0.9998	0.9769	0.9940	1.0000	0.9995
33	水利、环境和公共设施管理业	1.0000	0.9912	0.9998	0.9967	0.9962	0.9974	0.9976
34	居民服务和其他服务业	0.8919	0.8005	0.8895	0.9132	0.8963	0.8890	0.8916
35	教育	0.9793	0.9557	0.9771	0.9797	0.9761	0.9773	0.9798
36	卫生、社会保障和社会福利业	0.9959	0.9988	0.9915	0.9871	0.9925	0.9783	0.9653
37	文化、体育和娱乐业	0.9700	0.9422	0.9689	0.9762	0.9683	0.9699	0.9709
38	公共管理和社会组织	0.9989	0.9969	1.0000	0.9988	0.9989	0.9985	1.0000

序号	行业	交通运输设备制造业	电气机械及器材制造业	通信设备、计算机及其他电子设备制造业	仪器仪表及文化办公用机械制造业	工艺品及其他制造业	电力、热力的生产和供应业	燃气生产和供应业
1	旅游业	0.5122	0.5249	0.5136	0.5320	0.6013	0.5088	0.6075
2	农林牧渔业	0.5158	0.5125	0.5156	0.5138	0.5620	0.5151	0.5156
3	煤炭开采和洗选业	0.9991	0.9985	1.0000	1.0000	0.9967	0.5321	1.0000
4	非金属矿及其他矿采选业	0.9970	0.9967	0.9962	0.9961	0.9963	0.9977	0.9961
5	食品制造及烟草加工业	0.4924	0.4891	0.4926	0.4904	0.4907	0.4916	0.4922
6	纺织业	0.9595	0.9584	0.9575	0.9584	0.9692	0.9592	0.9575
7	纺织服装鞋帽皮革羽绒及其制品业	0.9762	0.9722	0.9748	0.9880	0.9784	0.9732	0.9717
8	木材加工及家具制造业	0.9999	0.9937	0.9879	0.9988	0.5062	0.9813	0.9791
9	造纸印刷及文教体育用品制造业	0.9736	0.9937	0.9970	0.9790	0.8099	0.9733	0.9805
10	石油加工、炼焦及核燃料加工业	0.3336	0.3334	0.3333	0.3341	0.3334	0.3339	0.3333
11	化学工业	0.9907	0.8748	0.8684	0.8371	0.3467	0.8858	0.8796
12	非金属矿物制品业	0.9963	1.0000	0.9594	0.9129	0.9919	0.9897	0.9872
13	金属冶炼及压延加工业	0.7975	0.3336	0.8603	0.6376	0.5351	0.9667	0.9631

续表

序号	行业	交通运输设备制造业	电气机械及器材制造业	通信设备、计算机及其他电子设备制造业	仪器仪表及文化办公用机械制造业	工艺品及其他制造业	电力、热力的生产和供应业	燃气生产和供应业
14	金属制品业	0.9970	0.9353	0.8129	0.7253	0.7546	0.9788	0.9621
15	通用、专用设备制造业	0.6919	0.9638	0.9683	0.9365	0.9063	0.9284	0.8963
16	交通运输设备制造业	0.3898	0.6905	0.7048	0.6926	0.6956	0.6931	0.6928
17	电气机械及器材制造业	0.9922	0.6228	0.8351	0.7693	0.9729	0.9484	0.9422
18	通信设备、计算机及其他电子设备制造业	0.9877	0.7996	0.3349	0.3333	0.9892	0.9783	0.9770
19	仪器仪表及文化办公用机械制造业	0.9951	0.9913	0.9958	0.8806	0.9915	0.9961	0.9900
20	工艺品及其他制造业	0.9979	0.9999	0.9999	0.9983	0.6784	0.9981	0.9940
21	电力、热力的生产和供应业	0.8004	0.8122	0.8030	0.8325	0.9779	0.3667	0.8198
22	燃气生产和供应业	0.9833	0.9813	0.9814	0.9809	0.9219	0.9825	0.3342
23	水的生产和供应业	0.9621	0.9620	0.9618	0.9731	0.9730	0.9718	0.9629
24	建筑业	0.9513	0.9508	0.9511	0.9508	0.9519	0.9526	0.9510
25	邮政业	0.9942	0.9957	0.9937	0.9950	0.9945	0.9951	0.9944
26	信息传输、计算机服务和软件业	0.9501	0.9545	0.9552	0.9707	0.9591	0.9521	0.9636
27	批发和零售业	0.9144	0.8127	0.9252	0.9800	0.7865	0.9115	0.8271
28	金融业	0.5661	0.5795	0.5756	0.5837	0.6111	0.6295	0.6088
29	房地产业	0.8998	0.9003	0.9137	0.9082	0.9031	0.8982	0.9067
30	租赁和商务服务业	0.8772	0.8613	0.8800	0.8674	0.8533	0.8364	0.8960
31	研究与试验发展业	0.9828	0.9964	0.9891	0.9756	0.9788	0.9989	0.9971
32	综合技术服务业	1.0000	0.9967	0.9986	0.9949	0.9778	0.9960	0.9914
33	水利、环境和公共设施管理业	0.9965	0.9962	0.9964	0.9954	1.0000	0.9906	0.9960
34	居民服务和其他服务业	0.8889	0.8856	0.8860	0.8978	0.8900	0.9000	0.8950
35	教育	0.9767	0.9764	0.9761	0.9864	0.9787	0.9783	0.9765
36	卫生、社会保障和社会福利业	0.9932	0.9988	0.9916	0.9768	0.9618	0.9972	0.9990
37	文化、体育和娱乐业	0.9680	0.9684	0.9699	0.9714	0.9704	0.9701	0.9771
38	公共管理和社会组织	0.9992	0.9986	0.9984	0.9984	0.9986	1.0000	0.9984

续表

序号	行业	水的生产和供应业	建筑业	邮政业	信息传输、计算机服务和软件业	批发和零售业		
1	旅游业	0.5230	0.7182	0.5337	0.6331	0.5009		
2	农林牧渔业	0.5148	0.5246	0.5109	0.5100	0.5072		
3	煤炭开采和洗选业	1.0000	0.9912	0.9972	1.0000	1.0000		
4	非金属矿及其他矿采选业	0.9965	0.9001	0.9970	0.9960	0.9960		
5	食品制造及烟草加工业	0.4914	0.4990	0.4921	0.4866	0.4860		
6	纺织业	0.9618	0.9642	0.9579	0.9605	0.9579		
7	纺织服装鞋帽皮革羽绒及其制品业	0.9885	0.9858	0.8590	0.9939	0.9947		
8	木材加工及家具制造业	0.9882	0.8817	0.8630	0.9914	0.9930		
9	造纸印刷及文教体育用品制造业	0.9908	0.9966	0.5148	0.8424	0.9728		
10	石油加工、炼焦及核燃料加工业	0.3333	0.3560	0.4554	0.3387	0.3333		
11	化学工业	0.9014	0.7950	0.8989	0.8918	0.8761		
12	非金属矿物制品业	0.9831	0.3339	0.9429	0.9862	0.9841		
13	金属冶炼及压延加工业	0.9688	0.3824	0.9628	0.9618	0.9617		
14	金属制品业	0.9692	0.7507	0.9165	0.9499	0.9657		
15	通用、专用设备制造业	0.9967	0.9632	0.5792	0.9317	0.8901		
16	交通运输设备制造业	0.7003	0.7208	0.9206	0.7274	0.7342		
17	电气机械及器材制造业	0.9546	0.7230	0.7422	0.5434	0.9615		
18	通信设备、计算机及其他电子设备制造业	0.9879	0.9830	0.8130	0.4356	0.9947		
19	仪器仪表及文化办公用机械制造业	0.9913	0.9956	0.9763	0.8932	0.9928		
20	工艺品及其他制造业	0.9940	0.9701	0.9963	0.9678	0.9958		
21	电力、热力的生产和供应业	0.3667	0.8444	0.7528	0.5882	0.8265		
22	燃气生产和供应业	0.9810	0.9828	0.9841	0.9806	0.9804		
23	水的生产和供应业	0.9723	0.9695	0.8877	0.9617	0.9907		

续表

序号	行业	水的生产和供应业	建筑业	邮政业	信息传输、计算机服务和软件业	批发和零售业		
24	建筑业	0.9640	0.9949	0.3337	0.9469	0.9599		
25	邮政业	0.9954	0.9969	0.3465	0.9858	0.9944		
26	信息传输、计算机服务和软件业	0.9714	0.9273	0.6756	0.3333	0.9763		
27	批发和零售业	0.8441	0.6975	0.8871	0.9096	0.8360		
28	金融业	0.7553	0.5852	0.5787	0.7401	0.8137		
29	房地产业	0.9225	0.9014	0.7630	0.8381	0.7943		
30	租赁和商务服务业	0.8546	0.8904	0.6576	0.7619	0.5863		
31	研究与试验发展业	0.9970	0.9981	0.9928	0.9572	0.9992		
32	综合技术服务业	0.9917	0.8809	0.9935	0.9922	0.9739		
33	水利、环境和公共设施管理业	0.8157	0.9986	0.9963	0.9976	0.9969		
34	居民服务和其他服务业	0.9681	0.8915	0.9460	0.9360	0.9631		
35	教育	0.9985	0.9794	0.9301	0.9714	0.9933		
36	卫生、社会保障和社会福利业	0.9533	0.9985	1.0000	0.9990	0.9977		
37	文化、体育和娱乐业	0.9825	0.9805	0.8564	0.9187	0.9165		
38	公共管理和社会组织	0.9984	1.0000	0.9994	0.9984	0.9983		

在燃气生产和供应业、水的生产和供应业、建筑业、邮政业、信息传输、计算机服务和软件业、批发和零售业、金融业、房地产业、租赁和商务服务业、研究与试验发展业、综合技术服务业、水利、环境和公共设施管理业、居民服务和其他服务业、教育、卫生、社会保障和社会福利业、文化、体育和娱乐业、公共管理和社会组织等行业中，广西旅游业与农林牧渔业、煤炭开采和洗选业、非金属矿及其他矿采选业、食品制造及烟草加工业、纺织业、纺织服装鞋帽皮革羽绒及其制品业、木材加工及家具制造业、造纸印刷及文教体育用品制造业、“石油加工、炼焦及核燃料加工业”、化学工业、非金属矿物制品业、金属冶炼及压延加工业、金属制品业、“通用、专用设备制造业”、交通运输设备制造业、电气机械及器材制造业、“通信设备、计算机及其他电子、设备制造业”、仪器仪表及文化办公用机械制造业、工艺品及其他制造业、“电力、热力的生产和供应业”、燃气生产和供应业、水的生产和供应业、建筑业等之间的关联性水平相对较高，但

是与邮政业、“信息传输、计算机服务和软件业”、批发和零售业、金融业、房地产业、租赁和商务服务业、研究与试验发展业、综合技术服务业、“水利、环境和公共设施管理业”、居民服务和其他服务业、教育、“卫生、社会保障和社会福利业”“文化、体育和娱乐业”、公共管理和社会组织等行业之间的关联性较不稳定。

然而，在农林牧渔业、煤炭开采和洗选业、非金属矿及其他矿采选业、食品制造及烟草加工业、纺织业、纺织服装鞋帽皮革羽绒及其制品业、木材加工及家具制造业、造纸印刷及文教体育用品制造业、“石油加工、炼焦及核燃料加工业”、化学工业、非金属矿物制品业、金属冶炼及压延加工业、金属制品业、“通用、专用设备制造业”、交通运输设备制造业、电气机械及器材制造业、“通信设备、计算机及其他电子设备制造业”、仪器仪表及文化办公用机械制造业、工艺品及其他制造业、“电力、热力的生产和供应业”等行业中，广西旅游产业与各行业之间的关联性水平总体上较其在其他行业中的关联性水平要低。

表2-9显示了广西旅游产业与各行业之间的灰色关联度。从表2-9中可以看到，广西旅游产业与食品制造及烟草加工业（0.8983）、农林牧渔业（0.8895）、批发和零售业（0.8867）、水的生产和供应业（0.8834）、化学工业（0.8792）、研究与试验发展业（0.8766）、交通运输设备制造业（0.8763）等行业的灰色关联度相对较高；然而，广西旅游产业与“信息传输、计算机服务和软件业”（0.8384）、工艺品及其他制造业（0.8367）、综合技术服务业（0.8295）、非金属矿及其他矿采选业（0.8256）、非金属矿物制品业（0.8163）、教育（0.8113）、居民服务和其他服务业（0.8061）、邮政业（0.8029）、金融业（0.8022）、房地产业（0.7764）、“水利、环境和公共设施管理业”（0.7704）等行业之间的灰色关联度较低，其行业之间的关联程度也较低。

表2-9　　广西旅游产业与各行业之间的灰色关联度

序号	行业	灰色关联度	序号	行业	灰色关联度
1	食品制造及烟草加工业	0.8983	8	燃气生产和供应业	0.8740
2	农林牧渔业	0.8895	9	造纸印刷及文教体育用品制造业	0.8735
3	批发和零售业	0.8867	10	纺织业	0.8724
4	水的生产和供应业	0.8834	11	金属冶炼及压延加工业	0.8722
5	化学工业	0.8792	12	金属制品业	0.8717
6	研究与试验发展业	0.8766	13	电力、热力的生产和供应业	0.8673
7	交通运输设备制造业	0.8763	14	卫生、社会保障和社会福利业	0.8665

续表

序号	行业	灰色关联度	序号	行业	灰色关联度
15	通信设备、计算机及其他电子设备制造业	0.8646	27	信息传输、计算机服务和软件业	0.8384
16	文化、体育和娱乐业	0.8646	28	工艺品及其他制造业	0.8367
17	木材加工及家具制造业	0.8628	29	综合技术服务业	0.8295
18	纺织服装鞋帽皮革羽绒及其制品业	0.8623	30	非金属矿及其他矿采选业	0.8256
19	电气机械及器材制造业	0.8582	31	非金属矿物制品业	0.8163
20	煤炭开采和洗选业	0.8554	32	教育	0.8113
21	石油加工、炼焦及核燃料加工业	0.8525	33	居民服务和其他服务业	0.8061
22	仪器仪表及文化办公用机械制造业	0.8514	34	邮政业	0.8029
23	公共管理和社会组织	0.8483	35	金融业	0.8022
24	通用、专用设备制造业	0.8463	36	房地产业	0.7764
25	建筑业	0.8409	37	水利、环境和公共设施管理业	0.7704
26	租赁和商务服务业	0.8405			

（二）融合度和相关性分析

1. 融合度测算

（1）赫芬达尔指数测度方法。

赫芬达尔指数，又称赫芬达尔—赫希曼指数，是衡量产业集中程度的重要指标，通常用各行业的某一指标数值在所有行业中所占的比重的平方和来表示。通常来说，赫芬达尔指数越大，表示产业的集聚程度越高；反之，赫芬达尔指数越小，其产业集聚越低。用赫芬达尔指数来对广西旅游产业融合程度进行研究，可以反映出广西旅游产业与其他行业的总体融合程度。赫芬达尔系数（H_n）可以用如下公式（2.4）来表示。

$$H_n = \sum_{i=1}^{n} (X_i/X)^2 \tag{2.4}$$

其中，X_i 表示旅游产业在各行业的中间投入值，X 表示旅游产业在所有行业中的中间投入总量，i 表示整个行业的数量。广西旅游产业中的相关统计数据来源于 2007 年的《中国地区投入产出表》，其中，关于旅游产业的中间投入数据的处理同上，即把住宿和餐饮业、交通运输及仓储业两个行业的数据合并成为旅游业的数据；另外，为保持数据的连贯性和可比性，2002 年中的《中国地区投入产出表》的旅游产业数据也采用把住宿和餐饮业、交通运输及仓储业、旅游业三个行业的数据进行加总处理。

（2）广西旅游产业与其他产业之间的融合度测算。

从表2－10可以看到，广西旅游产业与其他产业之间的赫芬达尔指数在2007年和2002年的数值分别为0.1248、0.0979。可以看到，广西旅游产业与其他产业之间的融合度总体上仍然不高，广西旅游产业与其他产业之间的融合度仍有待提高。但是，仍然看到，2002～2007年，广西旅游产业与其他产业之间的融合度总体上有所提高，也反映了广西旅游产业融合的程度也有所增强。

表2－10　广西旅游产业与其他产业之间的融合度

名称	2007年	2002年
赫芬达尔指数（H_n）	0.1248	0.0979

2. 相关性分析

基于上述广西旅游产业在各行业的中间投入数据，采用Excel中的相关系数公式对广西旅游产业与其他行业的中间投入值之间的序列进行相关性分析，结果见表2－11。

表2－11　广西旅游产业与各行业之间的相关系数

序号	行业名称	相关系数	序号	行业名称	相关系数
1	非金属矿及其他矿采选业	0.6332	14	金融业	0.2267
2	农林牧渔业	0.4443	15	纺织业	0.2134
3	水利、环境和公共设施管理业	0.4130	16	木材加工及家具制造业	0.2107
4	食品制造及烟草加工业	0.4016	17	邮政业	0.2020
5	批发和零售业	0.3222	18	水的生产和供应业	0.1415
6	金属矿采选业	0.3045	19	煤炭开采和洗选业	0.1411
7	居民服务和其他服务业	0.2839	20	化学工业	0.1345
8	房地产业	0.2786	21	综合技术服务业	0.1198
9	石油加工、炼焦及核燃料加工业	0.2702	22	交通运输设备制造业	0.0929
10	租赁和商务服务业	0.2579	23	教育	0.0911
11	纺织服装鞋帽皮革羽绒及其制品业	0.2392	24	造纸印刷及文教体育用品制造业	0.0696
12	公共管理和社会组织	0.2358	25	非金属矿物制品业	0.0686
13	文化、体育和娱乐业	0.2314	26	研究与试验发展业	0.0438

续表

序号	行业名称	相关系数	序号	行业名称	相关系数
27	电力、热力的生产和供应业	0.0407	34	卫生、社会保障和社会福利业	-0.0315
28	建筑业	0.0111	35	通用、专用设备制造业	-0.0446
29	燃气生产和供应业	0.0013	36	金属制品业	-0.0500
30	废品废料	-0.0199	37	电气机械及器材制造业	-0.0543
31	工艺品及其他制造业	-0.0202	38	通信设备、计算机及其他电子设备制造业	-0.0748
32	金属冶炼及压延加工业	-0.0283	39	仪器仪表及文化办公用机械制造业	-0.0814
33	信息传输、计算机服务和软件业	-0.0307			

资料来源：作者通过计算获得。系数大于0，表示两者呈正相关关系；系数等于0，表示两者之间不相关；系数小于0，表示两者之间呈现负相关关系。

从表2-11可以看到，广西旅游业与非金属矿及其他矿采选业（0.6332）、农林牧渔业（0.4443）、“水利、环境和公共设施管理业”（0.4130）、食品制造及烟草加工业（0.4016）、批发和零售业（0.3222）、金属矿采选业（0.3045）、居民服务和其他服务业（0.2839）、房地产业（0.2786）、“石油加工、炼焦及核燃料加工业”（0.2702）、租赁和商务服务业（0.2579）、纺织服装鞋帽皮革羽绒及其制品业（0.2392）、公共管理和社会组织（0.2358）、“文化、体育和娱乐业”（0.2314）、金融业（0.2267）、纺织业（0.2134）、木材加工及家具制造业（0.2107）、邮政业（0.2020）等行业之间呈现正相关。其中，广西旅游产业与非金属矿及其他矿采选业、农林牧渔业、“水利、环境和公共设施管理业”、食品制造及烟草加工业等行业的相关性相对较高，但是，仍然看到，广西旅游产业与各行业之间的相关性总体上仍处于较低的水平，绝大部分行业与广西旅游产业之间的相关性都低于0.4000，可见，广西旅游产业与各行业之间的融合程度仍有待提升。此外，还可以看到，广西旅游产业与废品废料、工艺品及其他制造业、金属冶炼及压延加工业、“信息传输、计算机服务和软件业”、“卫生、社会保障和社会福利业”、“通用、专用设备制造业”、金属制品业、电气机械及器材制造业、“通信设备、计算机及其他电子设备制造业”、仪器仪表及文化办公用机械制造业等10个行业之间呈现负相关关系。

（三）直接消耗系数分析

1. 直接消耗系数测算方法

直接消耗系数，又称投入系数，是指某i部门在经济社会生产过程中单位总产出所消耗的某 j 部门的产品或服务的数量。直接消耗系数用 A_{ij} 表示，则其计算公式见公式（2.5）：

$$A_{ij}=\frac{X_{ij}}{X_j} \tag{2.5}$$

其中，X_{ij} 为 j 部门在 i 部门的中间投入；X_j 为 j 部门的总投入；i，j = 1，2，…，n。

2. 广西旅游产业部门中各行业的直接消耗系数

表 2 – 12 显示了广西旅游产业部门中各行业的直接消耗系数情况。在广西旅游产业中，“石油加工、炼焦及核燃料加工业”的直接消耗系数最高，其值为 0.2487；其次是旅游产业、食品制造及烟草加工业、农林牧渔业，其直接消耗系数分别为 0.1298、0.1276、0.1162。可以看到，“石油加工、炼焦及核燃料加工业”、旅游产业、食品制造及烟草加工业、农林牧渔业等行业的直接消耗系数较高，说明了广西旅游业在这几个行业的投入也相对较多，同时也反映了广西旅游业与这几个行业之间的影响关系也较为密切。然而，石油和天然气开采业、金属矿采选业、废品废料三个行业的直接消耗系数为 0，也反映了广西旅游业在这三个行业的投入几乎为 0，也反映了广西旅游业与这三个行业之间的联系程度较低。此外，其他各行业的直接消耗系数主要介于 0 和 0.1000 之间，其直接消耗系数处于中等水平或以下。

表 2 – 12　　广西旅游产业部门中各行业的直接消耗系数

序号	行业名称	系数值	序号	行业名称	系数值
1	石油加工、炼焦及核燃料加工业	0.2487	12	通用、专用设备制造业	0.0152
2	旅游产业	0.1298	13	房地产业	0.0143
3	食品制造及烟草加工业	0.1276	14	电气机械及器材制造业	0.0080
4	农林牧渔业	0.1162	15	信息传输、计算机服务和软件业	0.0070
5	金融业	0.0965	16	建筑业	0.0066
6	交通运输设备制造业	0.0551	17	纺织业	0.0056
7	电力、热力的生产和供应业	0.0359	18	金属制品业	0.0053
8	批发和零售业	0.0265	19	水的生产和供应业	0.0053
9	租赁和商务服务业	0.0251	20	金属冶炼及压延加工业	0.0049
10	化学工业	0.0173	21	文化、体育和娱乐业	0.0044
11	居民服务和其他服务业	0.0161	22	造纸印刷及文教体育用品制造业	0.0042

续表

序号	行业名称	系数值	序号	行业名称	系数值
23	纺织服装鞋帽皮革羽绒及其制品业	0.0041	33	工艺品及其他制造业	0.0007
24	通信设备、计算机及其他电子设备制造业	0.0033	34	非金属矿及其他矿采选业	0.0006
25	教育	0.0033	35	研究与试验发展业	0.0005
26	木材加工及家具制造业	0.0028	36	公共管理和社会组织	0.0003
27	燃气生产和供应业	0.0025	37	卫生、社会保障和社会福利业	0.0002
28	非金属矿物制品业	0.0020	38	煤炭开采和洗选业	0.0001
29	仪器仪表及文化办公用机械制造业	0.0016	39	石油和天然气开采业	0.0000
30	综合技术服务业	0.0012	40	金属矿采选业	0.0000
31	邮政业	0.0009	41	废品废料	0.0000
32	水利、环境和公共设施管理业	0.0007			

第六节　广西旅游产业竞争力呈现区域和省域差异

原国家旅游局公布的《2015 年中国旅游统计公报》显示，2015 年我国国内旅游突破 41.2 亿人次，国内旅游人次和出境旅游人次、国内旅游消费和境外旅游消费均位于世界第一。广西统计局公布的《2015 年广西壮族自治区国民经济和社会发展统计公报》显示，2015 年全区旅游总收入达 3254.18 亿元，相较于上一年增长 25.2%。旅游业对经济发展的作用日益显著，并且受到地方政府的密切关注，新的旅游目的地随着旅游资源的持续开发而不断地出现。然而，受限于区域经济发展水平，各区域旅游需求增长速度呈现出差异性，并且存在着某种此消彼长的分配关系而导致区域旅游之间的竞争。广西旅游业竞争力的提升，有政策背景、发展意义和战略需要。

一、旅游竞争力的评价体系和方法

（一）旅游竞争力的评价指标

区域旅游产业竞争力是个相比较的概念，它可以通过选择一定评价产业竞争力的指标体系进行比较分析。区域旅游产业竞争力综合评价指标体系设计的基本出发点是，要能够客观准确地反映该区域旅游产业竞争力，尽可能利用现有统计资料提供的数据。指标体系的规模要适当，因为指标太少，虽然能够减少评价的工作量，但是难以综合反映评价对象的特征①。指标太多，虽然有利于把握评价对象的特征，但是加大了评价的工作量，尤其是采用加性并和规则时，指标间的互补性会掩盖评价对象之间的差异性。根据重点和准确相结合、科学性和可行性相结合、过程指标和状态相结合的原则，从区域旅游产业竞争力的构成出发，选择区域旅游产业竞争力指标体系②，如表 2－13 所示。

表 2－13　　区域旅游产业竞争力指标体系

一级指标	二级指标	三级指标	单位	权重	
				省域	广西市域
旅游竞争力评价体系	旅游资源竞争力	世界遗产个数	个	0.0452	0.1086
		全国优秀旅游城市个数	个	0.0607	0.0314
		国家级重点保护单位个数	个	0.0470	0.0447
		国家级重点风景名胜区个数	个	0.0450	0.1395
		4A 级以上景区数量	个	0.0362	0.0359
	旅游市场竞争力	国际旅游收入	万美元	0.0972	0.0840
		入境旅游者人次	万人次	0.1211	0.0624
		国内旅游收入	万元	0.0427	0.0407
		国内旅游者人次	万人次	0.0401	0.0451
		旅游总收入占 GDP 比重	%	0.0232	0.0398
	旅游产业竞争力	旅行社总数	家	0.0370	0.0566
		星级饭店总数	家	0.0382	0.0302
		五星级饭店数量	家	0.0382	0.0852
		四星级饭店数量	家	0.0459	0.0442
	旅游保障竞争力	公路里程	km	0.0393	0.0195
		客运量	万人	0.0585	0.0222
		第三产业占 GDP 比重	%	0.0484	0.0117
		人均 GDP	元	0.0490	0.0239
		固定资产投资额	万元	0.0373	0.0336
		邮电业务总量	亿元	0.0498	0.0408

注：全国优秀旅游城市指标属性为定性指标，对于定性指标的量化，此处规定属性是“有”量化为“1”，属性是“无”量化为“0”。

① 杨勇．我国旅游产业综合竞争力：理论分析、测度体系与实证评价［J］．旅游科学，2012（6）：42－54.

② 王兆峰．区域旅游产业竞争力评价指标体系的构建［J］．经济管理，2009（8）：33－38.

（二）指标选择与数据来源

综合考虑旅游竞争力的指标要素，依据科学性、可比性、可操作性和可持续性的原则，本书共设计了四个二级指标和二十个三级指标（见表2-13），本书数据如无特殊说明，均来自《中国区域经济统计年鉴（2015)》《中国旅游统计年鉴（2015)》和各级地方政府公布的2013年国民经济与社会发展统计公报。通过对所选指标的观察，包括正向指标和负向指标，利用所选指标所有数据组成原始矩阵：

$$X=(x_{ij})_{nm}(i\in[1,n],\ j\in[1,m])$$

式中，n表示城市数量，m表示指标数量。

由于部分指标存在的正负之别对研究产生很大的影响，为方便比较，本文在计算之前运用极差公式（2.6）和（2.7）对原始数据进行无量纲化处理。

对于正向性指标，计算公式为：

$$y_{ij}=\frac{(x_{ij}-x_{jmin})}{(x_{jmax}-x_{jmin})} \tag{2.6}$$

对于负向性指标，计算公式为：

$$y_{ij}=\frac{(x_{jmax}-x_{ij})}{(x_{jmax}-x_{jmin})} \tag{2.7}$$

式中，x_{ij}表示第i个城市第j个指标，x_{jmin}表示j项指标的最小值，x_{jmax}表示j项指标的最大值。由于计算过程中涉及取对数，为满足对数计算所需条件，将无量纲化后的指标做平移处理，得到y'_{ij}。$(y'_{ij})_{mn}$是经过无量纲化和平移处理之后得到的标准化矩阵，即$y'_{ij}=y_{ij}+0.01$。

（三）研究方法

为避免主观判法和层次分析法计算权重过程中所出现的主观性太强的缺陷，本书通引入Shannon的熵权思想来确定权重，具体步骤如下：

根据标准化矩阵计算得出指标的概率，公式为：

$$S_{ij}=\frac{y'_{ij}}{\sum_{i=1}^{n}y'_{ij}}(i\in[1,n],\ j\in[1,m]) \tag{2.8}$$

确定指标的熵值，公式为：

$$E_j=-\frac{\sum_{i=1}^{n}(S_{ij}\cdot \ln S_{ij})}{\ln(n)} \tag{2.9}$$

确定指标的差异性系数，公式为：

$$G_j = 1 - E_j \tag{2.10}$$

确定指标的权重，公式为：

$$W_j = \frac{G_j}{\sum_{j=1}^{m} G_j} \tag{2.11}$$

得到对不同省份和广西各城市的旅游竞争力各项指标的权重。

二、各省级行政区旅游竞争力发展现状

计算权重后可得出31个省级行政区的旅游竞争力二级指标的竞争力指数和综合竞争力指数，并且得出每个省级行政区的排名（见表2－14）。利用SPSS22统计软件对各省级行政区旅游竞争力综合竞争力指数进行系统聚类，可将综合竞争力分为四类，即高等竞争力（A级）、中高等竞争力（B级）、中低等竞争力（C级）和低等竞争力（D级）（见表2－15）。

表2－14　　全国各省级行政区旅游竞争力指标得分及排序

省级行政区	旅游资源竞争力	排名	旅游市场竞争力	排名	旅游产业竞争力	排名	旅游保障竞争力	排名
北京	0.0760	17	0.0963	5	0.0940	5	0.1320	5
天津	0.0154	26	0.0448	18	0.0108	28	0.0851	13
河北	0.1195	6	0.0369	20	0.0801	6	0.0966	11
山西	0.0996	9	0.0481	17	0.0413	19	0.0515	22
内蒙古	0.0493	21	0.0254	21	0.0347	22	0.0677	17
辽宁	0.0878	12	0.0936	5	0.0655	10	0.1040	12
吉林	0.0465	20	0.0275	19	0.0257	26	0.0483	22
黑龙江	0.0592	16	0.0395	17	0.0315	24	0.0548	20
上海	0.0084	22	0.0967	4	0.0474	16	0.1001	12
江苏	0.1253	5	0.1062	3	0.1425	3	0.1770	6
浙江	0.1579	1	0.1123	2	0.1473	1	0.1565	6
安徽	0.1042	5	0.0683	5	0.0644	11	0.0817	12
福建	0.1007	5	0.0665	5	0.0714	7	0.0855	11
江西	0.0903	7	0.0416	11	0.0561	14	0.0591	13
山东	0.1468	2	0.0928	2	0.1389	4	0.1377	6
河南	0.1426	2	0.0654	4	0.0576	13	0.1081	7

续表

省级行政区	旅游资源竞争力	排名	旅游市场竞争力	排名	旅游产业竞争力	排名	旅游保障竞争力	排名
湖北	0.0857	5	0.0693	3	0.0590	12	0.0897	8
湖南	0.1112	2	0.0572	4	0.0493	15	0.1107	6
广东	0.0979	2	0.3092	1	0.1449	2	0.2109	5
广西	0.0736	4	0.0544	5	0.0461	17	0.0542	9
海南	0.0120	10	0.0162	6	0.0165	27	0.0334	12
重庆	0.0510	6	0.0323	5	0.0300	25	0.0681	6
四川	0.1529	1	0.0758	1	0.0680	8	0.1047	5
贵州	0.0842	2	0.0571	2	0.0328	23	0.0555	6
云南	0.0957	1	0.0633	1	0.0659	9	0.0389	6
西藏	0.0198	4	0.0162	2	0.0024	31	0.0251	9
陕西	0.0617	1	0.0565	1	0.0405	20	0.0656	5
甘肃	0.0497	2	0.0138	2	0.0348	21	0.0363	5
青海	0.0078	3	0.0031	2	0.0063	29	0.0122	7
宁夏	0.0137	2	0.0003	2	0.0024	30	0.0270	6
新疆	0.0589	1	0.0143	1	0.0430	18	0.0340	5

表2－15　全国各省级行政区旅游竞争力综合得分及排序

省级行政区	综合竞争力	综合竞争力排名	综合竞争力等级	省级行政区	综合竞争力	综合竞争力排名	综合竞争力等级
北京	0.3983	6	A	湖北	0.3038	13	B
天津	0.1561	24	C	湖南	0.3285	10	B
河北	0.3331	9	B	广东	0.7628	1	A
山西	0.2404	17	C	广西	0.2283	19	C
内蒙古	0.1771	23	C	海南	0.0782	28	D
辽宁	0.3509	8	A	重庆	0.1814	22	C
吉林	0.1481	26	D	四川	0.4013	5	A
黑龙江	0.1850	21	C	贵州	0.2296	18	C
上海	0.2526	15	B	云南	0.2638	14	B
江苏	0.5510	3	A	西藏	0.0636	29	D

续表

省级行政区	综合竞争力	综合竞争力排名	综合竞争力等级	省级行政区	综合竞争力	综合竞争力排名	综合竞争力等级
浙江	0.5740	2	A	陕西	0.2242	20	C
安徽	0.3186	12	B	甘肃	0.1347	27	D
福建	0.3241	11	B	青海	0.0294	31	D
江西	0.2471	16	B	宁夏	0.0434	30	D
山东	0.5161	4	A	新疆	0.1502	25	D
河南	0.3737	7	A				

由表2-14可知，广东凭借优势较高的旅游旅游资源竞争力、旅游产业竞争力和旅游产业竞争力，综合竞争力排名全国第一，浙江和江苏紧随其后，高等竞争力水平的省级行政区包括北京、辽宁、江苏、浙江、山东、河南、广东和四川等，从区域特点来看，竞争力较高的省级行政区大部分位于东部沿海地区，四川凭借优越的旅游资源和旅游市场（竞争力指数均位居全国第一），综合竞争力同样跻身全国前列。中高等和中低等旅游竞争力的省级行政区分别包括河北、上海、安徽、福建、江西、湖北、湖南、云南和天津、山西、内蒙古、黑龙江、广西、重庆、陕西等。从地理位置来看，处于中高等和中低等综合竞争力的省级行政区大部分位于中西部地区。由于上海和天津在旅游资源竞争力方面的劣势地位，导致其综合竞争力不强，分别划归为中高等和中低等竞争力水平。低等竞争力水平的省级行政区包括吉林、海南、西藏、甘肃、青海、宁夏和新疆等。由于吉林省在旅游竞争力的四个具体指标上均呈现出明显的劣势，尽管其处于我国中部地区，但综合竞争力水平不高。海南省除旅游市场竞争力的优势明显外，其他方面的竞争力也成为了制约综合竞争力发展的主要因素。地处西部地区的西藏、甘肃、青海、宁夏和新疆等省级行政区因区域、政治和社会等环境的制约，综合竞争力处于明显的劣势地位。广西作为全国著名的旅游大区，其综合竞争力处于较低水平。

三、各市旅游竞争力发展现状

计算权重后可得出31个省级行政区的综合旅游竞争力综合指数，利用SPSS22统计软件对各省级行政区旅游竞争力综合竞争力指数进行系统聚类，可将综合竞争力分为三类，即高等竞争力（A级）、中等竞争力（B级）和低等竞争力（C级）。

广西不同城市的旅游竞争力指标的差异导致整体竞争力水平的分层。表2-16显示，处于高等竞争力水平的城市包括南宁、柳州、桂林、北海、河池和崇左。

桂林凭借丰富的旅游资源、成熟的旅游市场和优越的旅游产业，旅游综合竞争力排名广西第一位。南宁和柳州排名较前的是旅游市场竞争力、旅游产业竞争力和旅游保障竞争力，所以综合旅游竞争力同样跻身广西区内前列。崇左利用优越的旅游资源和成熟的旅游市场来提升其综合旅游竞争力，河池和北海分别以较强的旅游资源竞争力、旅游产业竞争力和旅游市场竞争力和旅游产业竞争力来提升其整体竞争力水平。B级竞争力水平的城市包括梧州、钦州、玉林、百色和贺州。百色和玉林在旅游保障竞争力方面具有较好的优势条件，但是在另外三个方面的竞争力水平不突出导致其整体竞争力水平不高。梧州的旅游资源竞争力和旅游市场竞争力相对靠前。钦州和贺州分别除旅游产业竞争力和旅游市场竞争力有较为明显的优势之外，其他方面的竞争力排名均比较低。低水平竞争力的城市包括防城港、贵港和来宾。防城港市的旅游产业竞争力处于区内中等水平，但是相对落后的旅游资源竞争力和旅游市场竞争力严重影响其综合竞争力水平。贵港和来宾在4个方面的竞争力水平普遍偏低，导致综合旅游竞争力水平不高。由于不同城市在旅游资源、旅游市场、旅游产业和旅游保障等方面存在差异，综合旅游竞争力水平呈现出差异性。

表2-16　广西各市旅游竞争力综合得分及排序

城市	旅游资源竞争力	排名	旅游市场竞争力	排名	旅游产业竞争力	排名	旅游保障竞争力	排名	综合竞争力	综合竞争力排名	综合旅游竞争力等级
南宁	0.0705	5	0.1492	2	0.1381	2	0.1361	1	0.4939	2	A
柳州	0.0758	4	0.0486	3	0.0894	3	0.0736	2	0.2873	3	A
桂林	0.3439	1	0.2210	1	0.2162	1	0.0705	3	0.8516	1	A
梧州	0.0459	7	0.0231	7	0.0065	12	0.0312	8	0.1068	9	B
北海	0.0456	8	0.0303	4	0.0459	4	0.0359	7	0.1578	6	A
防城港	0.0136	12	0.0118	12	0.0184	7	0.0306	9	0.0744	12	C
钦州	0.0349	11	0.0038	13	0.0228	6	0.0266	10	0.0880	10	B
贵港	0.0023	13	0.0136	11	0.0139	10	0.0260	11	0.0557	13	C
玉林	0.0448	9	0.0223	8	0.0164	8	0.0522	4	0.1358	8	B
百色	0.0541	6	0.0249	6	0.0106	11	0.0479	5	0.1375	7	B
贺州	0.0369	10	0.0214	9	0.0038	13	0.0180	14	0.0803	11	B
河池	0.1164	3	0.0198	10	0.0392	5	0.0446	6	0.2200	5	A
来宾	0.0012	14	0.0022	14	0.0000	14	0.0222	13	0.0255	14	C
崇左	0.1943	2	0.0289	5	0.0160	9	0.0237	12	0.2629	4	A

第七节　广西旅游产品开发的成就和矛盾

近年来，广西提出“一个旅游龙头、两条黄金旅游带、两大旅游集散中心、五大旅游特色、六大旅游品牌、八大旅游区、十条精品旅游线路”的总体旅游框架，成功吸引了国内外旅游人群，尤其是泰国、越南、新加坡等东南亚国家旅游人员，来桂旅游人数稳步提升。据《2016 年广西国民经济与社会发展统计公报》的数据显示，全年全区入境过夜游客 482. 52 万人次，比上年增长 7. 2%；国际旅游（外汇）消费 21. 64 亿美元，增长 12. 9%。接待国内旅客 4. 04 亿人次，增长 20. 1%，国内旅游消费 4047. 65 亿元，增长 29. 1%。旅游总消费 4191. 36 亿元，增长 28. 8%①。旅游经济的发展取得较好成就的同时，开发旅游产品和旅游市场也面临问题。

一、旅游业市场空间得到拓展

从地理优势的角度来看，广西正处于中国—东盟自由贸易区的中心位置，因此在构筑中国与东盟国家之间的经济交流与合作方面具有很大地理区位优势。从区外的市场空间来看，2015 年和 2016 年，中国—东盟博览会在广西南宁成功开幕，本着商品贸易、投资合作、服务贸易、高层论坛、文化交流等会议内容，广西利用这一契机推动与东盟国家区域经济合作的深入发展，同时结合商品贸易和服务贸易两方面的内容，以中小企业技术创新和旅游服务创新成果转让为切入点，培育与东盟国家经济贸易合作新的增长点。随着中国—东盟博览会的开展及其所带来的效应，广西也可利用这一契机来推荐不同地区的旅游资源，各地方政府加强旅游经济之间的合作与交流，使旅游经济成为自身经济发展的重要部分。从区内的市场空间来看，随着经济和社会的快速发展，传统的工作模式也在逐渐转变，闲暇时间的增多和收入的不断提高，促使人们对物质方面的需求越来越少，而对精神方面的需求逐渐增多，旅游必然会成为人们进行精神消费的重要选择方式。这种趋势在现代社会中越来越明显，并且势必将会为广西旅游业的发展带来更多的市场机会。

二、旅游业遵循产业品牌战略

品牌化的本质是通过让游客认识到不同产品之间的差异性，从而赋予不同旅

① 资料来源于《广西壮族自治区国民经济与社会发展统计公报》。

游产品与众不同的市场竞争份额，确定旅游产品在潜在顾客意识中的合理位置和品牌形象。随着人们生活水平的不断提高，对旅游产品的供给和需求也提出了新的要求，旅游市场的竞争逐渐由服务质量的竞争、价格竞争转变成为品牌竞争。通过将自身优势资源与创新的营销手段相结合，将现有特色旅游产品打造成为满足游客心理需要，被众多游客认知并且形成购买偏好的旅游品牌。由于自身独特的地理位置和自然条件，广西的旅游环境特别优美。无论是桂林山水还是北海银滩或者是德天瀑布，均形成了自身的旅游产品品牌，对于中国游客特别是国外游客而言，都是一些非常有优势的卖点。在其他一些成熟型的特色旅游品牌中，巴马长寿养生、中越神秘边关和刘三姐民族风情等旅游品牌为众多消费者所知，竞争品牌还尚未对其构成威胁。一些成长型的旅游品牌，比如资源八角寨、龙胜龙脊梯田、百色澄碧湖和容县真武阁等旅游品牌也通过加大资金投入和深度挖掘内涵等方式来提升旅游档次和规模，逐渐向成熟型的旅游品牌演变。

三、整体与局部利益矛盾明显

由于旅游市场上局部与整体利益之间的博弈，影响着旅游产业的布局。从博弈论的角度着手，参与人追求利益最大化，并根据这一目标选择竞争策略。在旅游产品和资源同质化问题上，假设 A 和 B 两个旅游地区存在同价同质的旅游产品，原本两个旅游市场均采取高价销售的策略，但在旅游市场进入淡季过程中，市场萎缩，为争取旅游消费人群，两个旅游区域可能采取不用的策略，若维持原价，两个区域都只能获取 1000 的效用水平，而如果 A 单方降价以此吸引更多的客源，则可获得 1500 的效用水平，而 B 在维持原价的基础上只能获取 400 的效用水平，但在 A、B 双方均采取降价策略，其各自可能获取 700 的效用水平，其效用矩阵如图 2 -2 所示。

产品B / 产品A	维持原价	降价
维持原价	（1000，1000）	（400，1500）
降价	（1500，400）	（700，700）

图 2 -2　效用矩阵

从纳什均衡的角度分析，A、B 两个旅游区域在完全信息博弈中，无论各方采取何种竞争策略，降价都是双方最优选取的竞争方案，但这一竞争方案却无法获取整体旅游市场利益最大化，也即是达不到帕累托最优。但即使双方在博弈开始前形成“价格同盟”，双方也不会采取积极的行动恪守“盟约”，这即是“囚徒博弈”的本质所在。而对于广西旅游市场而言，不同区域旅游资源的同质化、旅游产品的单一化等问题的存在是制约产业整体布局规划和良性发展的关键因素。

第八节 广西旅游业区域发展效果明显

“十二五”期间，我国进入新一轮改革开放启动期、全面建成小康社会加速期、实现中华民族伟大复兴“中国梦”关键期、经济社会发展“新常态”战略转型期、新型城镇化全面推进期，与之相对应，随着中国旅游由大众旅游初级阶段进入中高级阶段，区域旅游业发展的“全域化”融合、一体化协同推进也成为重要发展趋势①。广西旅游业区域发展和建设尚处于起步阶段，随着近年来交通工具和交通网络的提升和完善，尤其是高铁时代的到来，区内主要城市和旅游景区景点实现了1~2小时旅游圈，促使旅游时间和旅游空间的急剧压缩，旅游客源市场的扩大，旅游市场呈现新变化，区域旅游一体化和同城化成为未来广西旅游业发展研究的热点和重点。

一、区域旅游经济发展现状

（一）广西旅游经济发展呈现良好的趋势

近年来，广西为了把旅游业打造成全区战略性支柱产业和人民群众满意的现代服务业，不断创新旅游发展体制机制，加速推进重大旅游项目的建设，进一步提升旅游公共服务建设，产业融合更加深化，旅游消费环境进一步优化，在特色旅游名县的创建上也取得了较大的突破，总体而言旅游经济发展取得较好的成效②。如表2-17所示，2015年广西国际旅游外汇收入继续保持着良好的增长势头，旅游总收入3252亿元。相较于2014年，旅游总收入的增长率达到25.08%，增长速度位居全国前列。整体而言，相较于部分中部和东部省份，广西旅游经济呈现出较好的发展趋势。具体来看，全年入境过夜游客450.06万人次，比上年增长6.9%；国际旅游（外汇）收入19.17亿美元，增长10.9%。接待国内旅客33661.37万人次，增长17.8%，国内旅游收入3136.39亿元，增长25.7%。旅游总收入3254.18亿元，增长25.1%③。从具体城市的旅游业的指标来看，无论

① 席建超．新阶段中国区域旅游业发展新趋势［N］．中国旅游报，2015-06-24.

② 孙敏．驻柳州自治区政协委员视察团到我市视察桂柳旅游合作情况［N］．桂林日报，2014-10-18.

③ 资料来源于《2015年广西壮族自治区国民经济与社会发展统计公报》。

是在接待入境游客和国内游客数量方面，还是在国际旅游外汇收入和国内旅游收入方面，每个地级市的旅游业发展均呈现出较好的增长势头。相较于2012年，每个城市的旅游业发展指标的增长率几乎超过10%（桂林和来宾除外），甚至超过50%，表明近年来在中央和地方政府的共同努力下，广西旅游经济的发展正朝着良好的方向发展。

表2－17　全国各省旅游总收入一览　单位：亿元

地区	2014年	2015年	增长率（%）	地区	2014年	2015年	增长率（%）
北京	4280	4616	7.85	湖北	3752	4315	15.01
天津	2307	2794	21.11	湖南	3051	4713	54.47
河北	2561	3434	34.09	广东	9227	10265	11.25
山西	2846	3448	21.15	广西	2600	3252	25.08
内蒙古	1805	2257	25.04	海南	507	572	12.82
辽宁	5289	3825	－27.68	重庆	2003	2250	12.33
吉林	1808	2315	28.04	四川	4891	6211	26.99
黑龙江	1066	1361	27.67	贵州	2880	3500	21.53
上海	3416	3500	2.46	云南	2665	3282	23.15
江苏	8146	9050	11.10	西藏	204	280	37.25
浙江	6400	7139	11.55	陕西	2521	3006	19.24
安徽	3420	4120	20.47	甘肃	780	975	25.00
福建	2707	3150	16.36	青海	200	248	24.00
江西	2650	3630	36.98	宁夏	143	161	12.59
山东	6000	7063	17.72	新疆	830	1022	23.13
河南	4366	5035	15.32				

资料来源：全国各地区《2015年国民经济与社会发展统计公报》。

（二）北部湾经济区旅游经济发展势态良好

广西北部湾经济区由南宁、北海、钦州和防城港四个城市和玉林、崇左两个市物流中心组成，行政区域土地面积达74128平方千米，2015年末总人口达2050.12万人，2015年生产总值为7996.28亿元，占全区生产总值的47.59%。表2－18计算结果显示，2015年北部湾经济区共接待入境旅游者人数131.89万人次，国际旅游外汇收入达到50399.78万美元，占全区旅游外汇收入的26.29%；接待国内游客数量15965.64万人次，国内旅游收入为1414.73亿元，占全区国内旅游收入的45.11%①。旅游业在北部湾经济区经济建设和发展、文化建设、民生改善和社会和谐中发挥着越来越重要的地位。良好的区位优势汇集了大量的人流、物流、资金流、信息流和技术流，对实现旅游产业优势和推动北部湾旅游业实现跨越式发展具有很大的推动作用。同时，良好的生态环境和优厚的国家政策扶持很好地推动了北部湾经济区旅游业向前发展。

表2-18　　广西城市旅游业各项指标情况

城市	接待入境旅游者人数（万人次）	国际旅游外汇收入（万美元）	国内旅游人数（万人次）	国内旅游收入（亿元）
南宁市	51.09	22616.81	8159	729.93
柳州市	18.12	8981.929	2694.946	216.7425
桂林市	216.34	121885.1	4253.61	453.53
梧州市	19.6	10063.11	1527.8	153.8
北海市	12.09	6798.772	1796.276	165.2494
防城港市	16.10	6579.619	1345.77	97.40
钦州市	5.36	1927.549	1077.07	101.12
贵港市	8.69	3903.83	1435.85	135.62
玉林市	10.54	6615.636	2027.02	196.44
百色市	6.37	3466.104	1680.45	121.84
贺州市	35.16	4.110257	1526.53	162.44
河池市	10.06	4235.757	1841.95	179.60
来宾市	2.01	815.3186	1543.28	102.09
崇左市	36.71	15234.42	1560.50	124.59

资料来源：广西各地区《2015年国民经济与社会发展统计公报》。

（三）桂林旅游旅游经济发展呈现疲软状态

2015年桂林市接待旅游入境游客数量达到216.34万人次，占全区接待入境旅游人数的48.07%，旅游外汇收入为121885.11万美元，占全区旅游外汇收入的63.58%，两项指标均位居全区第一名。同年接待国内旅游人数为4253.61万人次，占全区国内旅游人数的12.64%，两项指标排名仅次于南宁②。通过分析

①② 资料来源于《广西壮族自治区国民经济与社会发展统计公报》。

数据不难发现，旅游业是推动桂林市经济发展的重要因素，是构成桂林市政府财政收入的重要来源之一。但是，从旅游业的发展角度来看，桂林旅游经济的发展前景不容乐观。相较于2014年，桂林市接待旅游入境人数和国内旅游人数增长率分别为6.4%和16%，位居全区下游水平，旅游外汇收入的增长率也不容乐观，仅为7.2%，桂林市旅游经济的发展呈现出疲软的态势[①]。导致这种结果的出现，本书认为存在两方面的原因。第一，桂林的旅游种类众多，最受欢迎的当属自然山水景观。同时，溶洞景观和民族风情也在国内市场上占据很大的份额，但是桂林的历史文化吸引力却没有发挥其在旅游市场上的作用。早在1982年2月，桂林就已经被列入国务院公布的首批历史文化名城。作为最早一批国家历史文化名城，桂林有着悠久的历史文化，靖江王城、李宗仁故居和桂海碑林均是典型的历史文化资源，但是其吸引力却未给旅游经济的发展带来很大的推动作用。究其原因，一方面是因为“桂林山水甲天下”的名声在外，在一定程度上削弱了其作为国家历史文化名城的旅游价值和推动旅游经济发展的作用；另一方面，为顺应市场需求，大部分城市的旅游开发均以山水景观为主，而忽略了人文和历史文化资源的重视和开发，导致桂林作为国家历史文化名城的旅游价值没有得到充分的发挥。第二，桂林旅游附属产品缺乏创新和竞争力。旅游景区的消费纪念品在旅游业促进旅游经济发展扩大内需当中发挥着重要的作用。桂林市各大旅游景区的纪念品等与其他市外的旅游景区存在雷同现象，属于自己旅游特色的附属产品相对较少，并且从价格上来看，很多旅游小商品和纪念品缺乏竞争力和优势，同种类型的旅游产品和纪念品在国内的其他旅游景区都比较常见甚至在价格上更为低廉。外来旅游者一方面对同种类型的旅游产品产生审美疲劳，另一方面也因为价格缺乏实惠而缺乏兴趣，导致桂林旅游附属产品缺乏竞争力。

（四）广西旅游出现“供给增长”“结构短缺”现象

在实际旅游市场运行中，既存在旅游需求，又存在旅游供给，如何把握旅游需求和旅游供给两者之间的平衡十分重要。旅游需求和旅游供给是相辅相成、相互促进的。就供给而言，一个有效的供给能够给人们创造或带来新的需求，而无效的、低端的供给，或是供给缺失会造成潜在需求流失，“需求外溢”的现象也可能出现。近些年来广西旅游业出现“供给增长”和“结构短缺”现象。

1. 供给增长现象

（1）总量供给——规模扩张。在“十二五”期间，广西接待游客人数以及

---

① 资料来源于《桂林市国民经济与社会发展统计公报》。

旅游总收入不断增长，其中，2011 年接待的游客总人数为 1.77 亿人，旅游总收入为 1277 亿，相当于广西 GDP 的 10.92%。到 2015 年，广西接待的游客人数达 3.09 亿人，旅游总收入 3254.18 亿元，与 2011 年相比，游客人数增长了约 0.75 倍，旅游总收入增长了约 1.55 倍①。从需求角度看，可将旅游总人数近似看成旅游需求，从供给角度看，可将旅游总收入近似看成旅游供给，综上所述，旅游总量供给呈现出规模扩张的趋势。

（2）产品供给——景区倍增，新业态出现。据有关资料统计，截至 2014 年 12 月 31 日，全区已评定国家 A 级旅游景区共计 238 家，其中有 2 家 5A 级，81 家 4A，71 家 3A，15 家 2A。而至 2015 年底，全区已评定国家 A 级旅游景区共计 308 家，其中，4 家 5A、132 家 4AA、150 家 3A、22 家 2A。景区数量是旅游产品供给的主要表现，由上述统计可知，全区景区数量将近增长了将近 1 倍，旅游产品的供给力度也得到提高。此外，体育旅游、海洋旅游和养生旅游等新业态逐渐出现，增加了旅游产品的多样性。

（3）要素供给——日趋完善。传统的旅游六要素分别为吃、住、行、游、购、娱。在吃住行方面，2014 年，全区旅游管理部门 150 家，旅行社 608 家，星级饭店 466 家，其中五星级饭店 12 家，四星级饭店 73 家，三星级饭店 272 家，二星级饭店 118 家，一星级饭店 2 家，与 2013 年相比有所增加②。在传统旅游六要素的基础上，提出了新的旅游六大要素，即商、养、学、闲、情、奇。传统的旅游要素被称为旅游的基本要素，而新旅游要素被称为旅游发展要素或拓展要素。近年来广西旅游业的发展由传统的观光旅游为主逐渐转向休闲和度假复合型旅游为主，要素供给日趋完善。

2. 结构短缺现象

（1）市场主体散弱。旅游市场的供给主体是旅游企业，与广东、云南相比，广西旅游业起步较晚，旅游基础也较为薄弱，主要体现在旅游企业小散弱差，能够进军全国有影响力的旅游领军企业队伍的企业几乎不存在，竞争实力较弱，导致旅游市场主体散弱，一定程度上制约了旅游经济的发展。

（2）公共服务缺位。游客旅游主要是为了体验其他地方的风景文化，以此达到放松身心的效果。在旅游过程中，游客十分关心自身的个人体验，给游客提供优质的服务不仅可以产生口碑效应，还可以增加新的旅游需求。虽然广西这几年大力进行厕所革命，厕所服务质量明显提升，但就总体而言，广西的公共服务缺位现象仍较严重。在市区等公交车的时间往往较长，更有游客等待一个小时，大量浪费了游客的旅游时间，游客的个人体验自然不佳。此外，旅游标牌标识不够

① 资料来源于《广西壮族自治区国民经济与社会发展统计公报》。
② 资料来源于历年《中国旅游统计年鉴》。

完善，有些地方甚至没有旅游标牌。在大众旅游时代，广西的旅游公共服务缺位将会影响区域品牌效应，进而影响旅游业的发展，因此更好地为游客提供高效的公共服务势在必行。

3. 乡村旅游供求错位和失衡

一方面，旅游需求井喷和刚性发展；另一方面，传统中低端旅游产品供给过剩，新兴的高品质旅游产品供给不足。零负团费、强制购物、游客投诉抱怨不断，团队旅游乱象久治不愈，观光旅游产品雷同泛滥，旅游供应商劣胜优汰，出境旅游火热、入境旅游低迷等一系列现象和问题都充分表明了广西区内旅游供给与消费环境不能满足游客需求，供给侧结构不合理、不平衡已经成为制约我国旅游业持续、健康发展的最大障碍和主要因素①。

二、区域旅游资源发展现状

（一）自然旅游资源丰富

广西旅游资源得天独厚，山海兼备，通过对同种类型的旅游资源的整合，促进了不同城市之间旅游资源一体化的发展。在众多旅游景点中，包括自然景观、人文景观和民俗风情等方面，其中自然景观又可分为峰林景观、岩洞景观、山地景观、河湖水景、瀑布景观、泉流景观等，可接待国内外游客的景点达 400 多处。作为发育完美的热带岩溶地貌的典型代表，广西的峰林最大的特点是平地拔起、气势超群、形状千姿百态。其中最典型、最秀美的当属桂林和阳朔一带的石灰石峰林，并且在桂东北、桂中、桂东南和桂西大部分地区均可见石灰岩峰林。广西的溶洞素来就有“无山不洞，无洞不奇”之称，比较著名的溶洞分布在桂林的芦笛岩和七星岩、柳州的都乐岩、武鸣的伊岭岩、北流的色漏洞和玉林龙泉洞等旱洞型溶洞，水洞型主要有桂林冠岩、荔浦丰鱼岩、灌阳龙宫、钟山碧水岩和马山金伦洞，此外桂林甑皮岩和龙隐岩以及柳州白莲洞等考古陈列型岩洞也是非常重要的旅游景点。山地景观中，猫儿山、大瑶山、大明山和元宝山等都是适合游客和科学家游玩和远足攀登的重要选择之一。广西河流众多，清澈娟秀，并且在地域上多与奇峰相配，形成山水相间的美丽景色，除闻名中外的漓江外，融水的贝江、资源的资江、宜山的下规河、大新的黑水河、崇左的左江和宁明的明江均是非常有名的江河景点。广西湖泊景点的特点是以面积较大的湖泊为主景，辅之以湖岸的山丘和原野或者农家村舍、田野风光或者城市风貌。桂林的榕湖和杉湖、南宁的南湖、柳州的龙潭、贵港的东湖和陆川的龙珠湖体现得尤为突出。广

① 毛峰．乡村旅游供给侧改革研究［J］．改革与战略，2016（32）：58－60．

西的瀑布景点众多，较为闻名的有位于中越交界的归春河上游的德天瀑布，声音轰鸣，势若奔马，异常壮观。其他著名的瀑布包括资源的宝鼎瀑布、隆林的冷水瀑布、靖西的三送岭瀑布、龙州的响水瀑布、上思的应天府瀑布等。八桂大地上的泉流分布较广，种类众多，冷、热、温、沸均有分布，而较为著名的温泉当属龙胜温泉、陆川温泉、象州温泉、全州炎井温泉和平乐仙家温泉。长达1595千米的海岸线为广西的旅游业的发展带来了机遇，其陆续开发了北海银滩、涠洲岛和斜阳岛等景点。

（二）人文旅游资源独特

广西是我国五个少数民族自治区之一，具有独特的人文景观。古老的人类建筑、文化遗址、水利工程、石刻和墓葬等古物和革命斗争遗址众多，经国务院和广西地方政府批准的重点文物保护单位就有140余处。较为出名的人类古遗址有柳州白莲洞、桂林甑皮岩和南宁豹子头，古水利工程有兴安灵渠，桂林王城、容县真武阁、柳州柳侯祠、兴安严关、恭城文庙和合浦的大士阁都是比较著名的古建筑。在革命斗争遗址方面，桂平金田村（太平天国发祥地）、百色红七军军部旧址、龙州红八军军部旧址、钦州刘永福和桂林的李宗仁故居与八路军驻桂林办事处等都具备参观和瞻仰的价值。广西的少数民族风情同样吸引着众多游客，不同民族的独特风情和民族特色存在差异，构成了丰富多彩的民族文化，具有特色的民族活动包括建筑艺术、歌舞乐曲、工厂特产、风味佳肴和斗马、斗牛、斗鸡和斗鸟等活动。为进一步提升广西人文旅游资源的竞争力，促进区域旅游资源一体化的发展，根据不同区域人文旅游资源的分布特点，广西建立了五个具有民族特色又相互联系的旅游区，包括具有山水风光和历史文化名城特色的桂林旅游区；具有少数民族风俗的柳州旅游区；具备亚热带风光、边关景观和壮族先民文化特点的南宁旅游区；突出侨乡、古迹和寺庙特点的桂东南旅游区以及具有海滨风光特色的滨海旅游区。现今，广西已经形成了北有桂林、南有北海冰箱全区各地辐射延伸的旅游线路，具备发展区域旅游资源一体化发展的条件和基础。

（三）旅游市场资源成熟

截至2015年12月31日，广西壮族自治区已评定国家A级旅游景区共计308家，其中包括5A级景区5家、4A级景区132家、3A级景区150家和2A级景区22家（见表2－19和表2－20）。由表2－19可知，相较于2014年，2015年广西3A和4A级景区的数量呈现出较大的增长趋势，增长幅度分别为57.89%和17.86%，尽管2A级景区的数量有所下滑，但具有较强旅游竞争力的3A和4A级景区的数量上升明显，整体而言A级景区的数量的增长率达到29.41%。从A

级景区的分布区位来看，“桂林山水甲天下”的美称已经家喻户晓，漓江百里画廊享誉海外，作为世界旅游组织首批向世界推荐的中国最佳旅游目的地城市之一，多达150多位的国外元首和政要来桂林考察或者旅游过，累计接待入境游客1652万人次，并且随着近几年国家和地方政府不断加大对桂林国家旅游胜地的建设，每年入境游客均超过125万人次。漓江景区、乐满地休闲世界和独秀峰王城景区闻名全国，A级景区的数量占全区总数的17.86%，排名全区第一。要想体验独特山水风貌的人不在少数，于是桂林这座山水城市就一直备受青睐。桂林根据已有的市场号召力和影响力开发新的旅游产品，整合同类型的旅游资源，推动旅游资源一体化的发展。柳州作为广西最大的工业城市，工业总量占广西全区的1/3。柳州除了大力发展工业经济外，旅游经济同样取得了较大的成就。柳州市旅游资源丰富，分布广泛、种类齐全、数量众多、特色鲜明，有14个4A级景区和12个3A级景区，A级景区数量所占比例达到13.31%，排名全区第二。柳州具有独特的少数民族文化、城市景观、史前文化、柳宗元文化、奇石文化和山歌文化。目前，柳州拥有全国工业旅游示范点2个，广西工业旅游示范点1个，全国农业旅游示范点9个，广西农业旅游示范点20个，国家地质公园1个，全国重点文物保护单位8个，自治区级风景名胜区4个，自治区级森林公园1个，自治区级自然保护区1个，工业和旅游资源的开发得到很大的协调。“绿城”南宁是广西旅游的交汇点，近年来围绕南宁建立的桂南旅游区是广西四大旅游区之一，北连“山水甲天下”的桂林，南接国家旅游度假区北海银滩，并且在市中心也有众多自然和人文旅游景观。目前，南宁市有4A级景区19家，3A级景区17家，A级景区的数量所占比例达到12.01%，位居广西前三名。表2－20为2015年广西国家A级旅游景区总量排位表。

表2－19　2015年广西A级旅游景区统计表

级别	2014年	2015年	增减数	增幅
5A	4	4	0	0
4A	112	132	+20	17.86%
3A	95	150	+55	57.89%
2A	27	22	－5	－18.52%
1A	0	0	0	0
合计	238	308	+70	+29.41%

资料来源：广西壮族自治区旅游发展委员会政府网站。

表 2 - 20　　2015 年广西国家 A 级旅游景区总量排位表

城市	5A	4A	3A	2A	合计	占总量%	排名
桂林市	3	30	22	0	55	17.86	1
柳州市	1	20	21	0	41	13.31	2
南宁市	0	19	17	0	37	12.01	3
河池市	0	9	15	6	30	9.74	4
来宾市	0	6	9	5	20	6.49	5
百色市	0	11	7	0	18	5.84	6
玉林市	0	5	10	3	18	5.84	7
钦州市	0	4	12	2	18	5.84	8
北海市	0	8	6	1	15	4.87	9
崇左市	0	5	9	0	14	4.55	10
贺州市	0	4	7	3	14	4.55	11
防城港市	0	6	4	1	11	3.57	12
梧州市	0	3	5	1	9	2.92	13
贵港市	0	2	6	0	8	2.60	14
合计	4	132	150	22	308	100	

资料来源：广西壮族自治区旅游发展委员会政府网站。

（四）桂柳旅游资源一体化发展迅速

2005 年，桂林和柳州两市政府签署《桂林—柳州旅游一体化合作协议》，促使两个城市之间的旅游合作开始新的阶段。2014 年，两市签订了《深化桂柳旅游合作发展协议》，协议指出，两城市在旅游产品建设、产品宣传推广和建立桂柳高铁站旅游集散服务点等方面加强合作，两城市共同打造“大桂柳旅游圈”，逐步形成“景区共销、线路共连、游客共送”的格局，促进两地旅游资源的共享和旅游经济、资源一体化的发展。此外，伴随着湘桂高铁和贵广高铁的相继开通和运营，不仅改变了两城市之间的时间和空间的距离，高铁运营所带来的“同城效应”更是促进了两地之间的经济交流与合作，特别是在区域旅游一体化方面，通过高铁实现李朝友资源的共享，对推动区域旅游圈的建设和区域旅游资源一体化具有空前的推动作用。

（五）北部湾旅游合作发展加速明显

2013 年 4 月 8 日，南宁、北海、钦州、玉林、百色、防城港、崇左七地市在崇左召开推进区域经济一体化工作领导小组第二次联席会议。会议强调，七地市应当共同打造旅游区域品牌，打破行政区划的束缚，建立七市无障碍旅游区，整合区域旅游资源，打造北部湾国际旅游目的地。与会市长签署了《南北钦防玉崇百七市旅游合作框架协议》，协议提出要整合七市旅游资源，形成区域联动和资源共享，并且消除旅游产业发展的障碍因素，建立区域旅游投诉处理联动机制和旅游指标体系，促进区域旅游资源一体化发展①。

（六）广西旅游资源整合现状整体较好

目前，随着国家相关政策的推出和广西壮族自治区政府的不断努力，广西旅游资源的开发和利用总体上已经形成了“122457”的框架。具体来说，“1”是指一个旅游龙头，即桂林市。“2”一是指两条黄金旅游带，分别为桂林（贺州）—柳州（河池）—来宾—南宁—钦州（防城港、东兴）—北海和梧州—玉林—贵港—南宁—百色（崇左），贯穿广西区内四个方位的南北和东西两条黄金旅游带；二是指两大旅游集散中心，分别为南宁和桂林。“4”是指四大旅游特色，分别为自然山水、滨海休闲、边关览胜和民族风情。“5”大旅游品牌分别为桂林山水、德天瀑布、北海银滩、百色天坑和民族风情。“7”大旅游区分别为大桂林山水文化旅游区、南宁壮乡绿城会展商务旅游区、环北部湾滨海跨国旅游区、德天跨国大瀑布旅游区、大瑶山生态民俗文化旅游区、百色大天坑群旅游区和桂东宗教历史文化旅游区（张云）。

（七）桂北旅游单一游线存在局限性

伴随着大香格里拉、湄公河—澜沧江、大三峡等大区域旅游品牌的推出和发展，在很大程度上冲击了以桂林为中心的桂林山水品牌，“桂林山水”在区域旅游竞争方面产生了较大的危险和压力。尽管桂北地区旅游资源丰富，但是桂林山水的品牌效应仅仅局限在现有桂林旅游市场格局，也是仅有的一条旅游黄金主线“桂林—漓江—阳朔—荔浦”，仍旧未形成区域力量的范畴，相较于大香格里拉、湄公河—澜沧江、大三峡等大型综合旅游品牌，桂北旅游品牌还不在同一个层次上面，在结构上存在缺陷，仅仅为桂林中心的“线”式结构，其辐射半径边际效应递减②。另外，运作层面不够深入，还没有带动整个桂北区域旅游资源的同步发展，旅游资源整合现状不容乐观，旅游资源一体化发展速度较慢。

---

① 陈秀隆．北部湾旅游同城一体化正式启动［N］．广西日报，2013－04－10.

② 林峰，王雄伟．“桂林山水”的重新诠释与大桂林旅游经济圈发展战略［N］．中国旅游报，2005－11－28.

三、区域旅游交通发展现状

近几年来，对着长三角、珠三角、京津冀等城市群的快速发展，区域经济一体化的发展不断地深入，交通作为支撑区域经济一体化的重要因素，区域旅游经济一体化的发展对区域内交通提出了更高的要求，区域旅游交通一体化将是区域旅游交通发展的必然趋势。铁路作为国民经济的大动脉，是大众化的基本交通工具，对一个区域经济的建设和发展有着至关重要的作用，并且在建设节约型和环境友好型社会中具备明显的优势。相较于其他交通运输工作，铁路运输存在运量大、能耗低、占地少、效率高、全天候、节约环保、舒适度和安全性高的特点，是促进区域经济和区域旅游交通一体化发展的重要工具。

2013 年，时任广西壮族自治区党委书记彭清华在全区旅游发展大会上强调，要加强以交通为重点的旅游基础设施建设，提高进出旅游目的地的便捷性。

（一）区域内旅游交通发展现状

广西全区公路总里程突破 10 万千米，达到 10.79 万千米，高速公路里程突破 3000 千米，达到 3197 千米，基本实现高速公路便捷连接各市行政中心、连通周边省和出海出边通道网络化的目标，实现县县通二级及以上公路、乡乡通沥青（水泥）路、村村通公路，建制村通沥青（水泥）路比率达到 75.6%；沿海三港整合形成的广西北部湾港，与 80 多个国家开通国际班轮航线；西江亿吨黄金水道初步形成。2013 年底，广西一举开通 5 条高铁 12 对动车，2014 年高铁营运里程突破 1600 千米，约占全国的 14%，形成南宁、桂林两个高铁十字枢纽；区内高铁公交化，区外高铁通达 13 个省市①。

2012 年 12 月 31 日，钦州至崇左高速公路建成通车；4 月 9 日，六钦高速公路正式通车运营；六景至钦州港高速公路缩短了内陆工业城市柳州、来宾直达港口的距离，拉近了桂林和北海两座重要旅游城市的距离，与钦州至崇左高速公路共同填补了广西旅游环空白，串起了桂林、柳州山水游，崇左、凭祥边关游和钦北防滨海游的区内旅游环。

表 2-21、表 2-22 分别为广西旅游交通运输客运量和货运量。南宁作为西南地区的区域最大交通枢纽的重要作用越来越明显。与 2004 年相比，2014 年南宁铁路局货运量的比重增加了 79.78%。在近三年的时间里，广西高铁从无到有，实现了 900 千米的突破，位居全国各省区市第九位，并且客车开通数量也有 90 对增加到 209.5 对，可通往全国 26 个省区市。2013 年 12 月 28 日，衡柳铁路的

---

① 资料来源于《中国统计年鉴》。

开通运营标志着广西实现高铁开通运营“零突破”，实现了5300万各族群众的高铁梦，并且广西也成为了全国首个开通高铁的少数民族自治区。同月30日，钦北、钦防和南钦高铁的开通运营标志着北部湾四个行政区的“1小时交通”正式形成，并且到达区内其他区市的“2小时交通圈”和到达周边省会城市的“3小时交通圈”也在陆续形成，区域旅游交通一体化格局逐渐清晰①。2014年4月18日，南广铁路广西段率先开通运营，至此，桂东南地区继2009年结束“地无寸铁”时代后又跨入了“高铁时代”。广西各地市开启“同城时代”，“朝游桂林山水，午吃柳州螺蛳粉，夜逛北海银滩”已经成为现实。经过数十年的发展，广西境内铁路运营里程由2787千米增加到了5717千米，铁路密度打到1.08千米每万人，是全国平均水平的1.2倍。在客运量方面，境内旅客发送量也呈现出爆发式增长。2015年，区内旅客发送量达到7000多万人次，相较于十年前增长3.5倍②。在货运方面，随着中国—东盟贸易日益频繁，货运量的增长趋势也非常明显。

表2-21　广西城市交通运输旅客发送量　单位：万人

省/市	2004年客运量			2014年客运量			客运总量增长率（%）
	客运总量	铁路旅客客运量	公路客运量	客运总量	铁路旅客客运量	公路客运量	
广西	46668	1270	44306	52304	4161	46625	10.78
南宁	8451	476	7757	8697	1502	6702	2.83
柳州	4229	307	3827	3553	804	2677	-19.03
桂林	5014	237	4436	10462	827	9037	52.07
梧州	2124	0	2020	2102	115	1984	-1.05
北海	2863	6	2795	2723	21	2393	-5.14
防城港	606	0	606	1071	46	1009	43.42
钦州	1696	10	1669	1947	76	1864	12.89
贵港	1881	56	1826	3596	269	3325	47.69
玉林	4440	0	4440	3690	24	3666	-20.33
百色	3554	0	3525	4833	72	4759	26.46
贺州	2201	0	2181	1465	62	1402	-50.24
河池	6556	0	6464	4454	130	4309	-47.19
来宾	2148	99	1969	2073	105	1968	-3.62
崇左	905	79	791	1639	109	1530	44.78

资料来源：历年《中国城市统计年鉴2005》《中国城市统计年鉴2015》。

① 《2013年广西壮族自治区政府工作报告》。
② 资料来源于历年《中国城市统计年鉴》。

表 2 - 22 广西城市交通运输货运量 单位：万吨

省/市	2004 年客运量			2014 年客运量			货运总量增长率（%）
	货运总量	铁路货运量	公路货运量	货运总量	铁路货运量	公路货运量	
广西	33036	2934	26687	167456	11091	134339	80.27
南宁	6789	461	5616	33582	828	30035	79.78
柳州	4316	793	3377	14687	575	13306	70.61
桂林	1582	163	1410	9173	140	8997	82.75
梧州	1437	0	1076	7431	31	5229	80.66
北海	2506	275	2110	6824	315	5853	63.28
防城港	249	0	175	8737	3563	3888	97.15
钦州	977	54	868	17502	4338	10956	94.42
贵港	2770	135	1208	20071	202	8971	86.20
玉林	3391	0	3391	21606	327	21149	84.31
百色	1452	0	1380	9716	327	9076	85.06
贺州	1254	0	1227	4395	62	4283	71.47
河池	2248	0	2179	6736	237	6474	66.63
来宾	2825	916	1686	2552	—	1853	—
崇左	1239	137	984	4443	146	4269	72.11

资料来源：历年《中国城市统计年鉴 2005》和《中国城市统计年鉴 2015》，2014 年来宾市铁路货运量数据缺失。

（二）区域间旅游交通发展现状

2014 年 12 月 26 日，跨越贵州、广西和广东三省区的“中国山区第一高铁”贵广高铁开通运营，以及连接两广地区最便捷的快速通道南广高铁的全线开通[①]。与此同时，南宁东站作为广西境内体量最大、现代化程度最高的火车站也正式开站迎客。贵广高铁作为西南贵川地区最便捷的铁路出海大通道，具有重要的战略意义，表现为其是连接“一带一路”，实现长江经济带、西江经济带、珠江经济带、中孟缅印经济走廊“互联互通”的高速通道，在很大程度上缩短了西南地区与珠三角地区之间的时空距离。贵广高铁与已开工建设的渝黔新线铁路和兰渝铁路和待建的柳肇铁路等项目成功合并后，我国西南和西北地区连接珠三角和粤港

① 何明．从“路网末梢”到“区域枢纽”［N］．广西日报，2015 - 03 - 08.

澳地区的快速铁路和物流通道将被打通。同时，桂林是贵广高铁的重要节点，是引发各方热切关注的“广州—桂林—贵阳—昆明—曼谷国际黄金旅游线”上重要的旅游目的地，必将推动桂林旅游迈上新台阶。贵广高铁的成功运行对“桂林国家旅游综合改革试验区”的建设产生极大的积极作用，打破了桂林“易进难出”的旧旅游交通格局。南广高铁作为两广地区重要的交通大动脉，西连南昆客专，是广西经济腾飞的大平台，带动广西融入粤港澳“大”珠三角经济圈，形成南广“3 小时经济圈”。目前，高铁的发展深刻影响广西区内的经济和旅游现状，促进人才、资金流、物流和信息流等快速流动，推动广西与周边省区的经贸和旅游合作，为广西的旅游现代化进程注入了新的动力。2016 年作为第十三个五年计划开年之际，为响应国家“八横八纵”题录规划网和可持续发展的要求，广西还将开工建设贵阳至南宁客运专线、中越铁路防城港至东兴段，同时还将对衡柳铁路、怀柳铁路等进行电气化和扩能改造。到 2020 年，广西将建成以南宁为中心的“12310”高铁经济圈，也就是一小时到达南宁周边城市，两小时达到其他区市，三小时到达周边省会城市，十小时到达国内主要中心城市，进一步促进桂粤两省区的经贸和做和旅游交流，对区域旅游交通一体化的推动具有重要的提升作用。随着南昆高铁的开工建设和终将投入运营，滇桂黔粤四省区的高铁旅游路线愈加明朗，区域旅游交通一体化正朝着快速的方向发展。

各种运输方式实现了协调发展，现代化综合交通运输体系建设加快推进，交通网络主骨架基本形成，实现了由全国交通末梢向国际大通道、交流大桥梁、合作大平台的转变，为全区旅游等特色资源的开放开发提供了交通运输保障，广西区域范围的旅游交通网络主骨架基本形成①。

四、区域旅游公共服务发展现状

（一）区域旅游公共服务发展整体状况

2013 年 7 月召开的广西旅游发展大会上，时任广西壮族自治区党委书记彭清华强调：“要加快旅游公共服务设施建设，全面提升服务质量和水平。”广西壮族自治区党委、政府召集发改、旅游和有关厅局与 14 个地市共同谋划 2013 ~ 2017 年全区总投资 5000 万元以上的重点旅游项目 600 个，规划总投资达 1.3 万亿元。其中旅游公共服务设施项目 235 个，规划总投资 5000 亿元以上。广西正在以项目推动，努力构建便于市民和游客的城乡旅游公共服务体系，海、陆、空、铁等立

---

① 黄志勇．广西近十年开放合作取得的主要成绩和成功经验［J］．广西经济，2013（6）：26 - 29.

体便捷旅游交通服务体系，遍布全区主要机场、车站、港口等旅游标示牌系统，遍布全区旅游信息共享和安全呼叫救助系统等，涉及全区 14 个地市。2017 年，广西全区要实现新建或改造 300 个游客服务中心；新建或改造 1000 座三星级以上旅游厕所；在各市和重点旅游县要建成至少 1 个大型旅游集散中心、1 个大型旅游购物中心和一批旅游信息咨询中心；在全区主要出入境口岸、机场、车站及旅游特色名县、名镇、名村分批进行规范的旅游标识系统建设，实现全区 3A 级以上（含 3A 级）景区全部达到旅游交通顺畅、旅游标识系统完善、旅游厕所达标、停车场满足需要的要求。

（二）北部湾经济区旅游公共服务发展状况

1. 旅游交通便捷服务体系得到完善

为连接区域的国际通道、合作平台和交流桥梁，广西在推进交通基础设施建设方面做出了很大的努力，主要体现在新建和改建了一大批惠及普通民众的交通基础设施。在总体目标的构筑上，广西将构建“一枢纽两大港三通道和四辐射”的交通布局，即以南宁为国际综合交通中心枢纽，以海港和空港为龙头，以泛北部湾海上区域、南宁至新加坡陆上区域和南宁至东盟的国家航空通道为主轴，以广西通往云南、贵州、广东和湖南等方面的运输通道为主线的国际通道体系。随着广西近年来高速铁路和高速公路的不断普及和完善，北部湾经济区国家化大通道框架正在形成，北部湾“一小时经济圈”已经基本确定，加速了区域旅交通一体化的发展。

2. 旅游公共信息服务体系基本建立

目前，北部湾经济区六个地级市已经初步建立旅游咨询服务中心，同时还配备了旅游服务人员。具体而言，旅游业发展相对较早的北海市，除了为游客提供日常的问题咨询外，在旅游旺季或者黄金周期间还在城市入口处为自驾游游客提供地图和旅游信息服务。北部湾经济区旅游网络信息服务也呈现快速发展的趋势，许多官方和非官方的旅游信息平台不断涌现。比如泛北部湾旅游网、北部湾旅游网、广西旅游网、广西旅游在线和广西旅游者资讯等网络平台逐渐出现，并且走向成熟。在全国旅游信息服务建设浪潮的影响下，广西先后在全国开通了“96338”和“12301”两条旅游信息咨询呼叫中心，为游客提供了吃、住、行、游、娱和购等全方位的旅游信息服务。2008 年，由广西旅游厅和南宁旅游局联合推出的广西旅游信息屏项目也在南宁正式启动。广西的旅游服务信息一体化的快速建设，进一步提升了广西北部湾经济区旅游公共服务一体化建设的整体水平。

3. 旅游交通与信息一体化的程度较低

经济的快速发展和交通的不断完善促使个性化旅游趋势越来越明显，自驾车旅游、散客自助游和家庭朋友组合游等旅游形式越来越受到游客的青睐，这就使得旅游交通和信息一体化的发展显得越来越重要。对于自驾游游客而言，便捷的旅游交通和准确的旅游信息是至关重要的。但与此相矛盾的是，广西北部湾经济区在构建统一的旅游交通和公共信息机制方面还需要继续完善，有关北部湾经济区专门性的官方旅游网站尚未建立。虽然一些非官方网站会发布一些旅游资讯，但是却未能整合六市的旅游资源并且及时地发布旅游信息，旅游目的地交通标识的设置没有按照国家化的统一标准。由于旅游信息和旅游交通系统的不够完善，导致自驾车游客缺乏对旅游目的地的认识，广西北部湾旅游城市的形象和知名度也很难得到提升。

第九节　广西沿边旅游开发稳步发展

我国沿边地区一般指广西、云南、西藏、新疆、甘肃、内蒙古、黑龙江、吉林、辽宁9省区。国家“十二五”发展规划纲要提出，“把黑龙江、吉林、辽宁、内蒙古建成向东北亚开放的重要枢纽，把新疆建成向西开放的重要基地，把广西建成与东盟合作的新高地，把云南建成向西南开放的重要桥头堡，不断提升沿边地区对外开放的水平”。党的十八届三中全会发布的《中共中央关于全面深化改革若干重大问题的决定》，再次明确提出“创新开放模式，促进沿海内陆沿边开放优势互补，形成引领国际经济合作和竞争的开放区域”，并做出了加快沿边地区开发开放的战略部署，从而拉开了我国沿海、内陆、沿边“三位一体”开放格局序幕，标志着全国进入新一轮全面深化改革、扩大对外开放的新阶段。

我国改革开放的基本思路是从东部到西部、从沿海到沿边。扩大内陆沿边开放对我国形成沿海到沿边的全方位开放格局有着极其重要的意义。党的十八届三中全会明确提出，允许沿边重点口岸、边境城市、经济合作区在人员往来、加工物流、旅游等方面实行特殊方式和政策。由于旅游业具有综合性、关联性及其与相关产业融合性强等特点，加快沿边地区旅游开放开发步伐，对于加快沿边地区开放开发，促进沿边地区经济发展，实现从沿海到沿边全方位开放的战略目标具有重要作用。

沿边开放可以推动边疆少数民族的经济社会发展，对西部边疆少数民族地区的全面发展有着至关重要的作用。随着经济全球化和区域经济一体化进程的加快，人们逐渐意识到对外开放至关重要。任何一个国家和地区都不能通过单打独斗立足于世界，封闭就意味着落后，只有加强合作，才能获得更大的发展。20世纪90年代以后，我国对外开放的步伐逐步由沿海向沿江及内陆和沿边城市延伸，并取得了辉煌的成就。

当前，在国家实施西部大开发战略和兴边富民行动的大背景下，随着中国参与周边国家区域经济合作步伐的加快，以及区域经济合作程度的加深，中国—东盟“一轴两翼”区域经济合作战略构想得到广泛认同和广西北部湾经济区建设的全面启动，该区域从中国改革开放的末梢被推向了对外开放的前沿，沿边口岸承担着区域经济合作前沿的功能，成为国家对外经济贸易合作的重要组成部分，经济发展面临着前所未有的大好机遇。

以党的十七大提出“提升沿边开放”为标志，我国开始了第二轮沿边开放。党的十七大报告提出要沿边地区提升沿边开放，加快自由贸易区战略实施。在中国—东盟自由贸易区正式建成的大背景下，2010 年中共中央、国务院下发了《关于深入实施西部大开发战略的若干意见》，明确提出要积极建设广西东兴重点开放试验区。

一、旅游沿边开发力度加大

我国沿边地区旅游开发始于 20 世纪 80 年代末期，主要集中在东北、西南和西北三个区域。东北区域：黑龙江、内蒙古东北部与俄罗斯的边境，辽宁、吉林与朝鲜的边境；西南区域：广西与越南的边境，云南与越南、缅甸边境；西北区域：新疆与中亚国家哈萨克斯坦、塔吉克斯坦、蒙古国等边境。2011 年 6 月 5 日，国务院办公厅印发《兴边富民行动规划（2011 ~ 2015 年）》，明确提出：“大力培育开发具有边境特色的重点旅游景区和线路，鼓励发展边境旅游、民族特色村寨旅游、休闲度假旅游、生态旅游、探险旅游、农业旅游等特色旅游。”该规划不仅为我国沿边旅游的发展提供了强有力的政策指导，更预示着沿边旅游正在面临一次跨越式的大发展。

我国沿边地区多为边疆少数民族聚居地。长期以来，受经济、交通、人才、政治、宗教等因素制约，其旅游发展速度与国内其他地区的旅游有较大差距。但近年来，随着国家对沿边地区开放开发政策的出台和各级政府的高度重视，各沿边省区的旅游业都有了较快发展。

二、旅游沿边开发效果显著

为了深入了解我国沿边地区旅游开放开发情况，本书课题组于 2014 年 11 月初至 12 月上旬考察了广西各市，对我国沿边地区的旅游开放开发现状进行实地调研。调研内容包括沿边地区旅游开放开发现状、存在的问题和当地政府对当地旅游开放开发设想等；调研形式主要是与沿边省、市、县的旅游、海关、边检、边防、旅行社、发改委、口岸等部门座谈，力求准确全面掌握我国沿边地区旅游开放开发现状和问题，并在此基础上提出针对性的对策和措施。

我国中央政府一直以来十分支持广西沿边地区旅游对外开放开发。1992 年，东兴和凭祥被国务院列为沿边对外开放城市，中越公民通过办理《中越边境通行证》可以深入双方规定的特定地区进行旅游与商贸活动。这一优惠政策促进了广西边贸的发展，带动了中越边境旅游的兴起。2003 年 1 月，公安部门中越通行证办理新办法出台后，出入境办证手续更加简便，中越边境游人数直线上升。2004 年东兴口岸出入境人数超过 400 万人次，边境旅游游客达 50 万人次。此后，虽然受各种因素影响出入境人数有所波动，但总体保持在每年 500 万人次左右①。2009 年《国务院关于进一步促进广西经济社会发展的若干意见》提出依托崇左大新跨国瀑布景区和凭祥友谊关景区设立中越国际旅游合作区，进一步加强中国和东盟国家的经济合作。2012 ~ 2013 年，东兴、凭祥、防城港、靖西等四个县市先后获准办理边境旅游异地签证业务。

广西壮族自治区人民政府十分重视沿边地区经济发展，中越边境贸易活动活跃，边境旅游发展较早并呈逐年增长势头，边境旅游已被纳入广西旅游业重点建设项目之一。目前，越南也已成为广西入境旅游主要客源国之一。2013 年 10 月时任广西壮族自治区党委书记彭清华指出，要发挥沿海沿边的特殊优势，扩大开放视野，构建面向东盟的开放格局。根据区人民政府《关于加快创建广西特色旅游名县若干支持和激励政策》（桂政发〔2014〕49 号），东兴、凭祥、大新、靖西等沿边县市 2014 ~ 2017 年每年可以获得自治区政府特色旅游名县建设资金 1000 万元左右，主要用于支持创建旅游公共服务设施和重点旅游项目建设。在紧邻沿边地区，建成了防城港、北海港、钦州港三大港口，为边境地区旅游业发展开发了海上通道。旅游交通与境外对接方面，南宁至越南河内和下龙湾旅游铁路专列开通，越南首都河内到南宁的公路仅约 360 千米，北海至越南下龙湾之间的海上旅游航线也已开通。通过边境旅游交通网络，越南游客可以便捷地到广西的桂林、南宁、百色等旅游城市。

目前，在广西边境地区已开发出一批热门景点，如德天瀑布、通灵大峡谷、友谊关等。“中越神秘边关游”和“中越国际旅游合作区”是“广西旅游业发展十二五规划”重点打造的五大旅游品牌和七大旅游区之一。近期，在国家及地方政府政策支持下，沿边地区正在兴起新一轮旅游开发投资热潮，边境 8 县（市、区）旅游收入也呈现出稳步上升的态势。

① 资料来源于《防城港市国民经济与社会发展统计公报》。

第十节　广西旅游业发展存在的问题

一、旅游业人才发展问题尤为突出

（一）广西旅游业人才发展环境不断优化，但人才总量偏低，从业人员缺口大

根据广西旅游人才调查统计显示，全区旅游从业人员总量从2009年的32.56万，到2014年的78.55万，年均增长率为19.26%，旅游人才总量约30.59万人，人才率达到38.94%，5年的平均增速32.05%，远高于旅游从业人员的增长率，旅游人才队伍不断壮大。但相较于近5年全区旅游收入接近35%的年平均增长率，速度相对落后，加上前期的旅游人力资源基础本就不足，全区旅游从业人员总量远远不能满足旅游产业发展的需求①。究其原因，在人员的供给方面，应届毕业生的加入和其他行业人员的转入是主要来源，但受到广西整体人口规模结构变化、社会经济发展状况、对旅游行业的认知误区等因素的影响，愿意在区内旅游行业就业的人员数量有限，供给整体不足。而对于已经进入旅游行业的从业人员来说，有限的工资收入和复杂多样的工作对象带来了各方面的压力，行业的人员流动率一直较高，很多年轻的旅游从业者在积累了一定的社会经验后，纷纷转向其他行业，使得全区旅游从业人员总量不足的问题不断加剧。

（二）旅游业人才发展不均衡，缺乏高层次的旅游从业人员

广西旅游人才调查统计结果显示，全区旅游从业人员中，具有本科以上学历的占16.7%，而具有各类专业技术职务和技术技能等级占从业总量的32.1%，同时还有32.75%的从业者持有各类职业资格证书。为了更好适应旅游产业的发展新需要，全区旅游从业人员无论是专业知识，还是专项技能，素质提升有了较大提升，但是还存在许多问题。一是区域分布不均衡。广西旅游业的发展不均衡现象由来已久，桂林作为广西最著名的旅游城市，在旅游从业人员总量、旅游人才总量和旅行社、旅游景区和旅游教育三个行业的人才量排名第一。南宁作为广西的首府，随着近些年国家西部大开发、中国—东盟自由贸易区建设等重大举措的推行，南宁成为区域性的经济中心，吸引越来越多的客商，促进了旅游饭店等

① 资料来源于历年《中国旅游统计年鉴》。

接待服务设施的发展，吸引了更多的旅游人才。尤其是一些稍偏远的地区，旅游资源开发和经营管理的人才非常紧缺。究其原因，各地的旅游产业发展基础、旅游教育资源分布以及地区社会经济发展总体基础上的差距等因素最终造成了全区旅游人力资源空间分布的不均衡。

二是行业分布不均衡。超过8成的旅游从业者仍集中在旅行社、旅游住宿以及旅游游览三大行业体系，其主体地位未受动摇。而旅游车船公司、旅游景区（点）和乡村旅游区（点）的人才明显偏少，从业人员综合素质偏低。尤其是乡村旅游区（点），懂管理、会经营、熟业务的经营管理人员和服务人员十分稀缺。但随着旅游新业态的蓬勃发展，在线旅行商、特色民宿、乡村旅游区、旅游文化服务、旅游装备制造等新兴产业类型的加入，正在丰富旅游从业人员行业组成，也让一些旅游产业的后进地区逐渐确立了适合自身的发展方向。

三是学历结构不均衡。调查统计显示，全区旅游从业人员的专业背景十分多样，仅有15%左右来自旅游管理、酒店、餐饮等旅游类专业，其余的85%则分布较散，其中除了与旅游业关系比较密切的管理、经济、文学（含语言类）等专业，且旅游从业人员中有近4成因学历层次等方面原因，属于专业不明。而这种分散的专业结构现状，虽然在一定程度上是旅游需求的多样性特征所决定的，但也给日常的人员队伍建设等带来了不小难度。

同时，受传统认知的影响，认为旅游服务工作是简单劳动，对专业理论及技术技能的要求不高，进入“门槛”较低，因此，旅游从业人员队伍中具有高级专业技术职务或技术技能等级的约占3成，知识层次结构偏低，已经在一定程度上影响了旅游行业的创新发展。

四是旅游教育资源在广西分布不均匀，桂林是旅游教育资源最丰富的地区，所培养的人才数量、层次最多，同时作为中国旅游业最先发展的重点旅游城市之一，每年吸纳了相当数量旅游专业毕业生就业任职。同时还受地区经济发展不平衡影响，经济越发达的地区对旅游人才的吸引力越强。

二、旅游产业结构集群问题依旧凸显

虽然广西旅游产业结构较为集中，但集群优势有待进一步提升，参照加拿大学者（Tim Padmore & Hervey Gibson）提出的分析产业集群竞争力（GEM）模型，对影响广西旅游产业集群竞争力的5大因素：资源；设施；供应商和相关辅助产业；企业结构、战略和竞争；旅游产业链的完整性进行分析评价，以进一步明晰广西旅游产业集群目前状况及其发展的制约因素。

1. 基础设施的不完善

在硬件设施方面，广西拥有较为完备的海陆空交通基础设施和通信设施，同时，交通基础设施建设的快速发展，使得旅游产业配套设施日趋完善。但在软件设施方面，广西不仅缺乏旅游行业协会的有力监管，而且有利于集群发展的互补联动长效机制尚未形成，有关旅游专业研究和培训的机构也相对较少，难以满足产业发展需要。

2. 供应商和相关辅助行业

如前所述，旅游作为联结旅游主体和旅游客体的产业，涉及众多行业和部门，包括纪念品制造零售业、娱乐休闲等服务业，以及一系列辅助产业或行业，如金融、通信、园林、海关、保险、公安、卫生保健、建筑房地产、媒体、环保、绿化等。虽然青岛各行业近年来都得到较好发展，但行业之间长期的合作关系尚未稳固，行业之间的联系还达不到专业化、高效率、低成本的程度。

3. 企业结构、战略和竞争

尽管广西旅游企业已接近数千家，但大多数企业规模较小，抗风险能力、市场竞争力和开拓能力较差，且缺乏大型旅游企业集团带头进行市场整合，旅游企业存在同构现象，企业间相互协作意识不强，集群内恶性竞争多于良性合作。亟须通过建立符合国际规则的市场机制，集团化、网络化的经营模式取代传统的企业经营模式来改变企业现状，增强旅游产业整体实力。

三、旅游可持续发展存在的问题广泛

如前所述，广西具有可持续开发的资源观，有着良好的旅游可持续发展的条件与基础。广西曾是老少边穷山区，虽然区内的国内旅游发展势头迅猛，增长速度快，但由于受到社会历史文化条件、经济发展水平、交通区位、基础设施等诸多因素的制约，旅游可持续发展还存在较多的问题。

（一）对旅游可持续发展的认识不足

对旅游可持续发展的认识不足给广西旅游业带来许多负面影响，如难以保证旅游业物力和财力的充分合理运用，难以发挥区内各地的旅游优势，进而影响整个旅游业的经济效益。虽然广西旅游自然景观和人文景观较为丰富，但是目前真正开发成旅游产品的数量较少，仍有大部分旅游景观没有列入广西旅游业发展规划当中，没有实现资源、经济和社会的协调发展。归根到底，还是因为广西旅游部门、旅游机构和相关企业对旅游可持续发展的认识不足。

（二）旅游法律法规不健全，管理不规范

旅游法律法规不健全、管理不规范是制约广西旅游可持续发展的因素之一。近年来，“黑导游”“黑旅行社”事件屡发，广西旅游业也受到一定程度的影响。

旅游法律法规的不健全让一些不法导游分子、旅行社有了可乘之机。此外，旅游管理机构管理方式不规范也影响了广西旅游业的可持续发展。

（三）旅游景观质量不高，呈下降趋势

近年来，广西旅游景观质量不高，并逐渐呈下降趋势。河水断流、山体滑坡和山石跌落等突发事件有所增加。自然景观及人文景观的保护力度逐年下降，“某某到此一游”的现象屡见不鲜。此外，有些旅游景观与旅游建设项目的建设不协调，这些情况都不利于旅游的可持续发展。

（四）旅游从业人员素质不高

由于旅游业从业门槛低，旅游从业人员素质不高的现象也较为突出。另外，一些旅游从业人员未能按时参加相关培训，也没有学会相关的知识，导致其无法给游客提供满意的服务，这些都阻碍了广西旅游可持续的发展进程。

（五）旅游基础设施缺乏

虽然广西的高速公路网络已全面开通，高铁也渐渐融入居民生活，方便了游客到其他旅游景点的出行，但广西并不是所有地级市都具备完整的立体交通系统。以北海为例，北海的涠洲岛是当前著名旅游景点，但其可进入性问题并没有得到很好的解决。此外，北海市到其辖区县及其他周围旅游景点的高速公路仍较少，交通网络还不完善，国际旅游直飞航线几乎没有，这种交通网络的状况必然对广西滨海国际旅游市场的开拓产生一定的阻碍。

现有旅游住宿设施仍较难满足旅客的实际需求。广西的星级酒店以二三级酒店为主，四五星级酒店数量不多，有些地级市甚至没有五星级酒店，如贺州、河池、来宾、防城港等。可见，当前旅游酒店的发展水平较低。另外，各市的标志性旅游项目较少，与广西旅游发展目标还存在一定的差距。

（六）旅游品牌战略实施效果不佳，知名度偏低

发展旅游业不仅要注重“硬实力”的建设，还要注重“软实力”的建设。其中，旅游产品的知名度就是旅游“软实力”的重要体现。当前，由于旅游资源没有得到充分开发，广西各地级市的旅游产品数量较少，而广大游客到广西旅游时较倾向于桂林、南宁、柳州和北海等城市，对其他地级市的旅游认可度不高。归根到底，还是因为其他市的旅游品牌战略没有得到预想的效果，旅游产品的知名度偏低，使得旅游资源没有得到充分开发。

（七）区域合作和旅游国际化水平偏低

“合作共赢”一直是人们倡导的发展选择，旅游业也不例外。随着旅游业的

迅速发展，越来越多的人开始意识到区域合作的重要性，但就目前而言，广西旅游业的区域合作程度偏低，区域合作改革力度不足。各市的旅游产业的联合营销局面并没有扩大，“单兵作战”的局面也没有完全打破，影响了广西旅游业的发展活力。此外，广西旅游从业人员的素质水平不高，旅游服务水平与国际旅游业相比仍存在较大差距，对广西旅游的国际化建设起到不利的影响。

四、旅游产业融合发展水平有待提高

尽管广西旅游产业与其他产业的融合发展方面，已经取得了一定的发展成效，对深入推进广西旅游产业融合发展具有重要的意义。然而，广西旅游产业与其他产业融合发展方面仍存在一些突出的问题。

（一）广西旅游业与其他产业融合发展的水平仍不高

虽然广西各地区在积极推进旅游产业发展方面都取得了一定的成效，但是在推进旅游业与其他产业的融合发展方面，其产业融合水平仍不高，想停留在比较低的融合发展水平层次上，在一定制约着广西旅游产业的发展壮大。在旅游发展上，大部分地区的旅游业发展仍主要通过加大自身产业的发展投入等方面来实现自身产业的成长壮大，但是在推动区域产业融合发展方面的力度仍较为有限，各行业发展之间仍存在着相互分割的现象，不利于充分利用各行业的发展优势和资源优势，实现行业之间的协同发展。

（二）广西旅游产业与其他产业融合发展的基础条件仍比较薄弱

尽管近年来广西旅游产业和其他行业发展取得了较好的成效，但是仍然看到，广西旅游产业和其他行业的发展水平总体上仍比较落后，且较东中部发达地区而言，无论是在资金、技术、人力资源等方面，还是在基础设施建设、政策环境的完善等方面，广西旅游业和其他行业与东中部发达地区之间仍有较大的发展差距，广西旅游业和其他行业发展的经济条件、技术条件和资源条件等方面仍有待进一步深化，在此背景下，广西旅游业和其他行业之间的融合发展仍缺乏比较坚实的基础条件，仍需进一步加强广西旅游业与其他行业之间融合发展的内在条件。

（三）广西旅游产业与其他产业融合发展仍缺乏统一的管理和合作机制

尽管近年来广西相关政府部门出台了一系列政策和措施加快推进广西旅游业与其他产业之间的融合发展，但是由于广西旅游业与其他产业在融合发展过程中仍遇到很多突出问题，比如政策协调力度不足、缺乏统一的管理和合作平台及机制、政策变化带来的影响等方面，在一定程度上制约着广西旅游产业与其他产业之间的融合发展。尤其是各行业之间存在着多重管理体制，以及相互之间存在的一定的市场隔阂，而且现有的产业规制政策在一定程度上不利于部门之间的要素和资源的自由流动，不利于推动行业之间的生产要素效率的提高，且不利于产业之间的协同和创新发展。正是由于部门之间缺乏统一的系统管理和合作平台和机制，导致各职能部门之间的管理职能不清晰，不利于加快推动广西旅游业与其他产业之间的融合发展。

（四）广西旅游产业与其他产业融合发展的内涵仍不够丰富

虽然广西旅游产业与其他产业在融合发展方面取得了一定的基础和成效，但是其融合发展的内容和范围等方面仍较受限。广西旅游产业与其他行业的融合发展，仍主要体现在传统的乡村生态旅游、体育旅游、民族文化旅游、会展业旅游等方面，在这些传统的领域，其融合发展程度相对较高，但是，广西旅游产业与高新技术产业、工业、制造业、航空运输业等行业之间的融合程度仍较低，尤其是如何通过借助其他行业的资金优势、技术优势、人才优势等来加快推进广西旅游业发展，实现广西旅游业与其他行业之间的协同发展，等等，仍然是一个亟待破解的难题。

五、区内外旅游竞争力整体水平较低

（一）综合旅游竞争力整体水平较低

广西综合竞争力的全国排名为第十九位，属于中低等竞争力水平。具体来看，广西旅游资源竞争力、旅游市场竞争力和旅游保障竞争力处于全国中上水平，但旅游产品竞争力的劣势地位拉低其综合竞争力水平，直接影响其全国的旅游竞争力地位。究其原因，主要表现在以下几个方面。第一，广西旅游经营管理部门的工作效率不高，缺乏龙头企业参与管理和引导。目前，广西旅游产业的发展主要依靠区旅游局来协调各方面的工作，因为较浅的管理层次和简单的组织架构导致各部门难以达到融会贯通，加上旅游资源的隶属关系复杂和管理难度较大，导致旅游管理部门的工作效率低下。旅游管理需要龙头企业的参与和引导。第二，广西旅游营销力度较弱，营销手段较为传统，缺乏创新。尽管“桂林山水甲天下”的美称享誉中外，但是广西悠久的历史文化资源却很难被全国和世界所知，归结起来是旅游产品的宣传手段缺乏创新性，营销手段的问题亟待解决。第三，旅游产品单一，产品融合度较低。广西旅游产业在发展过程中侧重于旅游观光产品的开发与发展，却忽略了人文景观和民族风情的发掘，导致旅游产业的融合度较低，产品结构单一，同质性较强，游客重游率低，严重影响其长久并且可持续的旅游竞争力。

（二）北部湾经济区旅游竞争力整体水平较低

广西北部湾经济区包含的行政区域有南宁、钦州、北海、防城港、玉林和崇左。从六个城市的综合旅游竞争力水平来看，仅有南宁、崇左和北海处于高等竞争力水平，钦州和玉林属于中等竞争力水平，而防城港则处于低等竞争力水平状态。本书认为影响广西北部湾经济区整体竞争力水平的不高的原因主要表现在以下几个方面。第一，旅游类型、时间和空间上的结构性短缺。随着城市居民生活水平的提高，人们对各种新型的现代休闲旅游产品产生兴趣，比如度假休闲、海滨休闲以及其他各项专项休闲等，但是北部湾经济区在这一方面的开发状况还不能达到居民的消费期望，传统的旅游产品和旅游项目已经跟不上居民快速增长的多元化需求。在时间和空间上，表现较为明显的是季节结构性短缺。在“十一”黄金周等旅游旺季，部分景区超负荷运转的现象尤为突出。由于在旅游类型、旅游时间和旅游空间上所表现出来的结构性障碍，导致北部湾经济区旅游竞争力的提升受到限制，难以适应消费者的旅游多元化需求。第二，较为粗放的旅游景区和旅游产品管理模式影响区域旅游竞争力的提升。从历史发展的角度来看，广西北部湾经济区区域旅游发展起步较早，旅游发展经历了漫长的过程，并且在这一过程中，不同的景区也呈现出差异性的问题。部分成型较早的景区缺乏创新，沿用传统的景区管理模式，“入门收钱”和“入园放羊”的管理和服务模式降低了景区的整体竞争力水平。一些A级景区在通过国家验收之后，由于缺乏必要的维护和提升，导致管理和服务水平明显下降。第三，广西北部湾经济区区域旅游缺乏核心竞争力。随着北部湾经济区不断开发和建设，地方政府对旅游产业的投入也不断加大，旅游硬件水平和基础设施得到很大的完善，但是在软实力提升方面还存在较大的空间，旅游业缺乏核心的竞争产品，影响整体竞争力水平的提升，主要体现在以下几方面：许多景区的数字化和旅行社的电子商务服务水平不高；对历史文化产品的挖掘深度不够；景区内部服务体系有待进一步完善；针对不同群体的个性化服务需求还需不断完善。特别指出的是，区内多数旅游景区由于投入资金和宣传力度不足，导致难以建立自身品牌，在旅游市场上也尚未占据稳定的份额。

六、旅游市场吸引力的提升受到限制

尽管广西具备优越的自然资源和区位条件，但是其旅游产品整体上缺乏创新。主要表现在旅游景区和旅游产品的设计方面。首先，很多景区仅仅停留在满足游客欣赏自然风光上面，很少开发具有综合特征的旅游产品和项目，很难满足游客欣赏独特奇异的自然风光与人文景观相结合的主管需求。比如，游客在阳朔、龙胜梯田、乐业天坑等景区逗留的时间不过仅仅一天。如果通过创新的手段，将这些景区进行重新设计，多加入一些知识和文化的含量，满足游客多元化的需求，那么来访的游客将愿意花更多的时间在景区驻足，这也是影响旅游经济发展很重要的一个方面。其次，广西地区的旅游商品在很大程度上仅仅停留在初级商品的开发方面，同时很多旅游商品过于老化和单一，缺乏一些文化含量的产品和新兴产品进行代替，导致广西旅游市场的吸引力的提升受到限制。

七、沿边旅游开放和开发的问题显著

我国沿边地区旅游经过20多年的发展取得了不小成绩，但仍然存在着不少问题。这些问题和障碍因素影响着我国沿边地区旅游业进一步发展壮大。

（一）沿边地区旅游开放方面的问题

1. 出入境手续便利化程度不够

我国沿边地区出入境手续便利化问题十分突出。在跨境自驾车游方面，旅行社不能直接办理跨境自驾车游出入境手续。目前，自驾游车辆只能按临时出入境货物报关，不允许旅行社直接向海关申报办理手续，必须委托报关企业办理。自驾车辆出入境手续烦琐，费时费力，还需按车价缴纳几十万元的押金担保，出境后驾驶执照也存在认可问题。在黑龙江8座以下的小汽车不能进出境，要实现跨境自驾车旅游，只能一事一议，没形成长效机制。

在停留时间和地域范围方面，目前我国相邻国家边民进入我国境内，在停留时间和地域范围都有严格限制，游客只能在我国境内某些范围游览。例如，经广西靖西入境的持边民证的越南游客由于政策限制最远只能到百色市，不能深入到更远的地域旅游和购物；又如东兴口岸，通关开放时间是每天8时至20时，不少有意愿在东兴过夜生活的越南人只能早早离开，无法尽兴消费娱乐。

在互联互通方面，公安、海关、边检、边境口岸没有实现联网互通，国内游客办理出入境证件不能在边境口岸一站式办理，一旦某个证件出现差错就会耽误时间，影响整个旅游团的行程。另外，广西沿边地区的宁明县和大新县等地仍然没有旅游口岸，中外游客出入境不便。

2. 受国际形势及邻国政治关系影响大

国际形势及我国与邻国政治关系直接影响我国沿边地区旅游开放力度。例如，中越边境跨国旅游涉及两国经济、政治、社会等因素，关系反复；南海地区纷争又加剧中越关系复杂化。政策波动性使两国之间一直没能形成一套行之有效、相对稳定的管理政策，中越旅游合作开放开发和边境旅游经营发展受到很大影响，中越双边旅游合作项目难以开展。例如，凭祥市友谊关中越国际旅游合作区项目推进缓慢；靖西市龙邦镇护龙村音泉洞，可开发跨国漂流项目，项目已完成征地工作，但由于政策不明朗，靖西市与越方谈判几次未果，未能进一步开发建设；东兴在建的中越跨国二桥建设越方行动缓慢，拟建的北仑河口跨国湿地公园困难重重。2014 年 5 月，中越关系因南海问题造成紧张，凭祥、东兴、靖西等地出入境旅游业务被迫暂停，边境地区旅游企业受到极大打击。

3. 中外旅游合作“内热外冷”

我国经济目前处于转型时期，东部地区经济得到了较大发展，东部与西部及偏远地区的经济差距明显。国家已经注意到东西部贫富差距的存在不利于社会的和谐发展，在“海陆统筹，东西互济，面向全球”的开放新格局下，西部和落后地区的建设受到重视，国家对该地区的投资逐年增长，西部和落后地区投资环境得到极大改善。在此大背景下，沿边地区旅游资源开放开发成为热点。发展边境旅游，需要边境国家的合作参与和资源整合。因此，各种跨境旅游合作项目纷纷兴起，边境地区政府热情高涨。但是与我国陆地接壤的 14 个邻国均为发展中国家，其国内经济社会发展需要解决的问题多，对偏远边境地区的经济发展不够重视或者没有足够的资金投入，边境地区的旅游开放开发诉求渠道不通畅。因此，中外旅游合作出现了“内热外冷”的局面。中外双方往往只有共识，没有行动；中方急于推进，外方却不能同步，甚至出现一些中外不对等的开放政策。如广西东兴提出兴建东兴—芒街跨国经济合作区和东盟跨国自驾游合作总部基地，却迟迟看不到越方的行动响应。

4. 缺乏中外政府双边或多边多层级旅游合作定期协商机制

由于沿边旅游涉及边境问题，事关一国主权，是一个复杂而又十分敏感问题。沿边旅游持续发展需要相邻两国的共同合作，而国与国之间的经济合作需要政府高层双边达成共识，政府各层推动，才能协调解决。目前中越双边合作指导委员会两国高层会晤机构虽然已成立，但并没有分设专门的旅游合作委员会就旅游合作问题进行定期双边沟通和磋商。中国与其他邻国政府各个层级的旅游合作协调机制也没有建立或完善，制约中国沿边旅游发展的旅游签证便利、合作项目落地、通关条件改善等实际问题没有得到充分反映和解决。

5. 中央事权与地方事权交叉影响相关政策落实

旅游业涉及财政、交通、土地规划、环保、税务、文化、体育、园林、水务、公安、边防、海关、工商等部门，沿边地区的政府相关部门协作机制不够健全，存在管理条块分割、职能交叉、权责脱节等问题。某些部门又存在中央事权与地方事权交叉现象，虽然上面制定的政策和下面旅游部门的期望一致，但在执行过程中缺乏一个具有权威性的协调机构，中间一些部门往往基于自身利益，或存在某些实际困难没有贯彻执行，即所谓的“中梗阻”现象，从而增加了沿边地区旅游开放的难度。例如，广西靖西市龙邦十二道门是自治区重点文物保护单位，是清末抗法名将广西提督苏元春主持修建的古堡炮台。由于该景点属于军事用地，县政府规划为爱国主义教育基地和文化古迹旅游景点的旅游项目搁浅。凭祥市中国九大名关之一的“国家4A级旅游景区”友谊关，因中法战争古战场遗址—平岗岭地下长城、金鸡山古炮台等历史人文景观属于军事防区游客不得进入，导致旅游资源闲置，景区吸引力下降。

（二）沿边地区旅游开发方面的问题

1. 旅游基础设施和服务设施落后

近年来，虽然我国沿边地区的旅游基础设施有了较大改善，但仍不能满足旅游开放开发的要求。高速公路和铁路运输数量已不能满足旅游业发展的需要；景区景点设施不够完善，没有实现“路线”变“游线”的转化和过渡；离公（路）铁（路）航（空）旅游交通无缝对接和“无障碍旅游”的要求还有较大差距。沿边口岸的设施大多陈旧落后，需要更换或升级。比如广西各边境口岸出入境查验基本上是依靠人工，缺少证件审读机。

在旅游服务设施方面，不少沿边旅游景区景点及周边的旅游标识牌、星级厕所、自驾车营地、娱乐购物中心等服务设施不够完善，酒店档次和数量不能满足游客需求。多数沿边市县游客咨询服务中心建设滞后，不能像哈尔滨市旅游服务咨询中心那样，能给到来的游客提供一站式便利的旅游咨询服务。

2. 旅游资源挖掘不够与产业融合度低

我国沿边地区旅游资源丰富，但没有得到充分开发。沿边旅游发展还处在粗放型发展阶段，缺少多种资源的整合，缺乏将边关文化、历史文化、民俗文化、异域文化和生态文化等文化高度融入的旅游产品，缺乏旅游与文化、体育、农业、工业、林业、商业、水利、地质、海洋、环保、气象等相关产业和行业的融合发展。沿边旅游商品开发缺乏特色，缺乏引起游客强大购买欲望的特色旅游商品。例如，广西边境地区拥有壮、京、彝、瑶、侗等少数民族，边境少数民族人民在漫长的历史过程中逐渐形成特色鲜明的民族文化，但这些民族文化在沿边地区还没有得到充分挖掘和整合开发，从而降低了沿边旅游产品的品位和吸引力。

3. 沿边地区旅游品牌知名度低

我国许多沿边地区旅游资源丰富，但已开发打造形成鲜明区域旅游品牌的寥寥无几。这些地区地理位置偏远，旅游景点的知名度不高，需要通过对该地区的旅游产品进行整合、规划和营销宣传，提高竞争力，扩大影响，树立品牌形象。

由于投入宣传经费和宣传力度不足，营销理念落后，造成不少优质的旅游产品不为旅游者所知。

4. 沿边地区旅游信息化建设滞后

随着个性化旅游和智慧旅游时代的到来，游客在选择旅游产品时对网络的依赖越来越强烈，旅游信息化建设水平直接影响该地区的旅游业发展。一些沿边地区旅游网站建成后，存在内容不够丰富、知名度不高、点击率低、内容陈旧、信息迟缓、全国互联能力差、综合信息少等问题。智慧旅游建设力度不够，没有将沿边旅游业的发展与信息通信技术进行有效融合，如缺乏个性化的移动旅游服务，不能随时随地获取沿边地区旅游相关信息，难以满足现代旅游者对旅游产品随时查询、预订、网上支付等功能的需求。

5. 沿边地区旅游人才严重不足

我国大部分沿边地区经济较为落后，虽然近年来旅游业有了一定发展，但受区域政治及国家政策影响，旅游企业经营状况并不稳定，旅游就业人员收入不高，难以吸引沿边地区以外的高级旅游人才。因此，沿边旅游企业从业人员主要以当地居民为主。而且由于各种原因，沿边地区旅游人才流失率较高，造成这些地区普遍存在旅游人才总量不足和人才结构不合理现象。据调查，在我国沿边地区现有旅游从业人员中，普遍以高中和中专学历层次为主，不少从业人员没有经过旅游行业培训；旅游策划营销、旅游电子商务、旅游资本运营等高端管理人才更是严重缺乏。

第三章

广西旅游发展战略研究

第一节　广西旅游产业发展目前的布局规划

基于自身强有力的旅游资源及其特点，结合交通基础设施状况和城市发展规划等具体情况，广西旅游市场的变革势在必行。对此，广西也提出了符合该区发展特点的“四区一带一龙头”的旅游发展布局。

一、总体构想

广西旅游产业的总体构想如下：形成以桂林市为龙头，以桂林—柳州—南宁—北海/防城港为旅游带，二者依靠桂林市的旅游牵头作用及外溢效应，以“点到线、线到面”带动整个广西旅游产业的发展。在交通方面，桂南、桂北、桂东和桂西四个旅游区能够优势互补，衔接起整个广西的旅游环线。更好地突出以桂林为中心的旅游网线，在构建广西旅游系统中提供了强有力的支撑。

二、桂北旅游区旅游布局

对于桂北旅游区而言，主打“主副两中心，大小两环线”的整体旅游布局规划，具体以桂林市为中心，柳州市为副中心，形成“一个中心、两个次中心、一段黄金旅游带、一江两路以及南北四环线”的综合旅游布局。

三、桂南旅游经济区旅游布局

对于桂南旅游经济区而言，主打“一个金三角，两大旅游线”的整体旅游布局规划，具体来说，金三角包括南宁、北海以及防城港三个城市，开发环北部湾滨海边境旅游线和南国边关风情旅游线两大旅游线路。

四、桂东旅游经济区旅游布局

对于桂东旅游经济区而言，主打并形成了“一轴、两城、三条线”的扇形旅游区。

五、桂西旅游经济区旅游布局

对于桂西旅游经济区而言，“两横一纵”的旅游新格局得以形成。具体旅游产业布局地点和线路如表3－1所示。

表3－1　广西旅游产业发展布局

规划	项目	地点	旅游线路
四区	桂北旅游经济区	桂林市柳州地市	①桂林—灵川—兴安—资源—龙胜—桂林 ②桂林—阳朔—荔浦（平乐、恭城）—金秀—鹿寨—桂林 ③桂林—龙胜—三江—融水—柳州—鹿寨—永福—临桂—桂林 ④桂林—阳朔—荔浦（平乐、恭城）—灌阳—全州—兴安—灵川—桂林
	桂南旅游经济区	南宁地市、北海市、钦州市、防城港市	①南宁—防城港—东兴—钦州—北海 ②南宁—崇左—宁明—凭祥—龙州—大新—隆安—南宁
	桂东旅游经济区	梧州市、贵港市、玉林市、贺州	①南宁—桂平—梧州 ②梧州—贺州—钟山（富川） ③梧州—岑溪—容县—北流—玉林
	桂西旅游经济区	河池地区 百色地区	①南宁—百色（南昆线） ②柳州—宜州—河池—贵州 ③田阳—巴马—东兰—河池
一带	桂林—北海/防城港旅游带	桂林、柳州、南宁、北海、防城港	桂林—柳州—南宁—北海/防城港
一龙头	桂林	桂林	桂林市

第二节　广西旅游发展过程中遇到的困难

一、旅游产品开发过度依赖现有有形资源

以往城市的旅游行业都是以“靠山吃山，靠水吃水”的传统理念开发旅游资源，随着时间的增长，最终会导致在开发旅游环线的过程中过度依赖当地文物古迹、过分开垦自然山水等情况的出现。这一传统旅游开发观念会严重制约广西旅游产品的丰富性，旅游产品的多样性也会遭到破坏。在此观念下，广西将会陷入过分依赖现有旅游资源的恶性循环当中，比如在山水自然资源方面，由于在旅游产品设计开发过程中缺乏创新创意，导致整个旅游产业的发展呈现出单一性和过分依赖性。此外，旅游产品逐渐呈现出点状分布的特点，整个旅游网线的集群效应也未能形成，无法最大地发挥网状系统的整体功能。

二、旅游产品种类局限于现有资源的形态

广西从现有资源的物质形态出发开发旅游产品，设计和规划旅游产品的类型，并以此为基础进行营销规划。广西旅游业借鉴了传统原材料工业的产销流程，按照客源地距离等条件将市场进行了三级划分。但是，在打造一批真正具备市场吸引力和竞争力的产品时，若局限于现有资源的物质形态，忽视了对旅游市场的深度剖析，没有准确定位产品市场，那么，旅游产品的开发将会偏离可持续发展的道路。在旅游市场上做得比较好的产品，会对市场进行深度的分析，如深圳华侨城集团开发的“锦绣中华”，在产品开发定位时，牢牢抓住市场，对产品进行精确定位，有机整合了欢乐谷和中国民俗村等旅游特色产品，最终获得了较大的市场发展空间。

三、“市场即是资源”的旅游产业观念浅薄

市场是确定旅游产品是否能够获得效益的试金石。旅游产业及其旅游产品的发展离不开旅游规划者对市场的精准定位和准确分析。广西旅游业在发展过程中存在比较突出的问题，即“市场即是资源”的观念比较淡薄，导致旅游资源在开发过程中存在不合理的产业结构布局，发展模式较为单一等问题的出现。此外，旅游市场层级间较为混乱，不科学分级的现象频发，对广西旅游业的良好健康发展产生较为严重的不利影响。

四、旅游产业发展基础配套体系还需完善

“重景点开发，轻要素配套”是当今我国大多数省份在开发旅游产业布局过程中明显存在的问题，广西同样也存在着这样的情况。在广西偏远的旅游城镇景区中，吃穿住行以及娱乐等要素不完善，景点与景点之间的交通基础设施不健全等问题比较严重。在旅游旺季，由于区内滞留的旅客比较多，旅游安全问题成为了游客在旅游过程中的一大隐患。另外，在旅游产品上，广西在布局旅游产业的过程中，忽视了对特色产品的开发与推广，加上现有产品的包装、质量以及营销过程中出现的一系列问题，大大影响了广西旅游产业的科学性发展。若从商品的深度开发、应用及推广方法上出发，提高旅游产品的质量，那么将有利于推动旅游产业的可持续发展。

当前，人们社会生活水平不断提高，人们对美好物质文化生活的要求也逐渐上升，旅游客源也随着其变化而发生了改变。原来车马劳顿式、走马观花式的旅游方式已经满足不了当前的旅游人群的需求，而集个性与新鲜为一体的体验式旅游方式成为旅游人群的追求。如今旅游市场的转型使得以往单一的旅游项目满足不了市场的需求，而旅游产业的城镇化、集聚化和综合化逐渐成为了扩大旅游市场和吸引游客的重要因素。基于此，在旅游市场的不断更新下，出现了适合潮流发展的综合性旅游产业。以河北秦皇岛市为例，其黄金海岸保护建设管理区的设立，成为了河北省旅游市场中综合性旅游产业平台的发展亮点。

第三节　广西旅游发展战略选择

为推动广西整体经济的又好又快发展，国家给予了相应的战略扶持，从长远发展的角度对广西进行了科学谋划。总体而言，这有利于我国沿海经济带的科学发展，打造出的新的增长极也带动了西部大开发战略的进一步实施和东中西部的经济互动；有利于实现五十六个民族的共同发展、共同繁荣和共同进步，进一步巩固了民族团结的力量；有利于全面实施国家外交战略，加强与东盟各国的战略伙伴关系；还有利于维护国家稳定，集结全国力量克服当前困难，促进全国经济社会发展迈入新台阶。

一、旅游人才强旅战略

事业发展，人才为先。党的十八届三中全会通过的《中共中央关于全面深化

改革若干重大问题的决定》提出，“建立集聚人才体制机制，择天下英才而用之”。旅游人才是旅游业发展的首要资源，是旅游事业的根本所在，也正成为旅游业发展的最大瓶颈。“十三五”期间，迫切需要将旅游人才发展作为重点，把建设一支高素质人才队伍作为旅游工作的重中之重。

人才强旅是建设广西旅游强区的核心战略。原国家旅游局发布的《中国旅游业“十二五”人才发展规划》显示，未来一段时期内，我国旅游行业比较紧缺的技能型人才主要有以下几类：旅游信息化人才、旅游装备制造人才、高级导游人才、旅游资源开发人才、旅游工艺品设计人才、乡村旅游实用人才、游艇游轮服务人才、高尔夫俱乐部人才等。除此之外，涉外导游（包括小语种）、出境领队、出境线路策划、旅游会展商务、旅游电子商务、旅行社职业经理、旅游娱乐会所、旅游市场推广、高级酒店管理、旅游创意设计、旅游投资分析、旅游新业态、旅游复合型等高端专业人才更为缺乏。

近年来，广西旅游发展非常迅猛，年均增长在25%以上，远远快于国民经济增长速度。

众所周知，随着产业规模的逐渐扩大，对应行业的工作岗位数量也会自然增加，旅游产业也不例外。近年来，广西为发展本区的旅游产业，不断对旅游产业规模进行扩张。为紧跟国家旅游发展战略，适应国家旅游发展的需要，广西平均每年新增的旅游就业岗位数就超过2万个，可见其对旅游人才的需求量十分巨大。值得注意的是，广西旅游人才数量的比重只占到旅游就业人数的1/3左右，旅游人才数量偏低。有资料表明，目前广西各级各类学校培养的旅游专业人才年均在1.5万人左右，实际留在广西从事旅游接待服务工作的大约为1.2万人。因此，对于专门培养旅游型专业人才的旅游院校而言，其每年培养出来的旅游人才数量远远达不到旅游行业实际发展的需要。

根据旅游发展需要，广西对“人才强旅、科教兴旅”战略进行了进一步的强化。自2013年以来，为支持旅游业的发展，广西壮族自治区财政厅计划并安排旅游发展专项资金达4.2亿元。在旅游人才队伍建设上，对广西旅游局旅游发展资金进行了明确规定，即旅游发展资金不得低于10%。此外，还采取了一系列措施以发展旅游业，如编制了《广西旅游中长期人才发展规划纲要（2010～2020年）》，在一定程度上使得旅游人才成长环境和体制机制得以优化，旅游人才管理体制得以创新，旅游人才工作方式也得以转变；集大量人力、物力和财力建设旅游人才教育培训基地，重视高等院校旅游学科的建设，将旅游专业作为特色专业进行扶持；鼓励旅游职业教育向集团化的方向发展；加强专业智库对现实生活的指导作用，加强旅游从业人员等级考试和资格认证工作，加强旅游人才公共服务；加快建设中国—东盟旅游教育培训基地。这些战略举措，皆为实现旅游强区奠定人才基础。

（一）制定广西“十三五”旅游业人才发展规划，优化人才发展环境

为加快广西旅游强区建设，打造一支高素质旅游人才队伍，适应新常态下旅游产业发展对旅游人才的新要求，需要结合我区旅游事业发展的实际，配合《广西旅游业发展“十三五”规划》编制的时期，总结《广西旅游业“十二五”人才规划》在五年期间内所取得的成绩和有待完善之处。

从广西旅游业人才现状调查的结果上看，虽然全区的旅游人才队伍建设在过去的五年取得了飞速发展，但人才总量不足、结构分布不均、素质有待提升等依然是制约我区旅游人才发展的瓶颈问题。因此，在新的旅游人才规划编制时，要针对这些问题采取更加有力的措施，同时要使全社会共同关心和支持旅游人才队伍的打造，提高认识，明确任务，加快全区“人才兴旅战略”实施，采取措施，突出重点，推进旅游人才资源整体开发，加强领导，齐抓共管，为广西旅游人才队伍的质量培养提供强有力的政策保障。

首先，要制定有利于旅游人才发展的体制机制创新政策。要配合旅游产业结构、行业结构、职业结构的升级与调整，紧紧围绕“增强人才政策开放度”“完善人才评价机制”等当前我国人才发展工作的重点内容开展深入研究。一方面，重点抓好旅游人才的科学评估体系的建立，同时，在使用、流动和激励等机制体制的改革上下功夫，力争政策层面有所突破。包括：推进旅游岗位职称制度的建立和改革、旅游岗位职业能力和职业素质标准的建立；研究制定引导旅游人才向创业创新领域流动、向艰苦地区和岗位流动的政策，激励广大旅游人才到一线奋斗的激励政策；制定配合我国“万名旅游英才计划”的实施的相关政策，大力培育高技能旅游人才，以适应旅游业转型升级的发展需要①。

其次，实施有利于旅游人才合理配置的人才市场政策。改革旅游人才市场运行机制，加快旅游人才市场供给机制、需求机制和供求衔接机制的建设，强化人才市场服务网络，推进人力资源市场、公共就业服务平台建设，逐步完善人才公共服务功能，保证旅游人才市场的灵活运行。加强对旅游小高地建设和支持力度，以满足对各类旅游人才的需求。

要打造一支高素质的旅游人才队伍，就要全方位提升社会各界特别是各级政府对于旅游人才发展的认识，把旅游人才的发展作为影响旅游业发展至关重要的战略决策加以高度重视。第一，各级政府要在各个层面发展规划和决策中把旅游人才培养提升到重要地位，在制定各种政策时充分反映出对人才发展的需要，要

① 曹雨薇，武邦涛．基于反馈控制的旅游业人才培养模式研究［J］．上海管理科学，2016（38）：114－118.

增强人才意识，改善对旅游人才的使用和管理。第二，建立促进旅游业人才发展的政府宏观引导政策，强化政府职能部门的规划引导、宣传推广、政策调节、资源整合、市场监管等公共服务职能，特别是要加强旅游人才队伍建设的宏观管理，通过人才规划评估、人才信息监制以及人才发展规划制定等科学手段，从对旅游人才的微观管理向宏观管理、由分散管理向统筹管理转变，逐步形成一体化、规范化、高效化、优质化的旅游人才管理体系。第三，要把旅游人才发展纳入政府绩效考核之中，实行旅游人才目标考核责任制，从机制体制的改革上引导各地区、各行业加快对旅游人才队伍的建设力度。

（二）整合各类旅游教育资源，加大对创新创业人才的培育

基于旅游产业的综合性特征，旅游人才的发展必须得到全社会的共同关注，要充分利用各行各业的各类教育资源培养旅游专业型人才，同时，提高社会各界人士对旅游人才培养重要性的认识，提高其参与旅游专业型人才培养的积极性，力争实现旅游教育与产业发展所需人才的无缝对接。要制定改进当前旅游教育、培训的机制、内容和方法的政策，具体包括重视并进一步加强旅游职业培训，充分利用现有职业教育培训资源，提升旅游院校职业教育的发展层次，争取与更多的骨干企业（集团）、重点职业院校和培训机构合作，搭建多层次校企合作平台，培养高素质旅游人才，建立一批新的旅游示范性人才培养基地和实训基地等内容①。

要加快制定和实施创新型旅游人才政策，如创新人才的培养开发、评价发现、选拔任用、流动配置、激励保障等方面的政策，使旅游创新人才体制机制纳入国家治理体系和治理能力建设范畴，能够遵循社会主义市场经济规律和人才成长规律，激发各类旅游人才的创造活力，服务“一带一路”倡议，尽快培养和集聚一批能够适应加快旅游业国际化发展的领军人才，包括造就一批通晓国际惯例，具有较强国际合作能力、企业经营能力、资本运作能力和文化沟通能力的优秀旅游人才。制定吸引国内外优秀旅游人才的人才引进政策，加快培养中高级旅游管理人才和实用技能型人才，对旅游行业的人才层次结构进行进一步的优化。

（三）加强五支旅游从业人员队伍建设，优化旅游人才结构

要学习党中央下发的人才工作文件精神，抓紧工作部署，加快落实人才强区的建设。具体而言，要大力培养旅游产业的行政管理人才、企业经营管理人才，

---

① 陈顺，綦恩周．旅游业人才发展战略和旅游院校发展模式与对策［J］．继续教育研究，2015（10）：101－103.

积极培养和建设大批旅游专业型人才，落实乡村旅游实用人才“五支队伍”的建设，坚持走旅游可持续发展之路，树立正确的人才发展观和政绩观，实现人才资源向人才资本的转变，加快全面建设小康社会的步伐。

1. 抓好旅游行政管理人员队伍建设，创新管理意识

以各级旅游行政管理和后备干部队伍建设为重点，认真贯彻落实关于加快广西旅游强区建设和全区二十个“特色旅游名县”的重大战略部署，提升领导和管理新时期旅游业发展的意识和手段，针对各地区的旅游人才队伍状况，打造一批综合素质高、人才结构层次高、创新意识强的旅游管理队伍。

2. 强化旅游企业经营管理人才队伍，使企业更富生机

要大力培育旅游企业家，激励“懂经营、善管理、有绩效”的旅游企业家为区域旅游事业做出贡献，对国有及国有控股旅游企业的人事制度进行深化改革，对非公有制旅游企业的旅游人才要坚持走长期引进、大力培养和使用的人才发展道路，提高旅游企业用人机制的灵活性，使企业更富生机和活力。要明确旅游企业管理者的职业发展方向，进一步发挥旅游企业管理型人才队伍的市场化配置作用，建设大批职业道德素质高、专业管理知识强和经营业绩好的旅游管理人才队伍，推动旅游企业人才管理水平和经营能力的不断提高。

3. 优化旅游专业技术人才队伍结构，注重创新意识

随着旅游业对专业人才的需求不断增加，包括旅游电子商务、旅游项目策划、国际化旅游市场开拓及旅游装备制造等，要重点选拔和培养旅游业的拔尖人才，进一步提高其科技创新意识，激励他们将科技成果进行转化，并应用于现实生活；加快旅游专业技术人才队伍的社会化和法制化建设，优化人才运行机制，完善人才管理体制，营造文明、和谐的就业环境，规范社会评价机构的行为，建立一套完整的、科学的评价机制，总之，有利于旅游人才长远发展计划的社会条件正逐步完善。

4. 巩固旅游技能型人才队伍基础，推动服务转型升级

重点培养旅游行业中的高技能人才，壮大旅游企业职工队伍，健全旅游技能型人才队伍的培养机制，营造技能积累和技能绩效双结合的社会氛围；规范职业教育培训机构的培训行为，建立和完善旅游服务技能培训体系，优化社会教育培训资源；培育一支高级技能型的骨干人才队伍，带动其他服务类企业的技术水平的提升，以满足现代旅游服务业转型升级对技能型人才不断增加的需求。

5. 加快乡村旅游实用型人才队伍建设，打造乡村扶贫能手

以广西特色旅游名县创建为导向，以“乡村旅游区”和“星级农家乐”建设为抓手，重点培育返乡农村劳动力的就业劳动意识，建立和完善乡村旅游实用型人才的选人用人机制，保障旅游实用型人才的基本权利，给乡村旅游实用型人才营造一个良好的社会发展环境；鼓励开发致富能力强的乡村旅游实用型人才做好带头示范作用，进一步传播实用技术，壮大区内各层次乡村旅游实用型人才队伍。

（四）科学实施人才强旅战略工程，做好高级人才政策顶层设计

1. 实施有利于旅游人才成长的职业发展政策，开展旅游教育改革工程

要明确旅游职业分类体系的划分准则，加快制定和完善旅游行业职业目录；要健全旅游职业资格审查制度，进一步推动旅游职业技能鉴定体系的改革和发展；完善和优化旅游人才职称体系，对于旅游人才职称的审批环节，要充分基于旅游人才各方面的综合素质，做出实质性评价；引导旅游企业明确岗位分类的重要性，鼓励企业积极进行证书的开发和发放，积极创造岗位培训、薪酬制度以及持证上岗制度三者间有效衔接的社会环境；建立科学合理的薪酬制度。

引导旅游院校结合自身优势，紧贴市场及产业发展，优化专业结构，发展专业特色，丰富办学类型，加强普通本科旅游类专业应用型人才培养，不断扩大旅游管理专业硕士研究生培养院校数量和培养规模。建立专业教学标准和旅游职业标准联动开发机制，深化校企合作，完善专业课程体系，加大实践性教学比例，加强“双师型”教师培养，推动旅游职业教育教学标准体系向特色性、适应性和对接紧密性方向发展。

2. 实施有利于旅游人才发展的基地政策，开展旅游教育培训基地建设工程

要统筹大局，充分引导旅游教育的发展方向，创新体制机制。在相关专家组织的带领下，如旅游发展协会、行业教指委等，进一步完善与旅游业相关的工作机制，加快旅游业的教育改革，增强旅游创新性。对于中高等旅游专科院校而言，要重视旅游学科建设，推动旅游学科和旅游人才的进一步研究。加强院校之间的合作机制，中国旅游院校五星联盟和中国旅游名校协作联盟等要做好带头引导作用，实现教学资源共享。加强校企结合，鼓励企业进入学校并参与学校教学质量评估。在旅游企业评星评级过程中，要将人才扶持政策列为重要评价指标之一，扶持旅游行业发展过程中急缺的特殊人才，积极解决特殊人才的后顾之忧，落实社会保障政策。传统观念和体制极大地束缚了优秀人才的流入，改变原有观念，建立新的人才引入体制，将国际旅游业优秀人才以及旅游专业技术人才引入，是实现旅游业弹性用人机制的重要步骤，也是推动人才柔性流动政策的关键因素。大力扶持社会紧缺和对旅游业日后发展比较重要，但目前市场存量仍然较小的未来急需人才。

3. 实施有利于旅游人才合理配置的人才市流动政策

要充分认识旅游人才市场的市场配置原则和开发机制，积极落实国家相关人才政策，打造出一个旅游信息化、专业化较强的新的国际旅游人才市场。要时刻关注旅游行业紧缺人才的变化，争取第一时间发布紧缺人才目录，指导旅游人才

依据实际情况进行分类就业。优化旅游人才市场服务网络在人才就业过程中所起到的作用。建立区域性旅游人才市场，积极推动各地区人才交流市场的形成与合作，定期举行各地区旅游人才专场招聘会，提高人才配置效率。旅游人才中介服务机构是为大批旅游人才提供就业服务的一个重要平台，要进一步建设旅游人才中介服务机构，提高服务效率和服务水平。确保旅游人才市场的信息化建设落到实处，建立各类旅游就业信息服务平台和信息数据库，实现旅游人才市场配置信息共享。

另外，还要进一步研究各类旅游岗位的人才需求状况，积极推动旅游人才职业资格认证机构在各方面的作用，发挥其在激励职工努力工作方面的积极作用，形成配套的旅游人才认证体系。按照旅游职业资格认证体系的标准加强培训工作，一方面在全区规划建设规范的旅游教育培训机构；另一方面加强校企合作，大力培育既有理论水平又有实践检验的“双师型”培训教师，同时在培训教材，实训基地和实训手段方面增加投入。

4. 实施有利于促进优秀旅游人才脱颖而出的激励政策

在“大众创新、万众就业”的时代背景下，根据国家促进旅游就业发展等相关要求，要进一步加快旅游创新创业教育的教学脚步，制订专业教学质量标准，改革人才培养机制，积极探索建立需求导向的学科专业结构和创业就业导向的旅游技能人才培养类型结构调整新机制，健全创新创业教育课程体系，配齐配强专职指导教师队伍，积极加入国家级创新创业工作项目计划。

完善旅游业人才表彰奖励制度，充分发挥政府、用人单位以及社会力量三方奖励体系的作用。要进一步促进国家荣誉制度落到实处，建立各类旅游人才的表彰项目，要规范荣誉评比程序，使评奖表彰流程向更公平、公开和公正方向发展。要合理制定旅游人才技能大赛制度并严格规范大赛的实施流程，科学设计比赛科目和内容，提高大赛在社会中的影响力。提高识别旅游优秀人才的能力，鼓励和推荐其参与各类杰出人才的选拔活动，针对脱颖而出的优秀人才，积极落实人才荣誉表彰制度，适当提高薪酬待遇，使旅游人才成就感以及行业认同感得到提高。

5. 实施有利于提升国际竞争力的人才国际化政策

为实现人才发展更加国际化这一目标，国家制定了人才发展国际化政策。在国家人才发展国际化政策的扶持下，要积极引进大量海外优秀人才和知识产权，落实旅游人才海鸥工程。创建以国际旅游人才为基本对象的国际化旅游人才数据库。实现国外优质教育资源共享，加快示范性中外合作旅游院校的建立，定期举办旅游院校师生赴他国交流学习的国际合作项目，鼓励师生积极参与各类国际交流活动，给旅游本、硕、博学生提供相关经费支持，提高旅游经营管理水平和专业技术水平。设置旅游企业外语水平考试，增加旅游人才外语培训的机会，提高旅游院校师生的外语交流能力。多创造与他国旅游组织交流的机会，积极参加多边旅游教育组织的交流活动，加强与联合国、国际旅游组织的合作，探讨和研究开发旅游人才的相关项目。对于拥有国际权威的旅游业职业资格认证考试，要积极引进并发挥最大作用，鼓励和激励国内旅游人才报考这类资格考试。

其次，整合政府部门、旅游院校、行业协会、合资企业、业务主管部门等多方力量，构建国际化旅游人才培养的平台，注入国际优质办学资源，在人才培养、专业建设、课程及教材开发、教学团队建设等方面展开全面合作，多渠道引进国际化优秀专业技术人才，建设国际化旅游人才实训基地，提升各类中外合作培养国际化旅游人才项目的建设质量同时建立先进教学经验的传播和辐射机制，充分发挥合作办学项目的示范引领作用，全面提升旅游院校专业与旅游业发展的匹配度。

6. 实施鼓励旅游人力资源管理机制的示范引导政策

要充分重视旅游人才的开发与培育，积极加快旅游人才开发示范工程的进度安排，继续创新旅游企业人力资源管理机制，不断完善职工的职位分类、岗位任职、绩效管理、在职培训和薪酬激励机制，使人力资源管理模式向更专业化方向发展。要创新旅游人力开发体制，支持各类旅游企业大力增加人才开发投入，为旅游专业人才的发展提供咨询服务平台，对旅游企业人力资源的开发进行有效评估，完善人才开发机制。加强校企合作，进一步明确社会对人才的需求，使合作内容和方式与社会人才需求接轨。

为培养适应社会所需的专业人才，要对固有传统理念进行转变，创新人才管理理念，积极推动旅游人才市场的开发与完善，强化对全区旅游人才分布和结构上的宏观政策指导，设置全区旅游人才流动信息库，建立旅游业人力资源虚拟交易平台，逐步实现人才专业化、招聘规范化、使用科学化的旅游人才开发、引进和管理机制。建议依托中国桂林国家级旅游人才市场，在旅游院校和地方人力资源与社会保障局的支撑下，拓展以行业拔尖人才为核心的桂林高层次旅游人才市场建设，增强广西旅游人才的市场辐射力和影响力。

7. 实施促进旅游业人才发展的协同培养政策，开展旅游人才信息工程建设

促进旅游业人才发展的协同培养政策，一方面，要积极扶持地方旅游职教集团的建立，开展多层次校企合作。另一方面，要加强与国家重点旅游院校的联系，建设高层次创新型旅游人才培养基地。要重视教育质量，创新旅游教育人才培养模式，不断进行多种形式的校企合作，如学生顶岗实习、人才定制计划、订单培养等。将“工学结合”的人才培养模式充分发挥，加快旅游院校集教学和生产经营为一体的实习实训基地建设。大力推动“双证书”制度的落实，将旅游院校的课程设置与旅游人才所需考取的职业技能证书相结合，查缺补漏，为旅游人才考取技能证书设置知识培训课程。

为保障旅游人才能够顺利开展工作，要积极推动旅游人才规划实施评估制度的建立。要掌握旅游人才流动和发展的方向，必须加快完善旅游人才信息监测平台，及时更新流动和就业数据。要及时发布旅游人才信息，推动人才供需平衡。加快落实旅游人才发展政策的指导性作用，鼓励和激励旅游人才在工作中体现自己的价值。

8. 实施促进旅游人才素质提升的培养政策

在培养旅游人才过程中要注重人才培养的实用性，优化旅游教育结构。充分调动旅游教育资源，提高中高等旅游职业教育学院在教育资源上的利用效率，并大力支持旅游院校应用型、技能型和复合型旅游人才的发展和培养。要与时俱进，根据旅游发展新态势设置课程，建立和完善旅游院校人才培养方式。

要引导全国旅游人才培训机构向更专业化方向发展，积极构建层次分类明显，类型多样的旅游人才培训体系，在区域内建设分层次分类别的培训基地。对于在红色旅游区、乡村旅游区和文化遗产旅游区工作的旅游人才，要加强对其的从业培训，提高旅游人才的专业技能；分级分类培训旅游中高级管理人才，规范导游行为；鼓励与旅游相关的企业、院校和科研机构多多参与旅游培训，实现资金、时间和师资力量的优化配置；以需求为导向，创建个性化并具备针对性的旅游培训课程，将现代远程教育和在线培训二者应用到实际培训课程当中。

二、旅游集群化发展战略

旅游产业集聚不仅有利于提升区域旅游发展综合实力，还有利于促进区域经济的发展。国外经验表明，要使旅游产业能够持续稳定地向前发展，实行旅游产业集聚模式将是发展旅游业的重要举措，也是发展旅游区域一体化的必然选择。在我国，旅游产业集聚程度已成为衡量当地旅游产业发展水平的重要指标。习近平总书记指出，我国经济已经进入新常态。在新常态下，人民日益增长的物质文化需要也强烈要求旅游产业向集群、集聚化的方向发展。广西壮族自治区的旅游资源丰富，喀斯特地貌特征突出，发展旅游集群很有优势。“一带一路”倡议的提出给广西旅游产业的发展提供了一个很好的发展平台，广西不仅是“一带一路”的前沿地区，也是历史上海上丝绸之路的重点区域，更是连接陆上丝绸之路与海上丝绸之路的重要门户。广西要借助这个发展平台，结合本地旅游资源优势，发展旅游业，使旅游业向国际化的方向发展。近年来，广西旅游产业整体发展迅速，成绩显著，一批标志性的旅游产业集群纷纷建成，如红水河刘玉产业集群、北部湾旅游产业集群和大桂林产业集群等，产业集群化发展模式已经形成，旅游产业集群化趋势已不可逆转。

旅游产业集群是以旅游业为龙头，以旅游消费需求为驱动力形成的产业集群。旅游产业集群是由旅游业带动，并且与旅游活动相关的上下游产业和水平相关产业构成的旅游主导产业体系。这一产业集群由旅游核心产业（旅游产业本身）、旅游相关产业（为旅游业提供基本支撑的产业，主要体现在垂直连接产业上）和旅游支撑产业（主要体现在能够增加旅游消费体验的横向关联产业上）三部分组成。在产业集群中，依托旅游产业集群发展开发利用为主要产业的中小型旅游资源聚集起来，发挥集体优势，形成产业链接，在区域内强化整个产业的信誉和形象，树立品牌形象，这就是旅游产业集群发展集群，在广西已经形成多个旅游产业集群发展集群。

为实现旅游产业效益最大化，将旅游资源优势向产业优势转化势在必行。广西壮族自治区党委及政府为此也就旅游率的发展提出了新的发展目标，即建设旅游强区，达到旅游千亿元产业的目标。此外，还制定了一系列促进旅游业发展的新举措，为广西旅游业的发展奠定了重要基础。在探索发展中，广西旅游产业集群已逐渐形成了"以旅游资源为依托、以地区文化为内涵、以旅游观光为业态、以休闲娱乐为目的"的具有独特运营模式、完整上下游产业链的复合型新型产业。经过技术整合、资源整合、产品整合、市场整合、经营整合、管理整合、制度整合、人才整合，广西的旅游产业集群在第三产业的发展中迎头直上，成为强劲的新生力量。

广西旅游产业集群化的发展模式众多，主要包括五种模式。一是以旅游目的地为主的系统集群化模式；二是以核心城市为主的旅游产业集群模式；三是以旅游景区为主的产业集群；四是以旅游品牌为主的旅游产业集群；五是以旅游产业专业化为主的旅游产业集群。

（一）广西旅游产业集群整体发展对策

1. 从产业链模块化发展的角度形成联合体

旅游产业链一般是指由旅游业相关的配套行业所组成的一个链条。这个链条最大的特点是以旅游景点为核心，链条上的各个环节环环相扣，联系密切，多以横向协作形式为主。从大局上看，发展旅游产业链就要使产业链上所有环节的服务水平都要实现较大幅度的提升。传统的旅游产业链由相关旅游配套企业构成，这些旅游配套企业通过给游客提供服务的方式来进行分工和合作。随着分工和合作的程度不断加深，知识、信息等资源的流动速度也逐渐加快，原有线条式分工已无法满足旅游业多样化需求。因此，根据产业链条模块化的扩展战略，把广西旅游业链条进行区域功用性分工，构建旅游业群体点，推进生成网状旅游业联系，进而促进旅游业群体的扩展。具体可表现为：选取广西各个市（可以称为各个旅游业群体区块）中相当数量的旅游集群点，确定其功能定位，把该集群店扩展成为以某种功能为主，又兼备其他功能的旅游业群体区。各个集群点采用分散的、独立运行的方式来运营，然而这个活动是在一个规定（产业群体的总利益）的束缚下展开的，与此同时，各个集群点间联系密切、互相协助，最后最终以广西旅游产品系统的形式，为旅游消费者供给全面的服务。

2. 借助旅游产业休闲化的发展趋势

随着旅游从传统的观光逐渐转变为休闲方向，旅游产业对资源的依赖程度不断下降。基于旅游资源的旅游吸引物周边的相关服务可以给旅游业提供附加值，同样以其他吸引物为核心的发展方式，包含旅游业等的聚集和相互联系也给旅游业的扩展提供广阔的升值空间。包括餐饮、公园、图书馆和艺术展览等其他以社区的民众为主要运营对象的名目，都可以成为娱乐休闲旅游业扩展的范围，所以，广西旅游业群体的培养能够突破以前的旅游业扩展形式，利用推进旅游品扩展与旅游投资的多样化，使旅游相关因素得到有机整合。比如，可以把已经生成的小吃街、购物广场、特色街等来当作旅游业群体的节点，构建一套服务于民众和旅游消费者的体系，在转变为娱乐休闲旅游产业的过程中，实现旅游产业集群的多元化。

（二）广西旅游产业集群具体发展对策

政府部门要有针对性地、有重点地引导广西旅游产业集群的发展，并注意把握范围和深度。与此同时，应围绕服务和监管这一中心，科学合理地推进培养产业集群的发展，具体操作如下：

1. 创造良好创业环境，推动旅游产业集群构建

政府要为广西旅游产业集群的升级创造良好的环境，具体包括硬件环境和制度环境，要取消不合理的收费行为，简化创业手续，并及时提供必要的协助等。另外，为给企业提供信用和协助贷款等服务，政府还应充分发挥其经常性职能。

对于广西旅游企业来说，它们小规模、效益低，且空间布局呈现出明显的成本导向性。因此，为更好地聚集中小型旅游企业，可在特定区域制定相应的优惠政策。除此之外，还可借鉴美国蒙大拿旅游产业集群等国外旅游产业集群发展的成功模式来构建广西旅游产业集群，对先进可利用的经验进行消化吸收，建设具有广西特色的旅游品牌，进而推动招商引资的发展。

2. 优化产品结构，促进集群各区差异化发展

虽然当前广西旅游产品比较丰富，产品结构也不断优化，但是旅游产品过于单一依旧是单个区域的最大弱势，以至于无法形成规模运作体系。另外，各旅游区域之间在地理位置上过于密集，无法形成多样化的产业互动关系。我们既要在集群内部和每个企业上找到节点，做好定位，形成自己的特色，并努力朝着专业化、精品化和规模化并进的方向发展，还要在各旅游节点借助广西旅游产品升级的趋势，积极形成集群内各区域差异化特征，以便有效地避免集群内部的恶性竞争。

3. 完善旅游基础设施，增强区域旅游接待能力

近年来，虽然广西旅游基础设施在旅游部门的推动下取得了较大成就，但仍较难满足旅游的需求。特别是在“一带一路”倡议的推动下，国际游客会越来越多，而当前的旅游基础设施不能满足国内外游客的需求，区域旅游接待能力也较弱。因此，要完善旅游交通设施，增强区域旅游接待能力。具体而言要做到以下几个方面：

首先，要进一步加大旅游交通建设的投资力度。旅游交通服务业是旅游业三大支柱产业的重要组成部分。就国内游客而言，公路、铁路运输网络的逐渐完善一定程度上缓解了游客“出行难”的局面；但就国外游客而言，其到广西旅游主要选择航空方式，而广西航空建设还相对落后，所以广西必须进一步加大航空的投资建设力度。一方面，应在桂林、南宁和柳州等拥有国际航线的机场上酌情增加国际往来航空路线，解决国际游客出行问题；另一方面，可考虑在未开通国际旅游航线的其他地级市上建设机场，增加多条国际旅游航空路线。

其次，提高旅游酒店的服务质量。从近几年看，广西旅游酒店数量整体呈上涨趋势，但其服务质量不高的现象也较为突出，因此必须提高旅游酒店的服务质量。具体可考虑从以下两个方面着手：一是让高级酒店给游客提供的服务更优质、更多层、更全面。在应具备的基础服务之外，可为游客提供代购、行李托运和邮件即送等各类服务项目，争取“想游客之所想，做游客之所做”，提供高质的服务。二是加大对其他中小型酒店的管制力度，坚持定期检查各项安全卫生，奖励卫生质量高，服务质量好的酒店。

再次，建设大型特色旅游购物中心。旅游消费结构影响当地旅游经济，合理化的旅游消费结构可以促进当地旅游经济的可持续发展，反之，则不利于其发展。自广西旅游业兴起之时，其旅游经济状态一直呈现出“名声不错，收入效益偏低”的局面。影响旅游经济收入效益偏低的因素有很多，非基本旅游消费结构水平较低是其重要因素。一般来说，非基本旅游消费主要包括购物、娱乐和邮电通讯消费等，基本旅游消费主要包括“吃、住、行”和游览等消费。广西旅游收入不高，长期居于全国旅游业的末端，除首府南宁具有比较大型的旅游购物中心外，其他地级市几乎没有像样的大型旅游购物中心，不方便游客进行购物消费。要想提高广西旅游收入，就要改变现有的旅游消费结构，建设大型旅游消费中心。把各类旅游商品进行集中出售，一方面有利于管理旅游消费方式，另一方面可以保证旅游商品的质量。在建设大型旅游消费中心的过程中，要注意充分体现其自身优势和特色。据统计，大多数游客认为广西的旅游消费中心千篇一律，没有自己的特色，影响其购物消费欲望。因此，必须建设大型的又将地方特色集聚一身的旅游购物中心。广西应充分发挥其在东盟自由贸易区和“一带一路”倡议中的地理位置优势，在旅游方面大力推出特色商品。柳州螺蛳粉红遍广西，其色香味俱全的特点深入人心，可以在当地的大型旅游购物中心大力发展，进行主要售卖。梧州的六堡茶、龟苓膏和纸包鸡也极具特色，也可大力进行推广。一提及香港，游客自然会想到代购。香港开设了很多免税店，经营各类国际一流名牌商品，其免税性质给香港带来不菲的旅游收入。广西可以借鉴“免税”模式，积极推进其他地级市免税店的建设，带动广西非基本旅游消费的发展。

4. 调整旅游产品结构，促进旅游产品提档升级

由于广西旅游产品结构较为单一，不利于旅游业的长远发展，因此，必须调整旅游产品结构，积极促进旅游产品提档升级，以满足消费者的旅游需求。

首先，要加大旅游产品建设开发力度。虽然广西的旅游自然资源较为丰富，但并没有得到充分的开发，旅游人文资源的产品数量相对较少，因此，必须加大旅游产品建设开发力度，要做好旅游产品发展规划。

其次，调整旅游产品结构。对游客而言，一提及广西旅游业，就想到桂林的山水之美，虽然这一定程度上反映了广西旅游自然资源的特色，但却忽视了桂林也是一个历史文化名城。究其原因，还是旅游产品结构不合理，“重自然，轻人文”情况较为严重。因此，广西必须调整旅游产品结构，协同建设自然景观与人文景观。

最后，促进旅游产品的提档升级。由于广西旅游业发展方式较为粗放，许多旅游产品的开发仅停留在浅层发展状态，并未得到充分挖掘和利用，因此，必须将粗放型发展方式转变成集中型发展方式，从而提高旅游产品的档次。

5. 培养多层次旅游人才，构筑专业化旅游人才市场

在发展旅游业的过程中，旅游人才发挥着至关重要的作用。其实，旅游竞争就是旅游人才竞争。人才是旅游产业集群发展的根本，广西旅游产业经营管理水平不高的原因主要是旅游人才匮乏。当前广西旅游业从业人员素质不高，高级旅游人才欠缺，因此，必须加强广西旅游人才队伍的建设，建立一支多层次、高素质的旅游人才队伍，增强旅游竞争力。

一方面，要落实旅游人才培养计划，将多层次旅游人才培养计划提上日程。由于旅游业从业门槛低，对从业人员没有学历要求，影响旅游业的发展。因此，广西要定期对旅游从业人员进行培训，可以考虑以其学历或能力来划分旅游培训层次。此外，可以规定旅游人才的专业学识标准，如可以提出在高级酒店工作的人员必须定期接受高等酒店知识培训和考核，考核不过的人员可以又一次机会进行补考，补考不过就不可继续在高级酒店工作。另一方面，要积极引进高级旅游人才，加强高素质人才特别是高级管理人才的引入力度。可以鼓励全区从事旅游相关行业的企业积极引进国内外居于较高水平和丰富经验的旅游人才到广西工作，在促进旅游企业发展的同时也带动了广西旅游业的发展。另外，还要注意提高培养各类旅游人才的意识，积极与相关院校展开合作，构建专业教育与实践相结合的培养和培训体系。在条件允许的情况下，可以为旅游产业集群管理建立起一支具备高效率和专业化的优秀人才队伍，并建立与之相配套的兼具人性化和规模化的用人机制，对人才流动实行弹性处理，从而吸引更多地优质人才加入进来。总体而言，要想快速提升广西旅游产业经营管理水平和集群运作水平，人才的自由流动及其才能的充分发挥是必不可少的条件。

6. 建立产业协会组织，推进协作网络体系建设

一般来说，建立旅游产业内非营利性协会组织的方式具体包括两种，一是根据市场运营和行业发展的需求，由旅游相关企业自发地建立组织。协调企业之间以及企业与政府之间的关系是这类非营利协会组织的主要职能；二是建立以政府为主导，旅游相关企业为核心的非营利协会组织，根据相关企业的发展和市场需求，制定相应的发展规划，并为其提供技术和信息支持。就广西目前情况来看，虽已建立旅游协会，但并未真正发挥其在旅游企业行为活动方面的规范或引导作用。因此，应当由政府出面，组建或改建一个权限明晰，兼具专业性和权威性的、以促进旅游产业集群发展为首要目标的旅游产业协会体系，最好是一区一个旅游协会。在此基础上，借助协会和政府有关部门的力量，可以营造具有集体一致性、信任感和共同价值观的旅游协作氛围，壮大广西旅游产业集群协作网络体系。

7. 设立创新补助基金，鼓励企业积极创新

现如今，广西依赖于同类旅游产品的企业过多，因此这些企业聚集在一地容易导致低级竞争的出现。与此同时，该类企业会因为部分旅游产品的退化而减弱吸引力，市场竞争力也逐渐降低。为谋求新的发展路径，旅游企业将目光投向了创新，也只有这样，才能使企业在激烈的市场竞争中保有一席之地。与制造业相比，服务、设施、管理方式和旅游产品等是旅游企业在创新中的主要体现。因此，政府可以通过设立创新补助资金来支持和奖励为企业和节点甚至是集群做出较大贡献的创新活动的企业。这不仅有助于提高旅游企业创新积极性，也将使创新逐渐成为企业甚至是集群发展的核心力量，从而不断推动旅游产业的发展。

8. 吸纳社区居民参与决策，保障产业健康发展

大量旅游者的进入不仅给旅游资源的保护带来了困难和威胁，还会对当地文化带来一定的冲击。要实现旅游业的持续健康发展，旅游产业集群就必须保证旅游资源和环境的生态健康和旅游特色。因此，政府可以让社区居民参与旅游决策和旅游规划制定，让民众监督旅游开发商和经营商的行为，以免其盲目开发旅游资源。这不仅充分考虑了各方承载力，还能将产业集群给居民生活造成的危害降到最低。另外，居民的相关权益也能因此而得到保护，并促使其支持旅游产业集群的发展。

9. 实行旅游目的地整体营销，多渠道宣传促销

目前，在旅游宣传和促销方面，广西旅游业已经取得阶段性的成果，但在竞争激烈的市场环境中，仅靠政府出面是不够的，企业还应积极主动落实旅游规划。一是实行政企联合，由政府负责宣传广西旅游目的地，而旅游企业则是宣传促销各自的旅游区或旅游产品；二是实行节点与模块相结合，建立宣传联盟，实现促销的整体性。另外，包括网络在内的各种宣传渠道也应被充分利用，争取做到全方位、全时段和多视角发布旅游信息。我们在满足旅游市场个性化信息需求的同时，还应对广西旅游目的地的整体形象进行提升，从而让旅游者自愿了解并自觉认可与旅游产业集群相关的内容和服务。

三、旅游可持续发展战略

广西旅游业发展需遵循“科学规划、统一管理、严格保护、永续利用”十六字方针。保护旅游资源和环境，可持续发展，永续利用，可以说是广西旅游业发展的终极目标。落实下述战略，以实现广西旅游可持续发展：

（一）科学规划与落地战略

广西高度重视旅游产业发展，高起点谋划，并委托中国旅游研究院和广西旅游规划设计院以及桂林桂旅旅游规划设计研究院等单位联合编制《广西壮族自治区旅游业发展战略规划》《广西壮族自治区休闲旅游产业发展规划实施纲要》《广西壮族自治区旅游业发展“十二五”规划》《广西壮族自治区乡村旅游发展“十二五”规划纲要》，并予以实施。“十二五”期间，全区计划建设重点旅游建设项目290个，总投资1932.34亿元。经过四年的建设，大部分重点旅游建设项目按计划稳步推进或竣工，同时，全区基本形成了旅游产业区域协调发展的新格局，其中包括一个旅游龙头、两条旅游发展带、三大国际旅游目的地以及四大旅游集散地，甚至拥有20个特色旅游创建县和一大批旅游名镇名村。各市、县结合旅游发展实际，进一步建设完善以山水观光游和休闲度假游并重的特色旅游产品，加强旅游行业管理，不断提高旅游服务质量，较大程度促进了旅游业的转型升级和快速发展。

但是，规划的编制与落实亦存在一定问题，例如，部分规划在编定之前，并未进行充分调研、分析，项目在开发过程中所存在的困难与问题也没有得到及时解决；规划中计划建设的部分重点旅游建设项目，因建设用地指标迟迟不解决，延缓了建设的进度；部分市、县旅游业起步较晚，旅游经济基础薄弱，距离规划要求还有较大的差距；全区旅游公共服务设施建设仍然不理想；大部分县域旅游资源开发程度低，缺乏核心景区景点，旅游市场竞争力不强，旅游经济效益不明显；更为突出的是，全区各市并未规划、落实旅游对环境影响的分析与评价，管理体制机制不顺、居民利益诉求与旅游发展矛盾突出等问题较为普遍存在，污水、垃圾处理以及建筑“两危”问题未得到有效的解决。

由此，广西旅游业发展“十三五”系列规划，需在进一步落实“十二五”规划的基础上，探寻并克服所存在的问题，实施科学规划与落地战略并举的措施：

1. 高度重视科学规划

新一轮总体规划在坚持“政府组织、专家领衔、部门合作、公众参与和科学决策”这一原则下得以修编成功。该规划一经批准，任何个人和单位都应积极服从，规划好旅游资源的开发工作，并在工程选择、方案设计和环境评估以及施工组织等关键环节严把质量关，积极上报给管理部门。开发建设要严把质量关，一切以保护为首要目标，从而使旅游资源的永续利用和旅游业的可持续发展有所保障①。要积极贯彻并落实《中华人民共和国旅游法》，鼓励各类市场主体以有效保护旅游资源为前提，并对其进行依法合理地利用；在旅游经营上，统一设立服务标准和市场规则，严令禁止行业或地区垄断行为；建立并完善旅游综合协调机制，综合协调旅游业的发展；依法成立旅游行业组织，并实行自律管理，采用合理科学的方式，引导会员诚信经营，形成公平良性竞争；建立旅游市场监管工作机制，并落实到各有关部门，依照相关法律法规监管旅游市场。对于相关违法行为，要依法查处，从而为广西旅游业的可持续发展保驾护航。

2. 贯彻落实“问题入手”的规划原则

要从项目所在地居民的思想与心理、本土文化与产业、自然环境、客源市场和投资商以及当地政府等各个方面出发，充分考虑并分析项目在开发过程中所存在的问题，对项目开发商、项目运营者和当地居民以及政府等想要达到的目的要有一个明确的认识。在全面调研和规划的现实经验下，制定出有利于各方协调发展的旅游规划。要积极落实科学民主的规划，并实现全民参与。在规划项目之前，成立规划管理委员会，其成员分别来自广西区政府相关职能部门、当地市政府和社团以及不同社区。与此同时，举行定期或不定期的团体会议，以便对旅游项目的规划和开发展开研究并讨论；除此之外，对于开放式的项目规划，可刊印专门报纸进行规划探讨与宣传，这样每个人都有建言献策的机会。针对难以解决的重点项目规划，建议：一是建立重大项目规划和建设公示制度；二是探索建立重大旅游项目居民投票制度，根据居民同意程度决定项目取舍；三是探索建立旅

① 谢慧明，沈玲佳，沈满洪. 国内旅游业可持续发展的供求策略研究［J］. 旅游论坛，2016（6）：45－50.

游开发利益分享机制，如在项目开发中，涉及当地居民利益时，可采取股份制等形式，让当地居民参与到旅游项目的开发中来，在开发中获利。只有贯彻“问题入手”的规划原则，才能克服旅游发展中的问题，真正实现旅游可持续发展。

3. 规划环境影响的分析与评价，落实环境影响的减缓措施

旅游业发展在加快经济发展、增加社会就业机会和弘扬并传承文化等方面所发挥的积极作用是不容小觑的，但是也会在一定程度上对环境造成负面影响。规划需明确当地政府去分析和评价旅游发展的社会环境影响，尤其是旅游对经济发展和对社会就业的影响要进行分析和评估，以及对当地文化的影响、对城市建设和城市形象的影响、对文物保护的影响等；规划要明确当地政府分析和评价旅游发展的生态环境影响，如分析评价旅游对生物环境影响、大气环境影响、水环境影响、声环境影响、旅游垃圾环境影响等；规划环境保护措施和环境影响的减缓措施，并对其进行合理性分析，坚决落实环保措施和环境影响的减缓措施。

（二）“持续稳定”的目标战略

可持续发展体现了“速度、数量、质量”的“持续稳定”绿色运行目标。一个国家或地区旅游“发展”的质量表征包括旅游产品质量、环境支持水平和生态服务水平等的综合度量。广西旅游业“持续稳定”目标战略主要体现在以下三个方面：

1. 旅游业的持续稳定发展

著名的经济学家索罗指出：“所谓的可持续发展，指的是人均财富在人口、资源和环境等参数的约束下可以实现非负增长的总目标”。广西旅游业以“持续稳定”为发展目标，并限定年平均增长率为10%左右，就是为了保护旅游目的地居民的生活环境，特别是旅游资源；另外，政府不要过于看重短期的游客人数增长与眼前的经济利益，做好旅游淡季和旺季的分工。游客少的时候，应加大宣传和促销力度，人多的时候则应适当限制人数，以保证旅游收入的“持续稳定式”增长。广西旅游业应坚持走可持续发展的理性增长道路，既不能“零增长”，也不能毫无限制地过分增长。

另外，旅游企业可以拍卖并转让自身品牌企业，但应要求保留原有品牌名称；要全心全意打造本土产品的品牌效应，严把质量关，保证游客可以享受到安全放心的品牌产品；要借鉴相关部门提出的意见或建议，做好旅游工作，根据自身的实际情况，宣传推广自己的特色产品。从原则上来说，一旦推出宣传口号，就不应更改。这样做的最终目标就是要打造兼顾质量、信用和企业生命于一体的品牌，并能因此而焕发出持久的生命效力。

2. 坚持可持续发展原则进行旅游开发和管理

要科学推进旅游开发项目的实施进程，并对其规模和强度进行限制，以便设计出合理科学的旅游线路。为了更好地提升广西旅游业的环境保护水平，应坚持预防为主、保护优先原则，加强环境监管力度，在游客承载力和污染物排放等方面建立相应的制度并予以严格执行，严令禁止过度消耗旅游资源投入和环境容量的行为①。

3. 持续稳定注重旅游服务质量的提升

发展旅游业的根本宗旨是为了造福人民，重视服务质量的提升，会长久地提升旅游业的竞争力。旅游业的快速发展要求现有从业人员的应具备较高的职业道德，但就目前情况来看，旅游事业人员的平均学历层次、专业化水平皆有待提升，较多从业人员未很好掌握旅游服务技能，特别是各级各类管理人员、专业技术人员以及导游、景区讲解员、宾馆饭店的主管领班等一线人员目前还不能很好地适应旅游品质化、个性化发展的需求，他们多生搬硬套、了无生趣、赶鸭式地完成“本职”工作，有些甚或不择手段“宰客”，这些问题，已经成为影响旅游服务质量提升的重要因素。广西进一步深化“质量强旅”行动，贯彻落实《依法治理旅游市场秩序三年行动方案（2015 年）》《旅游服务质量“万名社会监督员”工作方案》和《旅游服务质量社会监督员职责和工作办法（试行）》，围绕诚信、自律、规范主题，抓实旅游服务质量建设，实现建设的标准化、服务的个性化、设施的便利化、从业人员的专业化。

广西要想在 2020 年将本地旅游业的规模、质量和效益等提升到世界旅游强国水平，就应持续稳定发展旅游业和旅游产品，并做好旅游服务的质量建设。

（三）绿色发展的生态战略

要想营造“生态第一”的自然环境，以生态为根本，促进旅游城镇村绿色发展。

1. 进一步宣传与落实环境保护相关的法律法规

一是将《中华人民共和国环境保护法》《中华人民共和国环境水法》《中华人民共和国森林法》《中华人民共和国野生动物保护法》《中华人民共和国污染防治法》和《土地管理法》《入河排污口监督管理办法》《工业“三废”排放标准》等法律法规汇编成册，通过开展专题培训学习、组织环保法制沙龙等活动，让全民知法、懂法；同时，要根据国家相应法律法规和当地的具体情况来制定符合其发展的较为详细的实施策略，运用法律手段，切实有效地保护好全区及各旅游景区的生态环境。

通过建立完善的环境法规体系、执行严格的环境影响评估制度来保障城镇绿色发展。出台相关法律法规，将水体污染、生物多样性破坏及环境影响评价纳入

① 熊元斌，刘好强．旅游业可持续发展的机制设计研究［J］．武汉商学院学报，2014（5）：5－11.

经济发展评价体系，通过制定详细的环保方案尽可能减少环境污染和资源消耗。各级政府设立专门的环保机构以及多元化的资金投入来对生态环保旅游项目进行发展。

2. 做足生态文章

首先，要对广西乡村旅游与生态休闲产业发展工作进一步推进，充分认识其本身所具有的乡土性、休闲性、参与性和自然性，构建以传统的耕读文化、优美的田园风光和朴素的村落民宅以及以循环的生态农业为基础的“魂”“韵”“形”和“基”，充分体现农村的“土气”“老气”和“生气”，挖掘适合本地发展的旅游与生态相结合的休闲产业。其次，建设生态示范区的工作要落实到位。依照《国家生态旅游示范区管理规程》和《国家生态旅游示范区建设与运营规范（GB/T 26362－2010）实施细则》，每年可建成的国家生态旅游示范区和广西生态旅游示范区分别为两三个和10个左右。为了将广西建成一个国家级生态旅游示范区，应充分发挥生态区所具有的示范、带动和引领作用。再次，打造“国家生态健康旅游区”要全力以赴。广西森林覆盖率达61.8%以上，主要城市的空气质量在优良天数方面所占的比例为96%，主要江河的水质已超过Ⅲ类，富硒土壤面积达2.12万多平方千米。广西之所以能成为在全国获得“中国长寿之乡”最多的省份（全国53个），是因为它在阳光、空气、水质、磁场及生活习俗等方面具有不可比拟的优势。因此，可并借鉴巴马等地的实践经验，在此基础上打造21世纪“亚健康”的天然“疗养院”和“国家生态健康旅游区”。

3. 倡导低碳发展

低碳旅游，指的是在低碳经济理念的引领下，以较低的能耗和污染为基础而开展的一种绿色旅游模式。为了节约能源和降低污染，需要对食、住、行、游、购、娱等方面进行全方位的调控，这样才有利于降低旅游发展中的CO_2排放，进而实现旅游业的可持续发展。提炼低碳化发展元素，融入低碳发展理念，倡导低碳旅游概念，落实低碳旅游行动，每年系统打造1～2个旅游目的地低碳化发展示范区。主要从以下几个方面着手旅游目的地低碳化发展示范区的建设：

（1）大量招商引资，由资金和技术实力雄厚的企业承担研发、运用和推广有利于低碳发展而所需的节能减排技术的费用。而政府则负责投资建设旅游景区的配套基础设施，从而为旅游企业减轻资金压力。

（2）要充分发挥土地、信贷和税收等政策扶持作用，抑制粗放型旅游企业的发展，并引导旅游业向低碳旅游转变。

（3）政府可将各种优惠政策和政府补贴提供给低碳产品和服务供应商，从而为推广地方低碳产品打下坚实的基础。旅游餐饮业要制定相应的符合低碳化行业标准的饮食；低碳旅游住宿业要采用相应的低碳技术，在供热、照明、电器及水资源利用等提供低碳服务；而旅游企业则应采用包括能源综合利用和利用太阳能、生物能和有机能等低碳能源的节能降耗措施；为降低温室气体的排放量，应开发低碳建筑，以达到高效照明目的；对于循环经济中“减量化、再利用、再循环”的“3R”原则要严格遵循，并处理好旅游资源保护与开发利用的关系；另外，还可开发与低碳相关的系列产品，如新能源和低碳科技体验系列、低碳生活体验系列以及低碳教育普及旅游系列等旅游产品。

（4）加大力度建设高效的碳交易场所，将企业内部的增减制度与温室气体排放量相联系，鼓励单位实行节能减排机制，将节省下来的资金配额用于上市或者为本单位建设必要的项目。与此同时，政府还可通过经济手段对旅游企业的相关行为予以控制，给节能减排的旅游企业提供相应的优惠政策。

落实上述绿色发展的生态战略，并进一步在居民生活中提倡绿色生活、绿色消费及旅游，时刻树立绿色生活意识；要求各市拥有废水、垃圾处理和循环使用中心，倡导绿色出行，绿色用餐，鼓励市民种树，让市民或其他城镇居民参与公园建设及其他环保工作。

（四）依需发展的特色化战略

广西旅游产品满足市场需求，依需开发：旅游主题，讲究深度与广度，拥有主题和文化内涵的旅游产品是游客在旅游活动中最渴望得到的；旅游功能，立足多元与层次，不同的旅游者在旅游活动中寻求不同的精神和心理寄托；旅游产品，注重个性与创新，宏观调整旅游行业结构。着力摆脱同质产品，实施差别战略，构建互补旅游产品群；突出游客需求，创新旅游方式。实现广西处处有特色，到处有亮点，游客可以根据自己的需求选择旅游产品，避免旅游扎堆现象出现，进而有效保障旅游的可持续发展。根据当地独特的地形优势，以国际化、标准化、生态化理念建设旅游产业，具体建设亮点呈现如下：

1. 开发低空旅游

结合广西的具体情况，在规划相应的旅游专用机场同时还可以规划一批通勤停机坪。把低空旅游项目重点放在相应的国际旅游目的地的建设上。例如，可以把直升机、热气球等低空旅游项目放在桂林、北部湾以及红水河流域。另外，还可以兼顾发展一些旅游集散地以及旅游发展带，例如桂林、北海、梧州以及东西旅游带、南北旅游带，这些都是具有低空旅游潜力的区域。如此一来，游客不仅能够欣赏到空中的美景，还可以观赏到海上风光，享受到全方位的美景，尽赏广西之美。

2. 开发游艇邮轮旅游

培育休闲度假新业态，服务国家“海上丝绸之路”发展战略。在政府主导下，开放市场资本，在钦北防北部湾港湾和海洋，投资开发集“吃、住、行（机载直升机）、娱、购”多种功能为一体的邮轮游艇旅游，并结合滨海岸线休闲度假观光旅游，打造“水陆、山海并进”的旅游新产品，与中国东部沿海旅游城市、东盟国家沿海城市合作，打造“海陆”交叉、多国合作的海上风情之旅的邮轮游艇休闲度假产品，以旅游合作为媒介，服务国家“海上丝绸之路”发展战略。

3. 开发健康养生新产品

自古以来，健康长寿是人类不懈追求的目的，想要在未来经济中把握命脉，就必须在健康产业市场中占有一席之地。首先，以巴马长寿养生旅游区为依托，对“国家中医药民族健康示范区”进行全方位一体化的建设工作。这其中不仅需要养老医疗设施，还需要学校、饮食等配套设施，以满足人们培训、旅游、休闲、养老等多种需要。其次，充分利用广西生态养生的天然资源以及中药材资源，打造能够进行针灸、推拿、拔罐、按摩等多种民俗医学传统的健康养生园，构建独具特色的生态养生基地，举办健康养生论坛和相关的养生博览会等，以满足老年人的养生需求，推动广西生态养生旅游加速发展。

4. 加大自助游产品的开发力度

重视户外旅游这一新兴业态，以这种旅游形式加速推动广西整体旅游的发展。第一，重视背包客市场，打开欧美市场。在欧美市场中，有八成以上的游客都属于背包客，他们的到来可以为乡村旅游增添活力，为偏远山区的文化旅游以及户外旅游打开新的开发空间。第二，充分利用广西北部的喀斯特地貌、西部的地质公园、东部的生态资源以及中越边境等天然资源，开发自助游发展空间；与此同时，还可以在已经发展完善的景区基础之上，深挖旅游资源，开拓一些新鲜的旅游项目，如攀岩、徒步探险、森林竞走、水上漂流等独具特色的旅游项目，让游客能够自主游玩，发展培育户外运动旅游产业，把游客留下来，享受广西旅游的美景，享用广西旅游的特色产品。

5. 开发研学旅游产品

近几年，研学旅游的狂潮逛遍了世界各地，越来越多的年轻人会选择研学旅游，这种旅游方式可以带动整个家庭外出游玩，大大开拓了旅游发展空间。广西可以依靠当地的一些独具特色生态植物园、著名旅游景区等风光，鼓励各个地区以著名高校、知名企业以及科研机构为基础，相互联系，构建一批研学旅游示范基地。在未来的发展过程中，渐渐地扩大补充研学旅游项目，开展夏令营、见习等多种形式的旅游活动，还可以让游客到博物馆等开展文化经典、缅怀先烈、科学普及等活动形成研学修学旅游一体化的特色旅游产品，促进广西旅游新业态的可持续发展，让广西成为促进学生综合素质的示范地，开拓广西旅游发展前景。

（五）重视非政府组织的助推力量

非政府组织的助推力量不容忽视，这些组织在促进旅游发展和高效管理方面发挥着巨大的推动作用。非政府组织的主要职责就是帮助政府监管相应的市场和社区，保证它们的有序运行。这一组织的性质更多是公益性的，组织的成员大多都是自愿参与进来的，与政府体系不同，它们是自发自治的一种组织形式。通常情况下，这类组织分为三种形式：一种是行业协会、一种是非营利企业单位，还有一种就是基金会。

1. 非政府组织的构建与管理

为了达到快速可持续的发展旅游业的目的，广西可以成立一些非政府组织，协助政府，对社区和市场予以监管，把非政府组织应有的功效充分挖掘出来，为发展旅游贡献一份力量。首先，需要政府的相关支持。政府要在有关政策中将非政府组织的合法性和构建要求以及相应的职能做出明确规定，与此同时，还要为非政府组织配备一定的保障金，以便其在必要情况下解决问题。除此之外，还应当在税收方面给予其一定的优惠，便于非政府组织应有职能的发挥。其次，利用多方手段进行筹资。非政府组织要在民众自愿、合法的条件下，适当的收取一定的入会费，也可以利用收取门票等形式向社会公众筹措资金，作为该组织的保障金。再次，使群众积极参与进来。非政府组织需要一定的行为规范和规章制度，要明确其使命所在，制定合理的奖励制度，鼓励民众积极地参与到志愿活动中来，为旅游管理尽心服务。如此一来，社会志愿者的社会地位得到提升。最后，监督指导。政府需要适时地针对非政府组织的职责制定相应的监督制度，以指导非政府组织的相关行为，为它们制定相应的认证指标，规范招募程序和资金的利用。另外，还要颁布相关行业标准，提升非政府组织的服务质量，确保该组织能充分发挥良好作用。

2. 非政府组织可有效推动旅游业的可持续发展

非政府组织从公益角度出发协助政府监管，维护全社会和全体人民的利益。其可为游客提供舒适的旅游与消费环境，为他们提供宜居的环境和优美的旅游资源，以促进当地旅游产业的可持续发展。推动当地旅游业的可持续发展是非政府组织的重要职能，具体表现如下：协助政府监管旅游业市场，做好信息的宣传推广工作，做好相关培训教育工作，对旅游相关产品进行资格认定等工作。例如，不定期地向居民们宣传环保知识，培养当地居民的环境保护意识以及对当地文化遗产的热爱之情，以此帮助居民们养成保护环境的良好行为；除此之外，还可以成立生态旅游协会，对一些优秀的旅游产品或者相关企业进行资格认证，成立该协会的主要目的就是推动旅游企业的可持续良好发展，帮助企业稳定经济，积极地参与到承担社会重任的队伍中来。当地的旅游景区的经营者可以参与进来，提供住宿的店主也可以参与其中；此外，生态景区的管理者、学生、景区的解说员、生态旅游的导游等多种群体都可以参与其中，成为接受认定的一员。该协会推动与落实生态旅游的认定工作，可进行认定的项目在全国也多种多样，不仅有自然旅游景区，还有生态住所设施以及旅游吸引物等，大体可分为三个等级：生态旅游等级、高级生态旅游等级以及自然旅游等级；认证内容涉及自然条件、解说、环境保护措施、当地受益、负责任的信息推广等七个方面；此外，还需要旅游行业协会的参与，他们主要负责对旅游信息的不断补充和完善，对整个旅游行业以及导游职业进行规范管理，旅游行业协会是由各旅游企业自由加入成为会员的一种行业性组织，它组织各企业参与国际性的旅游博览会、交易会、同业交流等活动，以进行信息推广。

（六）可持续发展的营销战略

广西整合旅游行业大数据，建设广西旅游目的地整合营销平台，2015 年，该平台荣获中国旅游业界年度最高奖项——“中国旅游金途奖”的“年度旅游营销事件”大奖。

广西旅游目的地整合营销平台与国内去哪儿、携程等 70 多个电商平台无缝对接，为全国网络自由行渠道提供全通道服务，实现自由行无障碍支付与入园以及快捷的导游服务，同时也为广西部分酒店、旅行社、100 多家景区实现一站式分销、直销服务。该平台可下载广西旅游手机 App，进行旅游虚拟体验，即时随地实现语音导游、地图导览、卫星定位、门票预订等功能，2014 年，在北京举办的“中国智慧旅游创新发展大会”上，此平台也曾获得智慧旅游创新成果奖。广西旅游目的地整合营销平台对广西自由行散客市场平均增长率超过 50%。广西旅游市场营销尽管在数字化、智慧化发展方面取得了喜人的成绩和较大突破，但仍存在以下一些问题：一是营销观念滞后，简单移植营销理论，对营销理念和策略的针对性与变革性认识不足；二是对目的地众多利益群体间的冲突缺乏有效的调节工作，可持续发展思想的缺失制约着当地的旅游发展。三是缺乏多样化的营销目标。当前，多数的旅游目的地的考核指标还是以单一的游客数量以及旅游收入作为标准，而相应的服务质量以及游客满意度等状况却无人问津，这势必会给旅游业的可持续发展带来诸多弊端。四是许多目的地营销虽然注意了旅游容量和可持续发展的指标，但取得的成效是有限的，等等。例如，目前中国旅游业展现出强劲的发展势头和广阔的发展前景。目的地营销也对旅游容量和可持续发展的指标予以了重视，但旅游目的地发展过程中仍存在着许多不容忽视的问题，如卫生健康问题、生态保护问题、旅游基础设施问题、旅游安全问题等。围绕 Globe' 90 国际大会提出的旅游可持续发展的五大主要目标，按照“为何营销——向谁营销——由谁营销——营销什么——如何营销”的逻辑顺序，提炼出可持续发展的营销战略。

1. 解决“为何营销”的问题

在众多因素中，对游客产生需求影响的主要有三个方面：一是可支配性收入，二是闲暇时间，三是旅游的动机。随着人民生活水平的不断提高，越来越多的人拥有了更多的闲暇时间和财产收入。旅游可持续发展的营销所研究的主要领域集中在游客消费心理的因素，针对不同游客的不同差异以及旅游需求进行相关的整理和分类，逐渐引导游客转变旅游度假的观念，选择理性消费，享受旅途中的高品质服务。旅游需求从初级简单向高质量、综合性发展，不断地开拓旅游市场项目，其主要的旅游目的也更为多元，打造具有特色性的旅游目的地。广西旅游可持续发展的营销主要是通过对潜在游客的旅游需求进行调查、分析的方式，为景区的开发提供导向，为项目的建设提供高层次可持续发展方案。与此同时，还可以根据景区内产品实际的供应数量，合理调整游客的旅游需求。分散游客密集型的消费，实现对世界文化遗产的永续开发和保护。

2. 向谁营销

要明确旅游可持续发展的目的地营销的对象，需对目的地旅游客源市场进行研究。旅游客源市场主要是围绕旅游可持续发展"向旅游者提供高质量的旅游经历"的目标进行研究，旅游客源市场通常依据地理位置因素、人口统计特征、社会—经济因素、旅行过程因素和包括购买行为、消费行为以及对经历、吸引物、服务的主观偏好在内的购买者行为因素来进行细分。随着时代的进步、经济的发展、人们观念的改变，旅游目的地营销对象将从以下几方面适时变化：第一，从精英化向大众化转变，注重大众化旅游市场的开辟；第二，培养本地民众的旅游消费意识，重视本地旅游市场建设；第三，关注农民旅游市场，我国是一个拥有9亿农民的农业大国，农民将成为未来中国旅游市场的主要的客源；第四，推出适合不同层次需求的旅游项目，培育新的旅游消费热点和市场，实现"向旅游者提供高质量的旅游经历"的目标。

3. 由谁营销

政府主导下的单一主体模式存在一定盲目性、趋同性以及政府营销经费不足等问题；因此，为了综合实现经济、社会、环境等效益，广西旅游可持续发展的营销主体为目的地营销联盟。目的地营销联盟由公共部门（目的地政府）、行业协会和旅游企业等私营部门以及当地社区成员构成，代表旅游目的地的整体利益，目的地营销联盟按照统筹协调、形成合力的要求，创新体制机制，制定有效管理制度，明确职能、职责、要求与目标，不断强化协作度。抓住市场分析、品牌定位、资源整合、过程管理、专业分工、绩效评估6个环节去建构旅游目的地营销体系。

4. 营销什么

根据国内外的旅游营销经验发现，旅游营销的最核心内容是旅游地的形象。广西旅游可持续发展的营销需要分析旅游目的地面对来自其他目的地的竞争环境，整合目的地所有旅游资源，建设营造和传播整体目的地形象。目的地形象定位源自目的地的地方独特性，是目的地自然环境和人文地理典型特征的集中展示；根据目的地的资源、自然环境、人文环境和其他目的地的竞争环境等情况，打造具有吸引力的目的地形象。一般地，旅游可持续发展营销所策划设计、建设营造和传播的形象能深深打动旅游者，形成强烈的心理感应、产生相同或相近的情绪激动和审美趣味。广西旅游可持续发展的营销需要对游客的物质水平以及精神需要作出精准调查与分析，根据不同时间、不同地域的具体情况向游客作出信息解释，充分满足不同游客的多种需要，并充分发挥好感官震撼效应、文化吸引效应和情感传递效应。

5. 如何营销

主要包括营销运用的理念，使用的策略及其营销渠道、技术、促销方式等内容。根据国内外20多年的研究，目的地营销已形成较成熟的理论，适合广西旅游可持续发展的营销的理论（包括营销理念、策略、方式）如表3-2所示，我们需要“因情施策”，灵活、科学运用。

表3-2　旅游可持续发展的目的地营销理念、策略、方式统计表

营销理念	营销策略	具体的营销渠道、技术及促销方式
（1）体验营销（伯恩德·H·施密特，2001；梁强，2008；于雪，2009） （2）社会营销（杰拉尔德·蔡尔曼，菲利普·科特勒，1971；云建辉，2010） （3）绿色营销（肯·毕提，1992；皮平凡，2004） 服务营销（西斯姆，1981；陈烈，李庄荣，2004） （4）整合营销（舒尔兹1993；郭琰，2004；郭鲁芳，2006；陆军，2006） （5）联合营销（史灵歌，2004；李建华，2009） （6）一对一营销（陆军，2006） （7）全民营销（龙江智，2005） （8）网络营销（曹玉枝，2006；李明，2005；杨劲松，2006） （9）关系营销（巴巴拉·本德·杰克逊，1985） （10）品牌营销（菲利普·科特勒等，2008；郭琰，2004；郭洪，2006）	（1）4Cs 顾客策略Customer、成本策略Cost、方便策略Convenience、沟通策略Communication （2）4Rs 关联策略Relevancy、反应策略Respond、关系策略Relation、回报策略Return （3）7Ps 产品策略Product、价格策略Price、分销渠道策略Place、促销策略Promotion、服务性的人People、服务过程Process、服务物质环境Physical Evidence （4）4Vs 差异化策略Variation、功能化策略Versatility、附加价值策略Value、共鸣策略Vibration （5）3V+3C+2R 差异化策略Variation、功能化策略Versatility、共鸣策略Vibration+顾客策略Customer、成本策略Cost、方便策略Convenience+反应策略Respond、关系策略Relation，等等	（1）营销渠道 旅行社、飞机或轮船、酒店、餐馆、旅游代理商、旅游批发商、旅游零售商、旅游行业协会、互联网、全球分销系统（GDSs）等 （2）信息技术 虚拟旅游社区（virtualtourist community）、虚拟体验（Virtual experience）、信息通信技术（ICTs）、目的地营销信息系统（DIMSs）、旅游目的地营销系统（DMS）、营销决策支持系统（MDSS）、信息与通信技术（ICTs）、搜索引擎优化技术（SEO）、Web2.0在线旅游、旅游网络社区、旅游博客、旅游电子商务网站。 （3）促销方式 媒体宣传、广告、宣传品、名人代言、口碑传播、公共关系、目的地主题活动、节庆活动、形象推广活动、事件促销、展览、表演、优惠券、奖励、免费、打折，等等

6. 旅游业五位一体评价战略

早在十年前，国务院就已经出台了相关的旅游改革发展意见，其中明确地指出了旅游业改革发展对于人民群众生活消费的重要性和必要性。良好的改革可以促进就业，增加居民的人均收入，推动中西部和贫困地区经济发展，使当地居民脱贫致富。除此之外，还可以改善生态环境，稳定经济增长。对整个社会的不断发展和前进起到了诸多重要作用。

建构旅游业五位一体评价体系，促进旅游业的可持续发展，形成科学的时代标尺以促进广西旅游向更高层次发展。紧紧围绕着党中央所明确指出的五位一体总布局开展旅游工作，从经济方面、政治方面、文化、生态以及社会诸多方面创新工作，建构旅游业五位一体评价体系。

（1）经济建设方面。实现资源在旅游业发展中科学合理的配置；全面提升乡村旅游发展水平，促进城乡一体化发展；出台惠民旅游政策，确保国内国际旅游均衡持续发展。

（2）政治建设方面。作为第三产业的旅游业可以在一定程度上推动政府职能的转变，向服务型政府转型，提升营商环境。

（3）文化建设方面。将社会主义所提倡的核心价值的要求自觉融入旅游业发展中；将文化资源融入旅游产品之中；让手工艺产品和文艺演出加入旅游项目里，将多种产业与旅游业相融合，提升旅游产品质量，确保吃、住、行、游、购、娱各个环节的文化建设。

（4）社会建设方面。为劳动者在旅游业就业提供更多便利，加强旅游职业技能培训；构建旅游业内和谐的劳动关系；充分发挥旅游业对人民健康的改善作用。

（5）生态文明建设方面。实施旅游节能减排工程，推出低碳旅游系列产品，建设生态旅游示范区、生态文化旅游区、生态养生旅游示范区；对自然保护区、风景名胜区、地质公园等环境敏感地区的旅游开发控制强度和限制规模，确定合理的环境容量；注重生态保护，重视环境的修复和净化工程建设。

从上述方面探寻旅游业可持续发展的评价因子，利用主成分因子分析法建构评价指标体系，确定评价因子权重，客观评价广西旅游可持续发展的现状。

进一步地，借助竞争合作发展帮广西旅游业走上可持续发展之路。广西可以与周边的相关地区进行合作，打造一个竞争合作的发展战略。例如可以联合周边的四川、云南等省份大力推广西部中国旅游品牌。还可以联合贵州、湖南等相关省份，合力打造红色旅游为主题的旅游区域。除此之外，还可以联合广东、深圳等省市联合打造富有特色的珠三角区域性旅游品牌。利用地理优势，联合越南、柬埔寨、老挝等周边国家，打造跨国游旅游产品，将零散的旅游业串连成高品质的旅游经济带。共享旅游资源，合理利用资源，让竞争与合作相辅相成，相得益彰，让旅游业的发展尽显和谐可持续的发展前景。

与此同时，还应该不断地完善相应的管理与保障条件，为广西旅游业的良好发展提供保障。例如，可以研究制定可持续发展的旅游相关战略，重点解决旅游业所带来的发展性问题。在政府统筹引领下，协调各方面力量，使各部门的职能得到优化，让整个旅游业更加协调完善，加大管理与规划力度，提升旅游发展质量。提高技术保障力度，让旅游开发变的科学环保，充分利用低碳技术，引领旅游产品的不断发展和改造。让电子和服务信息化真正地融入旅游业的发展之中，实现旅游经营的数字化。除此之外，还应为专门的人才提供良好的保障，加大人才培养力度。根据旅游所存在的问题。进行针对性的人才培养，分析旅游业未来的发展需要，为旅游业的可持续发展提供适用性的专门化人才。

当然，广西旅游可持续发展的"可持续"还主要体现在以下三个方面：一是旅游可持续发展作为一种发展哲学，有一个从简单到完善、从低级到高级的过程。旅游可持续发展观不可能一下子成熟，需要长期积累和持续不断地努力。二是由于旅游可持续发展主要受宏观环境多种因素的影响（见表3-3），而这些影响因素在不断变化，需要持续不断改进发展策略。三是现行的旅游发展理念和发展策略等在实践中发现了不足或在实践中形成了更好的经验，需要持续不断地修正或整合、提升。

表3-3　　旅游可持续发展的宏观环境影响因素统计表

宏观环境	具体影响因素
人文环境	人口因素、客流的移动特点和规律与地理环境的关系、购买动机与地理环境的关系、家庭、社会地位阶层等
经济环境	国民生产总值、个人收入、外贸收支情况等
自然环境	主要包括自然资源状况、生态环境及对自然资源和环境的保护状况等
技术环境	国家科技体制、科技政策、科技水平和科技发展趋势等
政治—法律环境	主要是指一国的政治制度、政策方针、法令法规、政治形势、党派斗争、社会秩序等
社会文化环境	社会组织、社会结构、社会风俗习惯、历史传统、生活方式、教育水平、宗教信仰等

本书应用可持续发展理论，站在旅游业的可持续发展角度，符合其相关理论的内在要求，较为全面剖析广西旅游可持续发展现状，即分析广西旅游可持续发展的基础与行动以及尚存在的问题的基础上，提出广西旅游可持续发展的七大战略：科学规划与落地战略、"持续稳定"的目标战略、绿色生态发展战略、符合需求的个性化战略、非政府组织的协助推动战略以及可持续发展有效经营战略、

旅游业五位一体评价战略。我们亟待出现更多理论与现实相结合、定性和定量相结合、具可操作性和指导性的旅游可持续发展研究成果。

四、旅游产业融合发展战略

通过对广西旅游业与其他行业之间的融合发展进行研究，可以发现：广西旅游产业与其他行业之间的融合发展主要受到市场需求、技术创新、企业竞争合作、政策规制放松等因素的共同作用，且其融合发展的内容主要体现在技术融合、市场融合、功能融合、组织融合、产品融合、人员融合等方面。同时，广西旅游产业与其他产业的融合发展，如农业、林业、水利业、工业、文化产业、商业会展业、休闲养生与养老健康产业、体育产业等产业之间的融合发展取得了积极的成效，但是其融合发展仍然存在着一些突出问题，如融合发展的水平仍不高，融合发展的基础条件仍比较薄弱，缺乏统一的管理和合作机制，融合发展的内涵仍不够丰富等。

根据广西旅游产业与其他行业之间融合发展的实证研究结果，可以发现，广西旅游产业与各行业之间的关联性水平总体上较低，但是与非金属矿物制品业、研究与试验发展业、煤炭开采和洗选业之间的关联性水平相对要高一些，而且在不同的行业当中，广西旅游产业与各行业之间关联性水平存在着较大的差异。同时，根据广西旅游产业与其他产业之间的赫芬达尔指数，可以发现，广西旅游产业与其他产业之间的融合度总体上仍然不高，但是，2002~2007年，广西旅游产业与其他产业之间的融合度总体上有所提高。而且，通过相关性分析可以发现，广西旅游产业与非金属矿及其他矿采选业、农林牧渔业、“水利、环境和公共设施管理业”、食品制造及烟草加工业等行业的相关性相对较高，但是，其相关性总体上仍处于较低的水平，且与废品废料、工艺品及其他制造业、金属冶炼及压延加工业等10个行业之间存在负相关关系。

此外，通过广西旅游产业部门中各行业的直接消耗系数可以看到，在广西旅游产业中，“石油加工、炼焦及核燃料加工业”、旅游产业、食品制造及烟草加工业、农林牧渔业等行业的直接消耗系数较高，表明其与广西旅游业之间的影响关系也较为密切；但是，石油和天然气开采业、金属矿采选业、废品废料等行业与广西旅游业之间的联系程度较低。

（一）广西旅游产业融合的路径分析

广西旅游产业发展与其他产业发展之间密切联系在一起，共同作用，相互促进，共同推进着广西旅游产业与其他产业之间的协同发展。广西旅游产业与其他产业之间的融合发展，主要体现在技术融合、市场融合、功能融合、组织融合、产品融合、人员融合等方面，通过在市场需求的推力作用、技术创新的拉力作用、竞争合作的推力作用和规制放松的外力作用等的共同作用下，加快推进广西旅游产业发展与其他产业发展之间的融合发展，进而实现广西旅游产业与其他产业之间融合发展的目标，包括实现产业协同发展、产业结构优化升级、经济增长、社会和谐等共同目标，相关影响路径如图 3－1 所示。

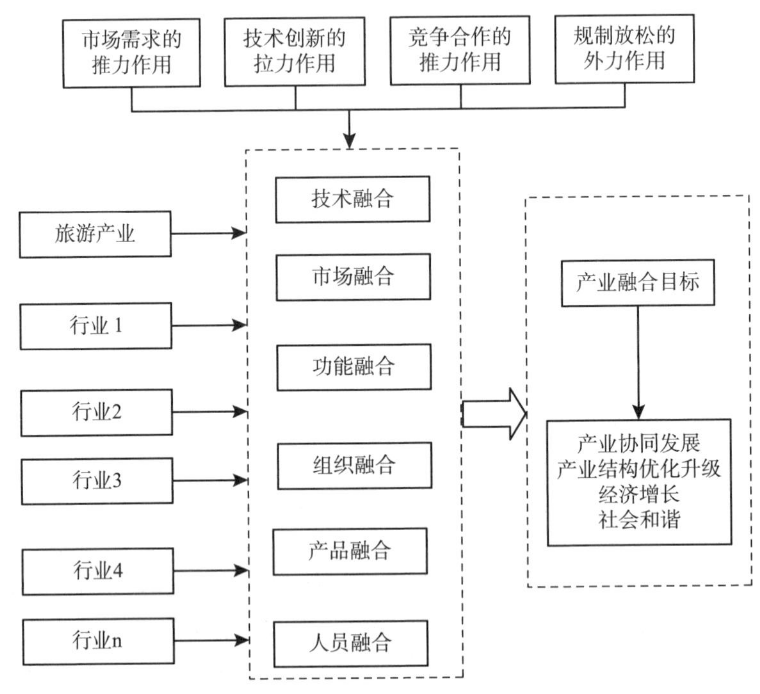

图 3－1 广西旅游产业融合发展的路径

（二）广西旅游产业融合发展机理研究——动力分析

广西旅游业与其他行业之间的融合发展，受到多种因素的共同影响和制约，而推进广西旅游产业与其他行业之间融合发展的动力因素主要体现在市场需求的推力作用、技术创新的拉力作用、竞争合作的推力作用、规制放松的外力作用等方面。

1. 市场需求的推力作用

市场需求的推力作用是实现广西旅游产业与其他行业之间融合发展的重要动力。由于市场需求的推力作用的存在，使得广西旅游产业与其他行业发展之间需要进一步加快自我创新能力建设，依托外部技术创新、资本、人力资源等优势，对旅游产业与其他行业之间的发展结构、内容等进行革新，以加快推进广西旅游产业发展以满足游客日益增长的精神文化需要，以及满足广西旅游产业与其他行业之间协同发展的迫切需要，更好地服务地区经济社会发展建设。市场需求的推力作用对倒逼旅游业转型升级和企业创新发展具有重要的促进作用。

2. 技术创新的拉力作用

技术创新是产业融合的内在动因。通过技术创新，对原有的技术工艺和产品结构进行了改进，并通过技术渗透作用，推进广西旅游业和其他产业之间的产业结构改进，为广西旅游业和其他产业之间的融合发展提供重要的动力支持。而且，技术创新也在一定程度上改变了原有的产品结构及其构成，并因此形成了新的市场需求，为旅游产业与其他行业之间的融合发展提供新的市场空间，并加速推进广西旅游业与其他行业之间的融合发展。

3. 竞争合作的推力作用

竞争合作的推力作用是实现产业融合的经济动因。关于竞争合作的推力作用主要体现在行业企业上，在日渐激烈的市场竞争当中，企业为了能够更好地在市场竞争中生存和发展，在加强自身企业建设的基础上，仍需要通过加强与外部的竞争与合作，进一步强化自身的建设，以充分发挥自身在市场竞争中的竞争优势，以进一步降低企业经营成本和扩大市场份额，实现企业生产经营利润的最大化，更好地促进企业的成长壮大。而企业的成长壮大，也将进一步推进行业与其他行业之间的融合发展，促进不同产业之间的演变发展。

4. 规制放松的外力作用

规制放松的外力作用为产业之间的融合发展创造了良好的政策环境。国家相关政策部门通过实施政策调整和政策优惠等多种形式，取消或放松对部分行业的管制，有利于打破行业之间融合发展的各种政策限制，为行业之间的融合发展创造了良好的外部条件，也将进一步有利于推动各种生产要素在行业之间的自由流动，促进行业之间劳动生产率的提高，从而更好地促进行业之间的交流与协同发展，从而深化产业之间的融合发展。

（三）旅游产业融合发展整体战略

1. 政府建立高位协调机制，科学编制旅游业融合发展专项规划

成立旅游业与其他行业融合发展领导小组，负责行业发展统筹，实施发展规划，制定政策措施，健全工作机制，强化督办检查，形成联合互动机制，形成旅游业与其他行业融合发展的合力。同时，按照“政府主导、商务牵头、部门参与、专家指导、集中评审”的方式，科学编制旅游业与其他产业融合发展专项规划，确立今后一个时期旅游业融合发展的指导思想、基本原则、主要目标及工作措施，且规划编制要坚持统筹规划、协调发展，政府主导、市场运作，突出特色、规模发展，以人为本、民生优先等原则，统筹谋划旅游业融合发展的方向和空间布局。根据规划，配套出台相关发展政策，建立健全行业发展的保障体系。把旅游业发展与地区经济发展、城市建设、房地产开发、特色小城镇建设以及社会主义新农村建设等紧密结合起来，互相促进。加强国际国内旅游合作，健全旅游经济圈等区域旅游合作机制，不断扩大各地区旅游城市之间的合作与交流。

2. 着力加大对旅游产业融合的政策支持和扶持力度

一是加紧出台支持旅游业融合发展的纲领性文件，对旅游业融合项目在规划选址、项目立项、建设用地供应、土地出让金、项目融资、规费减免等方面形成含金量较高的扶持政策。二是建立政府支持旅游业融合发展专项基金，从解决就业、税收贡献、企业诚信、投资规模、营业收入等方面科学制订科学量化评分体系，根据评分分值每年给予一定额度的基金奖励，并纳入工业企业调控基金范围，进行资金扶持，支持旅游业做大做强。三是对刚刚成立的独立核算旅游公司，从开门营业之日起，可相应地减免所得税的缴纳。加大旅游业与工业、农业及其他服务业融合项目用地支持力度，按照土地利用总体规划和旅游业建设项目用地标准，在土地利用年度计划和土地供应计划中，优先安排旅游业融合发展项目各类用地。

3. 完善现代旅游业发展服务体系，加快推进产业融合发展

一是推动传统旅游业向旅游与历史文化、科技等融合转型。将地区的旅游文化深度挖掘出来，发挥其应有的传承作用，探索本民族文化的特色内涵，向游客展示该地区传统的文化魅力，满足游客个性化的旅游产品需要。同时还应鼓励构建多元的历史文化景区，打造集观光、休闲、娱乐等一站式服务的旅游休闲产业区，满足不同游客的多种需要。

二是推动传统观光旅游模式的转变，着力打造旅游、休闲、度假等多功能于一体的综合性旅游模式，构建多元化的旅游功能区。提升休闲度假旅游品质，发展新业态，推动新产业。构建中医养生休闲基地，建设郊区生态旅游公园，让休闲养生、健康娱乐等多种功能真正地融合为一体。以城区休闲景观和现代服务设施为依托，充分发挥集银行、商业、餐饮、文体娱乐于一体的大型标志性的购物商圈和旅游特色商业街的旅游条件，发展现代高档餐饮、高档酒店、高档运动娱乐项目，满足高水平、高消费、高层次的旅游住宿消费需求。

三是加强商品市场体系建设，发展集个性化的休闲娱乐、购物观光、特色餐饮、文化艺术、商务办公、民俗体验等不同感受于一体，实现吃、住、行、游、购、娱一站式旅游服务特色商业街区，加强旅游与特色街是互联、互补、互动、互促的关系；建设一批规模大、品质高、辐射带动强的大型专业市场，培育和提升一批大型商贸服务企业和老字号品牌，推动连锁经营、直销配送和网上购物等经营方式创新，打造城市的亮点，提升城市吸引力。进一步优化旅游购物环境，积极发展与旅游业相关的商业零售业态。

四是加快信息平台建设。加快桂林信息城市建设步伐，积极构建商贸、信息平台。整合与旅游相关的多种产业，集行政、电商以及公共服务于一体，积极搭建工业品电子商务交易平台。建立通达各级行政管理部门、企业和各旅游服务行业等的智能网络，依托平台建设开发工业品生产、销售、服务和工业旅游趋势预报、咨询服务、统计信息管理、商贸营销系统等多个应用系统。通过信息平台的建设，逐步形成使旅游、商贸、工业及相关产业的高效可利用信息资源，并服务与整个社会领域。

五是助推旅游公共服务水平，打造高水平的公共服务平台。把发展目光聚焦在智慧旅游方面，建设智慧型旅游监督平台。建立健全旅游道路、停车场等公共设施，大力推进深山旅游环线道路建设。不断完善集散旅游地的设施建设，丰富公共出行交通路线，建设高质量高服务的旅游集散中心，形成完备的集散服务体系，以满足游客的出行需要。不断满足游客对于旅游公共信息与服务体系的需要。

（四）旅游产业融合发展具体战略

树立全域旅游的发展观，有效融合与旅游息息相关的其各行各业和发展要素。实现区域旅游业与地方优势产业、特色产业（服务业、农业、文化体育业、健康养生业）等相关产业的融合，形成新的经营模式和新的产业形态，从而实现旅业游与其他产业的融合发展。

1. 旅游业与农业融合

想要实现旅游业与农业的完美融合，就必须将相关资源和技术融合在一起，生产出绿色高质量产品，以此打开竞争市场，形成观光农业、体验农业、有机农业等多种农业生产形势，实现旅游功能的嵌入，同时延伸农业下游产业链条。

2. 旅游业与文化产业融合

加强对文化旅游资源的挖掘整埋，米取主题化、集约化的手段，通过移植、借势、嫁接等多种方法，对文化资源进行挖掘和提升；开发策划旅游文化演艺，打造乡土文化艺术节庆品牌，形成具有较高文化品位的新型旅游产业增长点；大力开发旅游工艺品和旅游特色商品，做大做强具有地方特色和民族特色的民俗工艺品和旅游商品。

3. 旅游业与林业融合

充分利用林业的优势开发森林度假旅游、森林生态旅游、林区探险旅游等；积极开展生态旅游示范区的创建工作，申报森林旅游开发项目，在多重领域内开展相关的休闲旅游活动。

4. 旅游业与健康养生产业融合

完善文化养生、运动养生、食物养生等多种养生形态，大力开发文化养生、生态养生、康体养生、温泉养生、田园养生、山地养生等健康养生产品。

5. 旅游业与信息产业融合

综合运用物联网、云计算等新一代信息技术，以“智慧旅游”为突破口和信息产业增长点，不断升级旅游服务平台，将与旅游相关的各项公共服务融汇打通，用“智慧便捷”服务广大游客；不断发展并完善智慧旅游基础设施建设。

加强基础设施的保障力度，健全完善相应的乡村公共设施建立基础设施保障，确保硬件系统平稳运行，推广“智慧旅游”的O2O模式，实现旅游的线上线下无缝对接；建立健全基础设施保证体系，为游客提供良好的旅游、交通公共服务设施，实现智慧旅游的美好目标；推广“智慧旅游”的O2O模式，实现旅游的线上线下无缝对接；不断完善旅游信息保障体系，在现有的基础上，不断完善相关旅游信息，让旅游信息朝着标准化方向发展，逐渐打造标准统一、数据真实规范、更新及时的旅游信息体系。与此同时，还应建立相应的安全保障体系，不断提升主管部门和旅游企业信息的可靠性和有效性，引进第三方进行评估和监督。政府和企业都应对此进行高度的关注，携手共筑网络和数据安全保障体系，共同为互联网信息资源把好关，守住底线。

五、旅游竞争力提升战略

城市旅游竞争力能够决定城市或者区域旅游业的生存和发展，成为衡量城市综合竞争实力的重要指标，在确定区域旅游竞争力的基础上，分析旅游竞争力结构要素地位，发掘影响旅游竞争力的障碍因素，调整区域旅游发展规划，有利于促进区域旅游经济的健康发展。

广西旅游业竞争力的提升战略的关键，是加快产业转型升级。面对难得的发展赶超机遇，要打造多元化、宽领域的旅游发展路线，满足更多层次人群的旅游需要，不断提升旅游服务质量，加快创新产业生产，创造独具特色的旅游模式，通过政府对相关旅游业的指导与监督，让旅游整体水平得以提升、游客满意度得以增加，不断带动相关产业快速发展，为经济的转型升级打下良好基础。在观光旅游的基础上，创新旅游业态，增加多元化的旅游项目，培育更多满足游客需要的旅游新业态，如：生态旅游、乡村采摘旅游、红色文化旅游等。逐步推进新型旅游业态转型升级，打造更高层次的旅游模式。重视招商引资，招才引智，将优秀的企业和投资者引入本地，充分发挥其人才、市场等管理优势，增强该地区旅游发展的核心竞争力，进一步推动旅游业的转型发展。除此之外，还可以采用更加积极的增长方式，将原本松散的作坊生产集中转型成为集群化生产新业态，在产品的供应时，提供更高质量的产品。从宽领域中统筹市场资源，逐渐转变成多主体协同合作的方式，加大创新力度，把旅游产业链做大延长，加大投入力度，重点培育那些大型的旅游经营主体，不断提高旅游产业素质，增加相关经济效益，为旅游强区的可持续发展开拓充足的发展空间，实现良好突破。

全面提升广西旅游产业核心竞争力，是把广西建设成旅游强区的必然选择。为此，广西《关于加快旅游业跨越发展的决定》（2013 年 6 月 27 日）提出，打造桂林国际旅游胜地，充分发挥龙头带动作用；完善旅游产业发展体系，全面推进旅游强区建设；促进旅游与文化的结合，增强旅游产业核心竞争力；强化规划科学引导，实施重点项目带动战略；充分发挥市场机制作用，优化配置旅游资源；优化发展环境，夯实旅游产业发展基础；发挥关联带动作用，促进富民强桂新跨越；坚持依法治旅和依法兴旅，促进旅游业健康有序发展，并提出了加强组织领导、加大政策扶持、落实主体责任、强化督查考核等保障措施。

广西位于我国西南地区，又居住了大量的少数民族居民。因此在拥有自身独特的旅游资源的同时又存在着诸多限制性因素。如果能十分理性科学地分析好广西当地旅游业发展的客观现状，准确认清影响旅游竞争实力的相关因素和问题，并能提出有效的解决方案，那么对于将来推动整个广西旅游发展、提升旅游竞争力、推动相关旅游产业转型升级，带动其他产业良好发展，会起到意想不到的现实意义。为此，本章节就广西旅游业竞争力提升战略进行研究，主要内容包括区域旅游业竞争力提升的相关理论、广西旅游业竞争力影响因素分析和广西旅游业竞争力提升策略选择等。

（一）影响广西旅游业竞争力的诸要素

所谓旅游产业竞争力主要是指在旅游业整体发展中所表现出的抢夺游客、占有生产要素甚至提升服务质量等各方面的整体能力。竞争力形成的过程也是不断提升创新能力和争夺生产要素的过程，可以通过与周边地区共同合作交流，来增强自身的竞争优势；也可以通过转型升级自身的服务质量来提升综合能力。依据相关竞争力理论以及旅游业不断发展的规律，与当下广西旅游业的具体情况相联系，分析探究得出制约广西该产业核心竞争力的诸多要素，现列举如下：旅游资源禀赋、旅游区位条件、旅游企业自身能力、政府行为和其他关联支撑因素。

1. 旅游资源禀赋

所谓旅游资源主要指：在整个社会中，对游客产生吸引的，可以被开发利用的旅游资源，且能够带来一定的社会经济效益的多种因素。一个地区的旅游发展离不开旅游资源，旅游发展离开了旅游资源就如无源之水。旅游资源的缺失或者匮乏都将为旅游产业的发展带来巨大的阻力，更谈不上核心竞争力的提升。所以，各个地区都会积极进行旅游资源的保护，因为这是提升旅游竞争力的关键，也是一项极具优势的资源。广西地处我国西南区域，旅游资源丰富至极，除了大自然为它们创造的缤纷多彩的自然景观外，还有蕴含着无穷魅力的人文景观。不仅有迷人的自然山水、海滨小岛，更有优秀传统的民俗文化和历史古迹。除此之外，名人故居、珍稀动植物等资源也应有尽有，数不胜收。早在六年前，就用相关调查：整个广西共有两百多家 A 级景区，其中 4A 级景区占了近 5 成，在全国的总量排名中位居第八名。而且这数量众多的 4A 级景区还星罗棋布地分布于每一个地级市，让更多的游客有机会欣赏这独具魅力的自然风光。由此看来，广西拥有丰富的旅游资源，不仅种类多，等级也高，分部广泛，特色突出，这为提升全广西整体旅游竞争实力打下良好基础。

2. 旅游区位条件

简单来说，区位的概念是以地理位置为基础，加之相关的经济活动构成。一个区域经济的发展受制于区位因素，有利的区位因素可以帮助区域经济快速发展起来，相反，相对较差的区位因素也会制约一个地区道德经济发展。从旅游角度讲，旅游区位可以大体概括为客源区位、资源区位以及交通区位。客源区位主要是指旅游目的地对客源民众的吸引程度，而资源区位指某一地域之与其相邻地域之间的资源整合关系，交通区位是指游客的来源地与目的地之间的这段距离以及可达度。旅游区位的条件深深地影响着该地域的旅游业发展，拥有良好的旅游区位条件可以极大地推动当地旅游业的持续发展，有利于形成核心竞争力，促进产业转型升级。广西特殊的地理位置，又拥有全中国人口最多的少数民族居民，无论从东西南北各个角度都有与其相邻的自然资源和可供选择的组合方式，它不仅仅是我国西南出海的交通要道，更是北部湾经济发展合作的重要战略要地。从交通条件看，近几年也得到了快速发展。特别是高速铁路，广西高速铁路里程 2015 年将达 1800 千米，约占全国高速铁路运营里程的 1/10。目前，广西开通了多个国家的国际直达航线，其中通往东盟国家的国际航线已达 12 条。广西的旅游区位具有极好的先天优势，这也为日后的旅游业发展注足活力，对未来的可持续发展极为有利。

3. 旅游企业自身能力

在旅游业的食、住、行、游、购、娱六大要素中，最能集中代表旅游产业实力的有三大类企业：旅行社业、旅游饭店、旅游景区。广西旅行社总体质量不断改善，经营效益有所提升，但是总体水平仍待提高。这几类企业的实力直接影响到整个旅游产业竞争力的强弱。由得天独厚的旅游资源形成的旅游优势想要在未来风云变化的市场竞争中站稳脚跟还远远不够，想要开发挖掘旅游潜力，就必须不断开发创造新的竞争优势，以实现旅游资源转变为经济实力的目的。在旅游业发展的过程中，最为核心的主体是众多的旅游企业，它们是直接参与市场竞争中来的。个别旅游企业的竞争能力毕竟有限，而众多个别企业联合起来的群体竞争力的强弱将直接决定这整个区域的旅游竞争实力。企业强则实力强，旅游产业的整体实力依靠着众多旅游企业竞争实力的支撑。与此同时，旅游竞争力的壮大又可以反哺旅游企业的竞争实力，两者相辅相成，共同进退，可以形成两者双赢的良好互动局面。由此可见，旅游企业在不断发展和进步中所表现出来的多方面能力，都可以推动旅游产业竞争力的进步。就当下的广西来讲，整个区域内的旅游企业还存在诸多普遍性的问题，例如：经营规模较小、企业经济效益不高、管理监督能力有所欠缺、服务质量较为落后。综上所述，无论从经营观念还是管理监督方面与我国先进省区相比还有一定差距，与全球国际旅游企业的水平相差悬殊。因此，广泛的招商引才，把国际先进的经验和技术引进来，把高效的人才培养出来，让广西境内企业向着规模化、集团化、规范化、国际化的方向大踏步迈进，这些举措，无论在国内还是在全球，都将大大提升广西旅游产业的核心竞争力。

4. 政府行为

广西的旅游业发展，必须得到政府的大力鼓励和支持。政府相关部门一定要转换自身角色，把以前传统的管理职能转变到服务职能上来，为社会经济服务，为社会管理服务。第一，政府要发挥主导作用，在规章制度、宏观调控上给予明确的指示和规定，在法律上也建立健全相关法规，规范引导企业行为。避免重复建设带来的资源浪费，政府部门要紧抓工作效率这一环节，为百姓和企业办实事，办好事。加强作风建设，缩减不必要的办事流程，进一步加大服务意识的教育力度，为企业营造良好的投资环境，种好大树，吸引“凤凰”的栖息，为投资者排除忧患风险。全心全意为企业发展开通服务渠道。重视政府对旅游发展的牵引作用，因为政府在旅游发展的过程中不仅仅是监督管理员，更是教练员和陪练员。政府干部要亲自下基层，参观调查旅游行业的产业服务规划以及消费服务等实情。第二，政府要在基础设施建设维护上下功夫，做好企业资金的引路人，做好招商引资，招才引智工作。作为高投入高产出的旅游业，政府要适时的进行资金扶持，改扩建必要的公共基础设施，例如，公共卫生间、交通、电子通信等诸多方面，以行动带领企业投资方向。综上所述，政府在旅游发展方面要积极发挥宏观调控作用。现如今，我国大多数地区已经积极地实行了由政府牵线引路的发展策略，在未来可持续发展的旅游道路上必然少不了各级政府的政策和财政支持。

5. 其他关联支撑因素

旅游产业对社会各种因素的依赖性极强，在总体的发展过程中，总会收到方方面面的影响。不仅会受到经济、政治、文化等因素的影响，还会受到相关法律法规以及生态环境政策方面的影响。这些因素都是旅游发展过程中所必须面对和接受的，想要有效地提升旅游产业竞争力就必须充分发挥这些影响因素的作用。一个地域的经济发展不仅会给旅游开发和服务接待水平造成重要影响，也会影响这旅游产品供给力。文化竞争已经属于旅游竞争中的高层次竞争，一个旅游目的地，如果蕴含着丰富的传统文化资源，则意味着在激烈的市场竞争中占有了一席之地。旅游地的生态环境状况也不容忽视，因为它是消费者所直接体验接触的客观环境，它在一定程度上影响着消费者的购买欲望。当下的广西，虽然经济和文化并不发达，通过旅游产业给经济带来的效益并不明显，但是广西有得天独厚的优美生态环境，由此也吸引了国内外众多游客前来观赏，为当地的旅游产业增添了不少的竞争实力。

（二）旅游业发展战略规划策略

旅游规划的地位已上升到国家法制层面。《中华人民共和国旅游法》中有明文规定：县级以上的各级政府应当高度重视旅游业的发展，将其规划到国民经济发展过程中。全国各级政府都应当依据当地状况给出相应的旅游发展规划。除此之外，还有法条规定：旅游发展规划不仅要有总体发展目标和要求，还需要有具体的资源保护措施、旅游产品和相关文化的开发、服务质量的提高以及具体形象的宣传、公共设施的建设要求等一系列完备具体的相关内容。2010 年初，受广西壮族自治区旅游局委托，中国旅游研究院主持编制了《广西旅游业发展总体规划》。该规划在中国东盟自由贸易区、《国务院关于进一步促进广西经济社会发展的若干意见》（国发〔2009〕42 号）、广西北部湾地区开放开发以及西部大开发、兴边富民行动等一系列国家重大战略的出台，广西成为众多国家战略的交汇地的背景下，对广西旅游业进行新的解读，在原有规划基础上进行研究与创新，成为一段时间以来广西旅游业发展的指导性文件。当前，在国际国内旅游发展新形势下，广西旅游行政管理部门需要根据现代旅游发展趋势、旅游市场需求和广西旅游资源特色和布局，进行广西旅游业跨越发展战略规划，宏观掌控广西旅游业发展方向，从战略规划层面提升广西旅游产业竞争力。

（三）开创旅游特色产品

虽然广西的旅游业已经发展了 30 多年，在这 30 多年中已初见成效。但是相关的产品开发力度还不够，缺乏产品创新力。大多数的旅游产品都有相似类同的现象。企业所经营的项目和产品也相差不大，严重缺乏个性化特色产品，因此无法抓住消费者的心理，满足游客个性化的需求。如今，面对游客日新月异的多元化消费需求，广西进行深度挖掘，提高创新能力，合理的利用相关旅游资源及区域优势，下大力气打造独具地域特色、内涵丰富的高端旅游产品。可以将原生态的地理和历史文化进行充分的融合。推出一批精益求精的旅游发展项目，生产独具特色且能够满足消费者需求的旅游产品。以此来推动广西旅游业的进一步发展，改变目前较为单一的产品形式，尽可能多的为消费者的个性化需求考虑，让旅游资源顺利转化成为品牌产品资源，借助地理优势形成独具特色的旅游发展目的地。2013 年 7 月，广西区党委、区人民政府作出的《关于加快旅游业跨越发展的决定》（桂发〔2013〕9 号）中，决定在全区首批建设 20 个特色旅游名县。2014 年 5 月在广西特色旅游名县建设推进会上又决定增加 13 个特色旅游名县建设预备县，这是广西旅游产品特色创新开发的具体体现。

（四）旅游企业竞争力提升策略

一所企业拥有强大的竞争力，必然会形成该企业独特的优势。因为企业可以通过服务以及相关的产品销售，满足消费者独具特色的需求，并且企业可以不断地提高市场占有额来增加其企业竞争力。不过，一所企业能否充分满足消费者对于产品的要求，最终还是需要由企业的多种能力共同决定。由此一来，在那些长期生产的产品中是否具有核心技术就成为占据市场的重要推动力。从总体上来讲，企业的竞争力是由多种能力聚合而成的，这些能力体现在从生产到销售的各个方面，任何一家企业都是通过对各个方面能力的逐步完善来提高总体竞争力的。由此我们可以推出，广西的旅游业想要在全国激烈的市场竞争中立足脚跟，必须着重培育旅游企业的诸多能力，帮助他们形成独具特色的企业实力，大力提高旅游服务水平，以此来提高旅游产业核心竞争力。在这方面，广西已经有了一个好的开端。2013 年 7 月，广西区人民政府下发了《关于印发加快旅游业跨越发展若干政策的通知》（桂政发〔2013〕35 号），在财税、投融资、土地政策、财税政策和配套扶持方面出台了一系列优惠政策，大力扶持旅游企业发展，尽快提升全区旅游企业的市场竞争能力。另外，旅游企业要千方百计实现自我提升，例如，实施旅游产业集群化发展策略，改变“小而散”的经营现状，加快旅游企业高素质经营管理人才培养，提升企业竞争软势力。

（五）旅游交通优化策略

自改革开放以来，虽然广西的交通建设已经取得了重要成绩，特别是近年来，多条高铁线路的建成开通，使广西的交通有了飞越式的发展，但综合运输能力仍然不足，特别是直飞国际航线偏少，到景区景点的道路技术明显和发达地区的相关等级相差较大，没有形成完备的交通运输链条，也没有与周边地区形成较为便捷的高铁运输网。交通设施的便利对于旅游经济的发展至关重要。所以。加快交通运输网络建设，优化旅游交通网络，在全区打通快捷便利的交通运输道路。有利于推进广西旅游业的快速发展，提升该产业的核心竞争力。当下我国的西部大开发战略已全面落实，西部与东盟之间的贸易往来日益密切。国家也越来越重视对广西的资金投入，广西也在奋力与周边国家建立友好紧密的交往关系，这一系列举措，都将为未来的广西打通旅游大动脉。

（六）政府主导发展策略

由于旅游业的综合性，决定了旅游业的发展必须依靠全社会的力量。这就需要政府主导、统筹发展旅游经济，需要政府从旅游生产要素布局、产业结构调整、公共服务设施建设等各方面做出科学规划、合理设计、全面部署、统筹安排。政府方面也应当加紧协调，制定相关的旅游发展政策，充分调动各部门协调积极性。组织相关部门共同联合编制系统完备的组织机构，为旅游经营管理打下良好基础。除此之外，还应不断完善市场竞争机制，创造公平有序的竞争环境。事实上，近年来为了提升广西旅游产业竞争力，广西区人民政府下大力气，相继出台了一系列政策和措施，为旅游产业发展提供便利，积极推动广西旅游业跨越式发展。

（七）社会支撑体系构建策略

就目前来看，旅游业的发展不仅要依靠餐饮、住宿等基础服务产业，而且还要融入金融、影视文化、广告宣传等现代化产业。

与此同时，当旅游掀起了一股热潮，势必就会带动旅游业本身的发展升级，并且还会带动相关产业的转型和发展，比如当前随着旅游业的发展，与之相关的许多新型消费方式兴起。比如车辆租借、聚餐工具、餐饮业和住房等这些产业都迎来了新的发展高峰期。据相关数据显示，与旅游业相关的产业非常之多，高达110多种，这样看来，旅游业更像是一种综合性极强的产业。所以在这样的背景之下，要想促进广西旅游行业的快速发展，需要许多方面的力量支持。既需要政府的政策扶持，同时还要做好与相关产业的协调配合，以促进相关产业尽可能地与旅游业实现同步发展，在这个过程中需要社会各个力量，相关组织部门以及多家企业和民众的积极参与，只有这样，我国的旅游行业才能形成一个完整有序的发展体系，从而不断地增强广西地区旅游业的竞争实力。

（八）旅游产品品牌策略

实施旅游产品“品牌化”战略是增强广西旅游企业整体竞争力的重要手段。目前广西的旅游企业缺乏自己的品牌，缺乏“明星企业”，没有形成品牌效益。而旅游企业的品牌效益对于企业自身来说是巨大的无形资产。因此，广西旅游行业应该树立品牌意识，逐渐打造具有地域特色的旅游品牌，从而凭借当地优良的旅游质量吸引更多的客源，使得越来越多的游客能够认可当地的旅游品牌，使其占有较大的市场份额。具体来说，强化旅游产业的品牌化发展，做好宣传工作。

二要对有一定品牌基础和打造潜力的旅游资源和产品，加大整合包装力度，并加强品牌推介与营销，尽快让它们走向世界。这些旅游资源分别有桂林山水、天坑、沙滩、瀑布等。第三个方面是要依托广西优良的地理区位条件，既保护当地旅游资源，同时也要以市场作为指导，开发出符合市场要求的旅游项目，从而打造一系列优秀的旅游消费产品。

（九）旅游人才培养策略

就广西当前的旅游发展情况来看，当前最突出的问题就是旅游业在管理和服务两个方面还处于初级阶段，硬件设施建设相对来说已经逐渐成熟并且比较完备，但是在软件服务上发展比较滞后，这也成为制约当地旅游发展的最主要的因素。广西地区缺乏专业的人才，尤其是那种既有专业知识同时还对管理学精通的综合性人才。比如当地在高级经理人、营销人才以及宣传人才方面都比较匮乏。第一，单一性的人才早已不适应现今广西旅游业的发展模式。第二，广西的人才分布极其不均匀，在个别地区诸如桂北、中、南三个地区人才分布较广，而其他东西两个地区则分布极少。第三，在从业人员中，中专、职高以下学历人员高达79.92%，人力资源后劲不足，整体素质有待提高。

提高广西旅游产业竞争力，归根结底应从人力战略抓起。首先要坚持以人为本的选择，对于人才引进和管理，选择双向管理机制。不仅要扩大对于中高级人才的引进，弥补当前广西在人才方面的不足，而且还应增强相关工作人员的知识水平和职业素养，在管理和工作上更具专业性和规范化。其次，既要做到专门性的教育，同时也要发挥培训机制的作用。邀请国内外专业人士对我国的教学进行指导，并且还可以外聘一些优秀教师来弥补当前人才不足的现状，既能改善教师队伍的结构，同时也可以带来新鲜的专业知识。不仅如此，作为校方还可以选择一批优秀的青年教师到国外培训和学习，参观国外的课堂模式和教学方法，并且积极了解当前学术界在该领域的先进的研究成果，学成以后回归母校，为其发展建设贡献自己的力量。最后还应该加强对于从业人员的培训，让一线工作者逐步丰富自己的专业知识，尽可能地保证这些员工每年都有学习的机会。在国内国外建设相关的培训基地，从而在国内外之间建立学习和交流的桥梁，将优秀的内容引进国内，丰富当地旅游业的发展。

（十）红色旅游发展战略

1. 红色旅游发展的整体目标和措施

在对广西的旅游资源进行开发的过程中，应该以社会主义核心价值观为指导，将社会效益放在首位，深刻认识到发扬当地的红色旅游资源对于当地人的爱国教育有着不可替代的作用，通过这样的教育从而将红色爱国主义教育逐步引入到课堂之中，从而将爱国主义教育成为一种常规性的、大众化的教育内容，进一步增强我国的四个自信。在发展过程中，应该时刻做到实事求是，以事实为依据，统筹部分和整体的发展，将旅游业发展作为当地一项脱贫攻坚工程中的重要举措，从而不断地促进成长发展，使得各区域协同发展。为旅游业的发展增添活力，增强创新精神，从而促进当地经济的整体发展。

2. 红色旅游开发的具体措施

对广西而言，其有七个主要发展的红色旅游基地，分别是百色、东兰、凭祥—龙州、桂林、北部湾、梧州—桂平和柳州七个红色旅游基地。除此之外，还有八大红色旅游线路，它们分别是“邓小平足迹之旅”“重走红军长征路”“中越边关红色之旅”“北部湾改革开放合作之旅”“桂东辛亥革命”“桂东太平天国运动”“南柳社会主义建设与改革开放之旅”和“红水河民族团结”红色游线。

（1）完善广西红色旅游经典景区体系。

广西要注重对于红色旅游资源的开发和保护，由此来形成一个完整的旅游地带。分别包括“七大基地，六大旅游区，八条路线，十一个全国经典景区，三十三个区级重点景区”，除此之外，还涉及国家和自治区两个行政单位的重要风景资源。不断完善七个红色旅游基地的基础设施建设，维护当地的自然生态环境，加强对于红色旅游资源的宣传和开发，深入分析研究当地的有利条件。逐渐打造具有广西地域特色的红色旅游品牌。

（2）着力凸显红色旅游教育功能。

对于当地红色旅游资源的开发应与国家的一些重要纪念日结合起来，诸如建军、建党以及国庆节等日期，应该加强对于红色旅游资源的宣传和推广，在对学生们进行爱国爱党教育的过程中，成为红色教育的基地，通过当地的红色文化资源来对学生进行红色教育。在校园内部开展多种形式的实践活动，从而将旅游业与爱国主义教育结合起来，实现旅游业的内涵式发展。

（3）积极发挥红色旅游脱贫功能。

在旅游资源开发过程中，要尽可能地与国家政策相联系，围绕当前脱贫攻坚的任务，积极利用当地的劳动力，促进当地旅游业的综合发展。发展与旅游业相关联的其他产业，包括餐饮、交通、住宿等，引导当地人口积极就业。在一些革命老区还要发展一些具有地域特色的手工业，生产出一些具有纪念意义和历史价值的文化产品。

（十一）低空旅游发展战略

低空旅游是通用航空产业发展的一项重要内容，国家对我国对低空空域开放管理和通用航空产业的发展进行探索，出台了一系列关于促进低空旅游相关产业的政策文件。发展低空旅游需要有政府强有力的政策支持。要用足广西国际旅游胜地“先行先试”的政策，打破空域管理限制，制定低空旅游产业整体发展规划，争取从财政支持、税收减免、融资担保、人才落地等优惠政策，出台相关保障低空旅游安全运营的规章制度。

无论是从国家战略、航空产业经济，还是空域改革方面，均反映出从宏观层面国家对低空旅游发展的支持，自治区层面也出台文件加强指导。广西已纳入全国低空空域管理改革试点，为发展低空旅游提供了契机。

据广西机场的最新发展规划，预备在2020年前，将全面建好北海涠洲岛、南宁三塘、桂林阳朔等10个机场。对于广西航空而言，低空旅游通航是其主要业务。以航空器研发和装备制造为上游，以人才培养、文化娱乐、金融保险、餐饮、购物等为下游的通用航空服务中心（高端服务）为标志的低空旅游产业全产业链。重点发展低空旅游现代服务业，建设低空旅游产品交易平台，构建低空旅游金融服务体系，发展低空旅游会展与文化教育，积极开展国际交流，吸引国际组织落户。

1. 市场营销体系建设

发展低空旅游国际贸易，鼓励建设低空飞行器航材集散中心、航油供应结算中心，打造区域范围内重要的低空旅游产品交易平台。

2. 低空旅游金融服务平台和服务体系建设

鼓励社会和大型企业集团参与成立低空旅游产业发展基金；推进外汇服务便利化，推动开展跨境贸易人民币结算试点；开展个人本外币兑换特许业务试点，完善外汇支付环境，满足国际化旅游支付结算需求。

3. 航空保险服务

重点推出针对低空飞行器制造者、修理者的产品责任保险，针对飞行员、游客的意外伤害保险，针对低空飞行器以外的第三者的损失赔偿责任保险等保险产品。

4. 国际交流平台建设

搭建低空旅游航空技术交流平台、低空旅游会展中心；举办多边国际学术会议，促进技术交流与合作；举办行业峰会与产业论坛，吸引通航国际组织落户桂林。

5. 专业人才培养

建立健全低空训练的基地，发展多样化的人才培养模式，对于各个环节包括飞行、运营、乘务等多个岗位的工作人员进行培训。依托专业院校或建立分校形式，联手中航工业集团和大型低空旅游企业等，建设低空飞行培训基地；举办系列国际赛会和高峰论坛；举办通用航空特色会展。

6. 低空旅游体育与会展业

积极争取承办国际“施耐德杯”、飞行F1赛事等，对接世界级飞行赛事平台，打造成为国际一流的飞行赛事举办地；举办大型通用航空年展、国际通用航空业各类展览会、低空旅游装备业展等，实现航空旅游业、服务业、会展业、运输业、制造业等多行业融合发展。

7. 低空旅游服务产业

围绕低空旅游的特点和行业背景，依托桂林旅游基础产业优势，以旅游要素为产业核心，大力培育和发展低空旅游餐饮、购物、娱乐、文化创意等行业。

（十二）滨海特色旅游战略

越来越多的国家和地区意识到了海洋经济的重要性，当前，在滨海地区，旅游业竞争非常大。就广西北部湾附近区域而言，旅游产业呈同质化趋势，诸如海南、湛江、阳江等地，旅游资源类似，因此同类竞争严重。这就警示我们，我们在广西滨海旅游资源的开发过程中，要时刻注意与当地特色相结合，依托当地的自然环境和历史文化遗产，从而建设出各个区域的地域特色。当前，人们的消费水平越来越多元化，对于旅游业而言同样如此，民众对于旅游产品的要求越来越丰富，这对于避免旅游资源的同质化起到刺激作用，从而开发出既具有市场价值，同时也符合消费者审美享受需求的产品，要做到地域性和市场的全面结合，从区域整体协调发展出发，打造一体化的旅游产业。对于广西北部湾的开发，除了应该坚持上述基本原则外，还应该对旅游市场做深入的调研，考察分析广西北部湾旅游开发的有利条件和不利因素，权衡利弊，从而实施具有针对性的开发措施。

1. 可加强国际合作

随着我国与东盟合作关系的加深、自由贸易区的建立、博览会的开展，这使得广西成为我国与东盟各国交往必经的一个窗口，彼此交流合作的机会也越来越多。对于广西而言，这无疑是一个巨大的发展机遇，就其旅游业而言，应该有国际眼光，不仅要吸引国内游客，还应该极大地吸引国际游客，比如开通国际邮轮，发展海洋旅游模式，海岛观光则是一个具有吸引力的方式，将滨海观光和特色文化旅游想结构，从而形成具有国际特色的滨海旅游场所。

2. 发展相应的旅游产品

在对广西北部湾滨海旅游资源进行整合的过程中，应该要充分利用当地的历史文化资源。广西自古都是少数民族聚集的地区，民族特色鲜明，因此可以充分利用当地多元的文化内容来开发一些新鲜的、丰富的、有活力的旅游资源，包括少数民族的一些特定节日，在开发过程中大可对其进行改造利用，从而呈现出具有边境特色，迥异于其他地区的生态文化和人文景观。

3. 举办多种滨海旅游活动

我国广西地区有着丰富而多元的民俗内容，这些对于旅游开发而言，是不可多得的。在广西滨海地区，经常有旅游节庆活动（见表3－4），假如我们将这些节庆活动统一打造，一定会增强广西的旅游吸引力，从而促使当地旅游实现可持续性发展。

表3－4　　广西北部湾滨海旅游节庆活动时间安排表

月份	广西北部湾滨海旅游节庆活动
一月	北海仫佬族依饭节、钦州跳岭头节
二月	北海东兰铜鼓节，三娘湾观潮节、中越足球联谊赛
三月	银滩“风筝会”、东兴国际商贸会展节
四月	北海股价海滨城市旅游风光摄影艺术展，北海三月三
五月	花炮节、灵山荔枝节、京族歌圩
六月	北海国际海滩旅游文化节、三娘湾艺术节、东兴—芒街商贸旅游博览会
七月	银滩“沙滩运动会”、钦州旅游美食节、防城港中国—东盟海上龙舟赛
八月	北海国际海滩服饰记用品博览会、钦州坭兴陶艺文化节、京岛美食节
九月	海鲜美食节、钦州天下名龟节、东兴京族哈节
十月	激情西部啤酒文化节、国际比基尼大赛、中国钦州国际海豚节、东兴边民互市贸易区北部湾国际海产品节、中越边境旅游节
十一月	环北部湾旅游投资论坛北海国际修改先名车展示会、北海瑶族盘王节、东兴“红姑娘”红薯节
十二月	北海国际珍珠街、东兴中国东盟国际汽车拉力赛

4. 实现可持续发展的滨海旅游

在开发旅游资源的过程中，要坚持不破坏人与自然的和谐，要坚持做到社会效益和经济效益相结合，避免出现牺牲自然环境来单一发展经济的现象，从而产生一些破坏性的后果，使得当地资源遭到严重破坏。广西滨海地区，有着丰富的生物稀缺资源，比如中华白海豚、红树林等，这些都是非常稀缺的资源，因此在对当地进行开发时，一定要综合考察当地的自然地理条件，不可以破坏这些生物，以保护它们为开发的前提和基本原则，走可持续发展道路，减少对于当地环境的破坏和污染。

（十三）乡村旅游发展战略

对于农村而言，乡村旅游是实现农村发展的一条道路，当地农民依靠旅游业来维持生活获得经济收入，同时旅游业也充分对当地的劳动力加以利用，这对于解决当地扶贫脱贫工作而言，是非常有意义的。因此在开发旅游资源时，应该尽可能地从大局出发，从促进社会公平缩小差距处入手，提升广西旅游业的实力和社会意义。

1. 政府部门不断健全管理体制

对于乡村旅游而言，促使其发展的因素有很多。不只是个人经营者经营策略的原因，除此之外还离不开政府对该行业的规划和协调。政府通过发挥自己的宏观调控的能力，制定一些相关的政策和方针来扶持该产业的发展，这是农村旅游业发展的重要的支撑力。对于各当地政府而言，应该行使好政府对于乡村旅游发展的各项职能，并且各部门应该严格明晰自己的职责所在，制定相应的法律法规，对乡村旅游发展过程中的各个环节进行规范，包括审批、管理、监督等，使得该行业越来越自主，同事越来越规范。

2. 培育乡村旅游发展人才

对于任何行业而言，人才都是其中最不可或缺的重要元素。因此无论怎样我们都应该尊重人才、重用人才，坚决贯彻落实人才强国的政策。事实上，乡村人口并不代表他们就不是人才，作为领导干部一定要打破这样的陈旧观念，应该充分利用当地的劳动力。许多农民，他们非常熟悉当地的自然生态环境，而且他们有着非常丰富的生活经验，这实际上对于开发当地旅游资源以及管理十分重要。除了充分利用当地的人才资源，政府也应该积极引进外面的优秀人才，很多人容易忽视旅游行业，觉得这个行业不需要高精尖的人才，但事实上，旅游行业也需要专门性的管理人才。积极进行人才培训、人才选拔，不断完善这个人才队伍的规模并且逐步提升质量。建立健全一套完整的人才培养和评价体系，对各个等级学校的旅游专业要给予资金和政策支持，在校园里培养优秀的专业人才，鼓励他们毕业后从事旅游工作，为当地的旅游事业贡献自己的力量。通过人才来带动和刺激当地的旅游消费经济的发展，为今后经济转型和结构升级奠定一个良好的基础。

3. 弘扬乡村旅游特色魅力

在开发旅游资源的过程当中，政府部门要树立抢救传统文化、保护当地各种稀缺资源的责任和意识。对于当地的优良特色文化要有意识地进行传承并发扬，由此来彰显地域特色。同时，每个村民也要有主人翁意识，在对自己家乡进行开发的过程当中，勇于承担责任，正确认识到自己在当地经济发展中的重要作用。通过自主学习、专业培训等方式来增强自己的专业知识和专业素质。与此同时，当地政府还应建立健全相关的法律法规，从而对乡村传统文化进行保护和继承，使得五千年文明在经济发展的同时仍能健康发展和弘扬。

六、非均衡发展道路

对于区域旅游行业而言，非均衡性是其最明显的特色。这种发展道路就是利用效益高的产业或区域进行有效资源的投放，从而获得区域经济的高速增长，并且带动其他区域的不断发展。出现这一战略的主要原因是受到自然资源和社会资源的配置不均匀，地方政府利用区域优势资源和发挥区域优势产业来推动经济的发展。国家提出北部湾经济区、中国—东盟自贸区升级版、21 世纪海上丝绸之路、西南中南地区开放发展新的战略支点、珠江—西江经济带等重大战略机，也是要求广西利用历史机遇，实现非均衡、跨越式、可持续发展。针对广西而言，应该充分利用自身的资源和区位优势，将重点放在资源的开发、管理和发展上，不断创新管理模式，逐步增加旅游业对于整个经济的贡献值，从而推动广西打造旅游强省的发展。广西旅游业发展实际上一直坚持着非均衡发展战略，不断促进经济的可持续性发展，当前旅游业的发展已经改变传统的发展道路，大胆走向非均衡可持续发展之路。这里有旅游资源差异、区位交通、旅游设施、经济发展、产业结构等因素。广西旅游业非均衡发展战略的实施路径主要有确定旅游战略性支柱产业地位、构建旅游产业新布局、落实旅游开放合作战略、突出本地旅游品牌和特色等。

就广西经济发展而言，它具有不均衡性和鲜明的地域性。由于各个地区发展水平参差不齐，这对于广西的经济而言是一个需要调整的方向，如何缩小各地区的差异，如何提升广西整体的消费环境。因此在贯彻落实非均衡发展战略的同时。还应该深入分析造成广西各区域如此差异的众多因素所在，通过对这些因素进行分析，从而进行一系列具有针对性的措施，从而提高广西旅游业的综合竞争力，以及对其发展格局进行调整。从开发、管理到最后的宣传营销，应该充分发现各个环节中的不足，只有这样，才能促进广西地区整个旅游产业的发展和进步，从而增加经济效益。

由于各地区存在着或大或小的自然地理环境，人文历史文化上的差异，因此使得资源分布呈现出不均匀的态势，在空间和时间上都存在不同。这就要求，要尽可能地实现资源的利益最大化，即将其应用到高收益的区域当中，从而整体上带动区域发展。

（一）广西旅游业实施非均衡战略的现实基础

广西与周边省份、广西区内各地区的自然旅游资源禀赋，具有明显的差异性和人文旅游资源的非均匀性，导致广西旅游经济发展的区域空间差异明显。旅游产业与旅游区域发展的不均衡，为广西旅游带来了很多不确定性。

1. 前所未有的历史机遇

自 2008 年金融危机以来，我国旅游产业增速有所下缓，广西作为我国旅游产业大区却呈现出逆势上扬的趋势，这一发展局面对于促进广西经济发展带来了利好消息。以 2014 年为例，广西旅游总收入达到 3. 25 万亿元，同比增长 11%，比全国旅游产业收入平均增幅20个百分点，且占全区GDP比重达到9.1%。随着国家“中国—东盟自由贸易区”全面建成以及国家“一带一路”倡议的推动，北部湾经济合作区的发展对于整个广西的旅游产业而言，都是一次新的发展机会。在政策方面，国家积极推动“中国—东盟自由贸易区”建设，大力扶持广西旅游产业的发展，从而为广西内旅游产业的发展提供持续的发展动力。

2. 独特的资源优势与区位优势

广西旅游产业的发展得益于其丰富的自然资源、区位优势和相关的政策支持。地处亚热带低纬度地区的广西，受亚热带季风气候的影响，区内水源丰富，地下水景观资源充沛，水域景观、人文景观以及自然景观成为广西旅游资源的特殊优势。区内拥有31个省级风景区，且以独具特色的人文景观、自然风光和民族风情吸引着大批旅游人群慕名而来，而壮族文化、南亚热带滨海风光、边关风情等特色资源则让其在全国乃至全世界旅游市场上独具特色。

在区域方面，广西地处祖国南疆，与香港、澳门、广东、云南、北部湾等毗邻，拥有1595千米的大陆海岸线和1020千米的陆地边境线，同时境内拥有100多条国内外航线，成为中国连接东盟的一座桥梁。广西目前的总体旅游框架，是非均衡发展战略的实践体现。

（二）广西旅游产业模式分析

在国内外旅游产业和区域经济之间存在着彼此影响的关系，从这个角度来看，旅游产业大致分为两种模式：EPT模式和TPE模式。前者主要是指经济反作用于旅游业的发展模式，而后者则主要是指通过旅游业来刺激整个区域的经济发展模式。对于前种发展模式而言，它主要是通过国民对于旅游的需求从而带动整个旅游产业的发展，刺激消费来带动产业发展，欧洲和日本是这种发展模式的典型代表。而后者发展模式则需要一定的发展基础，需要丰富的旅游资源作为基本条件，随着旅游市场的日渐扩大，从而扩大消费群体，并且带动整个区域的经济发展。

就广西旅游产业发展而言，其境内拥有120余处A级旅游景区、60余处4A级旅游景区，且每个地区市均有4A级旅游景区，凭借独特的自然资源、独具魅力的人文景观、边关风情、民俗风景等资源，是TPE旅游发展模式的主要支撑，借助TPE发展模式，广西可以将自身旅游资源的丰富性、高品位性、丰富分布等特质发挥出来，从而在旅游产业布局中获取优势，通过旅游产业的布局，加速工业化和城市化进程，推动落后地区的发展，实现落后地区的跨越式发展。

（三）对广西旅游产业重新规划发展

就广西旅游业现如今的发展现状而言，我们可以从中发现许多的问题。针对这些发展情况，广西相关部门可以对广西的旅游产业重新进行规划，具体来说，可以从发展模式、旅游文化内涵等发展方向出发，提高该行业的创新能力和水平，从而促进广西旅游产业的质的飞跃。

1. 增强创新发展理念，促进旅游业的转型发展

要深入贯彻学习《国务院关于加快发展旅游业的意见》，深刻理解市场对于旅游业的重要性。逐渐改变对于旅游业的陈旧认识，而是应该立足于市场，以行业的整体利益为发展导向，坚持贯彻旅游强省（区）的政策和方针，大力扶持和发展旅游业。充分利用当地的人力资源和劳动力，借助群众的智慧来促进当地产业结构的调整和升级，着眼于广西旅游行业的全局性问题。充分利用当地的现有资源，结合当地的文化特色，做到自然环境和人文环境的统一和结合，从而打造出既具有地域特色同时又不乏人文关怀的旅游产业，将旅游业作为当地的支柱型产业重点发展，带动与之相关产业的发展，推动旅游业能够实现更高质量的发展。

2. 加强政策扶持，建立健全管理体系

对于我国的旅游业而言，政府给予旅游业很多的政策支持，因此在旅游业的发展过程中，国家占据着主导性的指导地位，国家通过实施一系列的扶持和优惠政策从而创造有利于旅游业发展的市场条件。在发展过程中，相关管理部门要着眼于整个区域的发展，建立健全管理制度，从组织结构到关联产业，都需要秩序井然地发展。从而才能建立一个完备的市场体系，促进旅游业的科学发展。

3. 调整旅游业结构，提升产业竞争力

旅游业整个产业结构较为复杂，内容丰富，不仅包括众多的产业，还包含很多的部门组织、多种经济成分等。这就意味着想要促进旅游经济的发展，就必须要从旅游业的各个部分入手，兼顾整体与部分的整体发展，协调多个结构的合理发展，包括产品结构、市场结构、区域结构等，不断地发现各个环节存在的问题，优化内部结构，遵循发展的客观规律，促使旅游业产业结构趋向合理和科学。产业结构对于一个产业而言是核心问题，只有协调分配好产业内容和各部分的产业比例，才能使该产业在一个合理的规划中的发展。在进行发展规划过程中，应该充分考虑地域特色，当地资源以及历史关联，只有这样，才能打造一个具有地域特色的现代旅游体系。

4. 优化公共服务，改善消费环境

就广西经济发展而言，它具有不均衡性和鲜明的地域性，由于各个地区发展水平参差不齐，这对于广西的经济而言是一个需要调整的方向，如何缩小各地区的差异，如何提升广西整体的消费环境。在《国务院关于加快发展旅游业的意见》当中，国家明确提出要完善公共服务体系，优化旅游发展道路，将资源进行合理分配，从而缩小各个区域、各个产业之间的发展差异。尤其在资源分布和信息共享方面要不断改善。

除此之外，相关部门应采取措施在进行旅游布局时，尽量改善现阶段的旅游消费环境，从多个维度切入改善布局，在信息提供和投诉处理等环节加大力度，确保秩序稳定，使这一方面的口碑得到质的飞跃，通过旅游消费环境的改进促使区域经济成长。

5. 占据市场核心，提高市场的综合实力

在相关部门展开产业布局时，应该对现阶段所处的情况进行全面的了解，充分考虑旅游资源分布状况和交通情况等，同时有计划地吸引有实力的旅游公司在本地驻扎，并使其逐渐壮大，使该企业在旅游市场中占据核心，旅游行业的发展方式正处在转型的阶段，相关部门应该坚决推行“政府引导、市场运作、多元投资、自主经营”的管理方式，促使广西旅游产业的品牌效应尽快成型，总体呈现集团化发展的趋势，加大力度改进本地的资源和要素，全方位提高广西旅游市场的综合竞争力。

七、旅游区域一体化战略

旅游区域一体化，助推国家区域发展战略，全面融入区域发展，成为旅游业发展的新导向；城市休闲和城市旅游崛起，成为区域旅游业发展的新亮点；东部地区转型融合，中西部地区升级培育，成为区域旅游发展的新动向；科技、交通基础设施互联互通，为建构区域旅游网络提供新支撑；区域旅游一体化体制机制探索创新，将成为区域旅游发展的新动力。在此背景下，广西与区内外、东盟国家签署多个区域旅游一体化协议，并有切实的政策措施。

随着《长江三角洲旅游城市合作（杭州）宣言》的宣布，长三角无障碍旅游区也正式成立，并且在2005年长三角区域旅游经济合作新成员由原先的“15+1”增加到“20+4”，促使长三角区域旅游经济合作达到前所未有的高度。随后，其他省份和城市纷纷效仿这种合作模式。2004年，与“泛珠”有关的11个省区市政府负责人达成了协议，一起签署相关文件，标志着泛珠三角区域合作机制正式形成，这也是为适应区域旅游经济一体化所推行的有效措施。2008年，我国政府推行《广西北部湾经济区发展规划》，把该地区构建成为有关于中国—东盟开放合作多层面的中心，加速广西区域经济一体化的发展。

2015年广西壮族自治区的相关政府部门在汇报总结中指出，广西应该敞开大门，提高自身的开放合作程度，使自身保持一个良好的状态积极参与活动，为中国—东盟自贸区的建设贡献自己的一份力量，响应国家的“一带一路”的号召。在推进区域旅游一体化中，广西把东盟和中国经济连接到了一起，在这个重要的时刻，广西应该把握住机会，将自身在旅游业的优势显示出来，进一步促进旅游业融合成一个整体并不断更新换代，化被动为主动，加大和“一带一路”沿线国家的合作力度，更早一步地达成“互联互通，旅游先通”的目的。在现阶段的经济市场下，国家大力推行外交政策，广西应该尽快适应所处的情况，改进自身的发展战略与之配合，确定最优的战略目标，使地理环境优势和特殊性得到合理有效的发挥，尽快把“一带一路”倡议和自身的发展结合到一起。要把旅游和各大层次的产业充分融合，包括交通、文化、金融、农林、网络等，充分发挥“一带一路”旅游的门户作用、枢纽作用、示范作用。

区域旅游一体化是区域旅游合作的最高层次。《中共中央关于制定国民经济和社会发展第十三个五年规划的建议》在党的十八届五中全会上通过，该文件明确提出区域一体化的思想。区域旅游一体化是指在一定范围内，靠近的国家或区域按照设定的规章制度展开全方位的合作的情况。依靠这种方式来实现旅游资源、市场、基础设施、品牌和信息等方面的共享，打破地域、空间和体系的束缚，致力于营造一个完善的旅游区域，促进旅游产业一体化发展，提高区域旅游竞争力，发挥旅游规模效应，并最终实现区域旅游经济的全面发展。旅游区域一体化主要表现为六种形式：跨国的区域一体化、国家级重点打造的区域一体化、重点省会城市为中心的城市群旅游区、重点地市联合而成的城市群旅游区、重点旅游市县以全域旅游思维打造的片区和一些重要景区之间的整合提升。

（一）旅游业区域一体化发展整体战略

1. 区域联动，共赢战略

发挥政府导向作用，加强区域合作、共同提升优质的旅游体验，只有这样才能够深入发展广西旅游业，同时也可以进一步达成广西区域旅游一体化发展目标。近年来，广西旅游业蓬勃发展，客源市场十分乐观，凭借自身独有的资源及其他方面的优势，为广西区域旅游一体化做好了充分的准备。然而根据现阶段的情况来说，该地区拥有的各类资源特点不够突出，在一定程度上可以被其他产品所替代，不能完全胜任珠三角特色的创新品牌的角色，不具备足够的实力和竞争力享誉世界。所以必须尽快创建出能够代表珠三角区域的特点的品牌。

所以，有关部门应该设立一个新的体系，形成良性的竞争氛围，保持高效协调的合作状态，共同经营良好的旅游品牌，尽量避免恶性竞争，淘汰地方保护主义，在相关部门的正确指引下，以乐观向上的心态处理旅游一体化中出现的困难。依托南宁、桂林、北海的旅游企业充分利用自身地区边缘的特点，加深沟通的程度，进一步完善合作关系，共同计划旅游方案、保持旅游市场井然有序、交流经验深化互动等，建立区域旅游景区联盟、旅行社联盟、旅游饭店联盟、旅游促销联盟，重点打造七大旅游发展区，即桂林国际旅游胜地、南宁凤亭国际生态文化旅游区、河池生态养生旅游区、北海涠洲岛旅游区、中越国际旅游合作区和桂台（贺州）客家文化旅游合作示范区，以“互融共赢，共创品牌”的合作理念为核心，达到“双赢”与“多赢”，形成互为旅游客源地、互为旅游目的地的发展格局。

2. 创新和精品化战略

与国内旅游发达省区市相比，广西旅游整体水平有存在一定差距，具体表现在区域旅游企业规模小、现代管理水平低、服务质量差、区域一体化合作意识薄弱。在这种情况下难以形成具有全国乃至世界吸引力和影响力的旅游产品。实施旅游产品创新和精品化战略，在原有的旅游资源开发的基础上，通过大型旅游项目引领，建设一批规模大、质量高、影响大的旅游项目。一是产品创新，以文化休闲创意旅游产品为主导，创新开发满足现代旅游者需要的旅游产品，特别是文化体验和休闲度假类型的旅游产品，实现旅游产品的升级转型；二是技术创新，结合智慧旅游、智慧城镇、智慧农业建设和“互联网+”等新技术，将旅游资源和现代化的技术手段结合，解决互联网应用和无线手机信息化问题，实现“吃住行，游购娱，产学悟”旅游要素与科技的结合；三是营销创新，充分利用现代信息网络技术进行旅游产品营销。注重智能通信设备和电子商务平台的营销，如微信营销、微电影营销等现代营销技术和手段。重点打造桂东北山水精华游、中越边关探秘游、北部湾休闲度假游、少数民族风情游、世界长寿之乡休闲养生游、桂东祈福感恩游六大旅游精品线路；重点开发和提升游览观光、休闲度假、宗教文化体验、长寿养生、民族民俗风情、康体运动、红色旅游、会展商务、乡村旅游等九大特色旅游产品。

3. 品牌形象战略

广西旅游业经过一些年的发展，在国内和周边地区已经形成了一定的影响力和旅游整体形象。尤其是近年来以“世界是嘈杂的，广西是宁静的”为广西旅游形象做出了精准定位，而“遍行天下　心仪广西”整体旅游形象和旅游产品更是渐入人心。近年推出的“乐游广西”推广季系列活动、壮族“三月三”系列旅游宣传推广活动、中国—东盟博览会旅游展，亦获得广大市民、参展各方的高度热情和赞扬。但旅游企业、景区和旅游商品等品牌影响力与长三角、珠三角等区域旅游相比还有很大差距，甚至由于个别地方的基础设施水平和管理问题还给广西旅游的整体形象带来一些负面影响，不利于良好的形象的树立和知名度的提高。

因此，广西旅游发展需要从用新的思路和观念，从全广西整体品牌形象的高度来定位和树立个区域之间的品牌形象。结合地方特色，重点打造桂林山水、北部湾浪漫滨海、中越神秘边关、巴马长寿养生、刘三姐民族风情五大旅游品牌。除了在各旅游区域发展版块上培育优势的品牌和服务外，还需要建立良好的诚信制度和价格形象，从市场经济的角度、以契约精神、信誉至上为生命力，打造具有实至名归的优质旅游产品和良好的旅游消费市场品牌形象。

（二）旅游业区域一体化发展具体战略

从长三角和珠三角的旅游成长趋势显示，区域一体化的成功主要是因为其整体性和系统型，在广西的旅游一体化建设阶段中，必须加大力度实施对几大发展模式的控制与引导。

1. 区域旅游经济发展一体化

区域经济一体化发展旅游经济一体化的前提和基础。旅游经济成为了区域经济的重要组成部分。由于旅游产业的先导性特点，区域旅游经济一体化的开发也成为了区域经济一体化的“急先锋”。比如，常见的“旅游搭台、经贸唱戏”就充分体现了旅游经济一体化发展在区域经济发展中的重要带头作用。现今，国家陆续出台和实施一系列的政策来促进区域旅游经济一体化的成长。简单地为区域旅游一体化做一个定义，内容是在一个固定划分出来的地区内部设立同一个标准，共同制定市场的规章制度，这就造成地区内包含的各种因素都是遵循统一的标准行动的，并且在同一个规定的区域中，可以进行无约束的流通和最佳的分配，加深协调发展的程度。旅游市场是由很多要素组成，其中占据主导地位的是客源市场，根据其规模、趋势和条件等情况就可以对其他要素的配置做出一个决定。想要旅游区域一体化顺利进行就要把握好客源市场的流通情况，只有使其能够自由方便的展开，就可以出现市场共享的良好环境。

2. 区域旅游规划一体化

制定区域旅游发展的总体旅游规划，作为一个具有代表性的指导文件，其内容十分全面，包含了旅游发展的多个环节。与此同时隶属于该区域范围中的各项规划包括旅游业的发展情况、专项内容、部分要素等，在遵循总体旅游规划的前提下，还要融合彼此的情况做到尽量一体化，有助于广西区域旅游处在良性发展的状态中。重点建设南宁、桂林、梧州、北海四大旅游集散地；重点建设二条旅游发展带：桂林—柳州、来宾—南宁—北海、钦州、防城港（南北旅游发展带）和梧州、贺州—贯港、玉林—柳州、来宾—南宁—崇左、白色、河池西江（东西旅游发展带）。

3. 区域旅游交通一体化

目前广西内已经存在了一个复杂网状的交通系统，包含海陆空多种运输方式，把省会南宁作为核心地带，设立桂林和柳州两个城市为仅次于南宁的交通规划，这样的格局有助于经济往更深层发展。从 2014 年开始，随着通往区内外高铁的开通，广西交通发展得到了极大的提升和改善，以首府南宁为核心的辐射作用初步显现，“123” 快速铁路网初步形成，南宁最为出发地只需要花费大约 1 小时的时间就可以到达属于广西北部湾经济区中的其他城市、花费大约 2 小时的时间就可以到达区内其他主要城市、花费大约 3 小时的时间就可以到达相邻的省会城市。

但现阶段在旅游交通建设方面还是有很多弊端，区域的经济发展已经步入了正轨，城镇化也逐渐加深，而交通等基础设施建设与其相比还落后很多，总体来说交通结构布局不太合理，还没构成完整的网络系统，划分在区域中的地方还为构建出方便快捷的交通体系，无法顺利进行交通联系会严重影响广西旅游一体化的发展进程。

由此可见，相关部门应该充分发挥交通对旅游行业的推动作用，加强广西旅游一体化建设，进一步优化交通结构布局，设立方便快捷的旅游交通网络系统。具体措施：加大力度对区域旅游交通的布局方案进行优化和改进；更加全面地设立应急管理机构；深入优化机场布局机构，强化部分机场建设，进一步完善旅游航空运输系统，促使干线和支线机场能够协调工作；采取措施使地面交通更加便捷，在交通体系中占主要地位的有铁路和公路两部分，具体为高铁、城际铁路和高速公路、一级以上公路；彰显自身的水运交通、北部湾地区的航道优势、江河纵横的优势，根据该地区的特点设计新的旅游路线，不止拘泥于陆地，结合具体情况新增具有代表性的水上旅游方案；建立健全的规章制度，强加管理，从根本上使旅游区域的服务意识得到增强。全面发展交通的多面性，致力于建立一个最科学合理的旅游交通网络。

4. 旅游标准一体化

不属于同一个区域的各部门应全力合作，设立和优化区域通行的旅游行业的相关规章制度和服务准则，进一步设立相关方面的法律条文和监督系统。对旅游标准化建设所达成的结果进行汇总和分析，加大力度对管理和服务标准的衔接情况进行考察，设立井然有序的旅游大市场。无论是国家设立的准则还是针对旅游行业设立的这则都应该严格遵守，在此前提下，还应该把注意力放在旅游标准的融合情况，促使旅游行业的监督管理越发的标准化；共同对旅游市场进行监督管理，为旅游市场稳定的秩序贡献自己的一份力量。

5. 旅游营销一体化

地方政府在允许的情况下应该积极参与该地区的旅游开发和发展，站在政府的角度上，相关部门应该进一步进行引导和推广，加强旅游客源的内部互动性，同时加大力度进行旅游市场的开发。区域内应该共同努力，相互帮助，积极展开关于旅游宣传的活动，共同为面向全方位的旅游市场的推广活动贡献自己的力量。携手展开创新活动，加大旅游的宣传促销力度，共同举办大型旅游展销活动，完善旅游市场的各个方面，提高旅游的综合实力。

6. 旅游人才与小组建设一体化

在对旅游员工进行培训教育的同时，还应该促进教育培训机构人员的内部互动交流，可以采取相对政策在规定时间内展开交流活动，共同商议探讨处理问题的办法。携手展开多种多样的工作培训任务，可以促使其教育培训任务更加方便地进行，有助于精英队伍构建的平衡发展。除此之外还应该对区域旅游教科研资源进行汇总和整理，利用南宁和桂林的旅游院校和科研力量，建立健全精英资料的互动平台，进一步使区域内旅游专业人才互动流通。

7. 旅游信息资料一体化

充分发挥网络信息技术的优势，能够使每个重要客源地依靠此项技术进行信息资源的互通和整理，设立科学合理的旅游信息结构，进行旅游资源的分享。除此之外，还应该从多个维度采取措施加大旅游企业间的合作程度，进一步完善旅游环境和信息化基础建设，使企业自身和多个企业之间的管理向现代化与智能化迈进。旅游饭店要保证可以做到各项功能的自动化进行，并与相关政府部门、其他旅行社等机构依靠互联网进行交流；旅行社就应该在短时间内和饭店、旅游交通部门达到网络的互通，使管理的每一个环节的自动化程度得到全面的提高。

8. 区域旅游服务一体化

（1）区域旅游基础设施一体化。受到自然资源禀赋差异的影响，广西各地市的经济和社会发展水平出现不均衡的现象，进一步造成一些公共产品的供给和劳动力成本产生差异，但基础设施一体化的建设有利于解决因资源差异所造成的不均衡问题，更加有效地促进地区间劳动力流动成本和交易成本的降低，同时也能进一步加快区域内的贸易和工业的集聚。同时，良好的基础设施建设一方面能够为失业人群提供工作机会，另一方面也能吸引外商的投资，从而带动区域经济的增长。因此，地方政府应当加大对基础设施的投资力度，促进本地工业和商贸的集聚。在区域旅游基础设施一体化中，交通基础设施一体化无疑是重点。旅游业有很多部分构成，交通占据主要的位置，是推动旅游业快速发展的主要原因。所以，设立公共服务一体化是促进经济一体化的重要硬件设施之一。

（2）区域旅游投诉和保障机制一体化。区域旅游的举报和反馈体系对游客选定安全的目的地起到了关键的作用，这体系的设立也在一定程度上表现出了旅游目的地对游客安全的重视的程度。全面改进投诉和保障的管理系统为旅客安全做好了保障，同时也可以减少游客的出游的心理压力，进一步使旅游目的地的服务质量得到提升，还在一定程度上降低了部分措施的执行成本。

（3）区域旅游信息服务一体化。区域旅游信息一体化在推动区域经济一体化中同样发挥着重要的作用。为满足多元化的旅游条件，无论属于哪一个管理机构均应该进行合作达到信息互通，促进形成区域旅游共同市场，进而提高整个旅游区域的竞争力水平。

（4）区域旅游公共策略一体化。为了把发展旅游公共服务一体化的道路上的障碍扫除，相关机构应该设立一个标准，在旅游中进行公共服务时都要遵守同一个政策和规范。根据设立旅游公共服务发展规划和实施统一和标准的公共政策来避免旅游项目的多次构建，渐渐使旅游产业的布局和结构可以达到协调统一发展。

八、旅游沿边开发发展战略

（一）国际上边境地区旅游开放开发经验

世界上旅游产业发达的国家会把相当一部分注意力放在邻国旅游市场的开发上面，这主要是因为绝大部分的国际客源都来自邻国游客。例如在马来西亚的国际旅游市场中来自新加坡和泰国的游客可以占到总数据的2/3以上。上述的国外游客到邻国几乎全部是通过边境口岸的方式进入的，因为边境地区旅游业得到了很大程度的发展。当今社会，很多国家的边境城市都进行了改革，把边境购物融合在旅游当中，形成一个整体。例如法国就在它的边境城市设立一个专门为英国游客提供服务，主要以销售法国的葡萄酒和香水为主大型市场；加拿大的公民不以旅游为目的也会在周末选择去美国进行购物。世界上很对国家都十分看重边境旅游比对其抱有很大的期望，不少国家政府机构都设立了规章制度促进边境旅游的发展。美国、加拿大、墨西哥等国家因为北美自由贸易区的成功建立，其边境基本上长期处于开放的状态，尤其是在尼亚加拉大瀑布旅游开放与保护过程中，更体现了共享、开放的理念。部门东盟国家也在推行合理的边境管理措施，就像马来西亚分别与新加坡、泰国实施公民往来免签证政策。

1985年6月14日，由德、法、荷、比、卢5个欧盟国家在卢森堡的一个申根城市达成了协议展开合作，共同签订了相关协议，其内容显示申根国家指参与该条约签署的国家，在该条约的前提下获得的签证就成为申根签证。相关条约还指出只要拥有申根国家任意一个国家的有效签证的旅游者就能够到其他申根国家进行旅游，这是受到法律保护的。截至目前，申根的成员国增加到25个。《申根协定》将25个参与国抱成一团，“相互取暖”，极大地促进了这些国家国际旅游的发展。

越南为提振经济，也十分重视旅游对外开放开发。2001年以前就已经和我国等15个周边国家达成了共识，多方政府签署了双边旅游合作协议。为了想要游客在旅游时增加顺利，越南政府实施了政策批准对一些国家的公民可以不用办理双边签证，这些国家包括泰国、菲律宾、马来西亚、印度尼西亚、老挝、柬埔寨和新加坡等，只要拥有普通护照的游客就可以最多在越南进行为期30天的旅行，同时还实施了日本、韩国和4个北欧国家公民免签证的政策。我国游客只要持有中越边境通行证即可进入越南边境从事旅游活动。2008年4月，越南广宁省、谅山省、高平省和河内市四地与广西经过探讨研究达成共识，并共同签订了相关文件，制定了统一的规章制度。2009年，越南方面实施“印象越南”旅游计划以吸引国际游客，并放宽中越边境通行证的适用区域范围，持有边境通行等相关证件的我国公民在浏览了河内—下龙—谅山等风景之后，还能够到中部和南部城市进行下一个阶段的旅游，例如顺化、胡志明等城市。此外，越南方面还专门指定了10家旅行社专营我国边境游团队接待业务。目前，我国已成为越南最大的入境旅游客源国。

泰国是广西周边国家中旅游开放开发最为成功的国家之一。泰国积极发展与东盟旅游公会合作，推动东盟成员国之间的旅游互免签证。泰国政府曾提出“黄金四角成长计划”，倡议在澜沧江下游、湄公河上游的中、老、缅、泰四国邻接地带建立“黄金四角”。在四角区的开发中，泰国提出“旅游业先行”的口号，推出“金四角三日游”和“金四角七日游”等边境旅游产品。泰国与马来西亚、印度尼西亚合作开发三国接壤“成长三角区”，主张先发展三国之间旅游业。为了吸引国外游客，政府部门组织编印精美的画册以及数百种泰国风土人情录像带，到国外进行宣传；在日、美、荷、拉、法等国建立相关旅游事务的组织机构，加大泰国旅游的影响力，多方位地进行展示和宣传，不止局限于欧美，范围逐渐扩大渐渐涵盖中东、大洋洲等地区，甚至还包括非洲区域。为方便我国游客，泰国对我国旅游团队实行落地签证。泰国实行的一系列开放开发政策收到良好效果。2010年，国际旅游目的地的排名发生了变化，曼谷作为泰国首都位于第三位；2012年入境游客达到2200万人次，旅游业成为其国家支柱产业。

（二）我国沿边地区旅游开放开发目标

沿边地区旅游开放开发已成为我国当前和今后一段时期旅游业发展的一项重要内容。而要将沿边地区旅游开放开发工作落到实处，制定一个明确的、切合实际的旅游发展目标非常必要。为此，提出当前和今后一段时间我国沿边地区旅游开放开发总体目标和各发展阶段目标。

1. 总体发展目标

我国沿边地区旅游开放开发总体目标是，按照党的十八届三中全会关于全面深化改革的精神，通过国家沿边改革开放大政方针的贯彻落实，到“十三五”期末，我国与周边国家的旅游合作机制进一步完善和深化，沿边、沿海、内地旅游“三位一体”联动发展，形成沿边大开放框架下的旅游国际合作新格局。到2025年前，把旅游业培育成为我国沿边县域的战略性支柱产业，沿边地区旅游总收入年均增长20%，出入境游客人次年均增长30%以上，带动沿边地区的人均可支配收入达到全国平均水平，发挥沿边旅游在和平稳定、沿边开放、文化交流、经济贸易、环境保护等方面的带动作用，推动我国沿边地区社会经济可持续发展。

2. 阶段发展目标

(1) 近期发展目标(2015~2017年)。沿边地区旅游近期发展目标:提升沿边地区旅游开放开发水平,提高沿边旅游景区知名度,建设沿边地区旅游全面发展的新格局。

黑龙江、吉林、辽宁、内蒙古、新疆、西藏、四川、云南、广西等省区大力开展沿边地区旅游开放开发,继续完善沿边地区的旅游交通、服务配套设施,加大智慧旅游景区的建设力度,积极推动与港澳台、内地、沿海地区的旅游合作,形成全国东西互济发展沿边地区旅游的局面。积极推进广西东兴、云南瑞丽、内蒙古满洲里重点开发开放试验区、新疆喀什、霍尔果斯经济开发区和图们江区域(珲春)国际合作示范区五大区域旅游开发项目建设,进行旅游形象包装、品牌推广,形成一批在国内外有一定知名度的沿边地区旅游品牌。改善与越南、印度双边关系,巩固和提升与缅甸、老挝、哈萨克斯坦、蒙古国、俄罗斯、朝鲜的战略合作伙伴关系,促进跨境旅游合作区建设取得实质性进展。

(2) 中期发展目标(2018~2020年)。沿边地区旅游发展的中期目标:沿边地区旅游业快速发展,在沿边地区经济中占据重要地位,成为我国旅游新的增长极。到2020年,沿边九省区入境过夜游客增至4000万人次,国际旅游(外汇)收入增至200亿美元,旅游直接从业人数130万,旅游间接从业人数500万。

在沿边地区旅游开放开发的中期阶段,旅游交通、服务配套设施全面完善,旅游资源得到充分挖掘、整合,地区旅游合作处在平稳的发展阶段。把云南和广西作为发展的首要力量,促进中国—东盟旅游无障碍合作区进一步设立;把新疆和内蒙古作为发展的大本营,深入我国与世界范围内国家之间的旅游合作发展;依靠东北三省,进一步促进中国—东北亚旅游合作区的设立。发挥与邻国政府间各层级的旅游合作协调磋商机制,深化次区域合作,弱化边界效应,建设国际旅游便利化通道。形成广西中越边境(以崇左市为核心)、云南中缅边境(以西双版纳、瑞丽为核心)、内蒙古黑龙江中俄蒙边境(以满洲里、漠河、黑河为核心)、新疆中哈、中蒙、中塔边境(以喀什、霍尔果斯为核心)和中朝边境(以珲春为核心)等五大沿边旅游示范区,利用示范区的品牌效应,逐步向周边沿边地区扩散辐射,推动沿边地区旅游资源整合,形成集边境观光、生态休闲、边境商贸、文化体验、养生度假等于一体,产品特色鲜明、旅游吸引力和产业竞争力强的黄金旅游带,成为中国旅游业发展新的增长极,沿边地区游客数量快速增长,旅游收入占沿边地区经济收入比重明显提高,进而推动边境地区经济增长。

(3) 远期发展目标(2021~2025年)。沿边地区旅游发展的远期目标:全面形成沿边地区旅游业繁荣发展、兴边富民的新局面,黑龙江界江旅游带、长白山景区、喀纳斯景区、西双版纳景区、德天跨国瀑布景区等成为世界著名旅游目的地。到 2025 年，沿边九省区入境过夜游客达到 6000 万人次，国际旅游（外汇）收入增至 300 亿美元，旅游直接从业人数 180 万，旅游间接从业人数 700 万（见表 3－5）。

表 3－5　　我国边境 9 省区 2017 年、2020 年、2025 年国际旅游发展目标

年份	入境过夜游客（万人次）	国际旅游（外汇）收入（亿美元）	旅游直接从业人数（万人）	旅游间接从业人数（万人）
2017	3000	130	100	400
2020	4000	200	130	500
2025	6000	300	180	700

资料来源：中华人民共和国文化和旅游部。

沿边地区旅游资源在环境保护基础上得到全面可持续开发，旅游基础设施完善，配套设施先进，形成 5～7 个在国际上知名度高、美誉度高、形象特点鲜明的旅游品牌，将喀纳斯景区、长白山景区、西双版纳景区、德天跨国瀑布景区、黑龙江界江旅游带等建设成为世界著名旅游目的地。旅游人才聚集，旅游服务质量一流，当地民众具备良好的服务意识，社会环境友好安定，与沿海、内地、港澳台的旅游合作顺畅，与边境邻国关系稳定，跨境旅游合作机制呈现常态化运行，游客、自驾车可自由出入境或出入境手续简便易行，国内、外旅游市场在较高水平基础上的稳步发展，旅游业将成为沿边地区经济的支柱型产业和兴边富民的主要力量。

（三）广西旅游开放开发战略

要实现广西沿边地区旅游开放开发目标，需要一定的发展战略支撑。为此，提出了“丝绸之路”旅游发展战略、跨境旅游合作开发战略、沿边沿海内地旅游联动发展战略、沿边地区旅游产业融合发展战略和沿边地区生态优先发展战略等战略构想，并提出了广西沿边地区旅游开放开发的战略布局和战略重点。

1. 旅游开放开发战略构想

（1）“丝绸之路”旅游发展战略。“丝绸之路经济带”和“21 世纪海上丝绸之路”不仅仅涉及中国与西亚和东盟国家的交易往来，还能够通过“丝绸之路经济带”把俄罗斯跨欧亚大铁路和蒙古国草原之路等部分发展成为一个体系，打造中蒙俄经济走廊。因此，“一带一路”建设基本覆盖了我国沿边地区的周边国家。旅游与经济贸易关系十分密切，沿边地区旅游开放开发可以“丝绸之路”经济发展战略为依托，实施丝绸之路旅游发展战略。

具体构想是以旅游业为丝绸之路经济带的先导产业，沿丝绸之路经济带建立沿边旅游和跨境旅游合作开发经济带。

（2）跨境旅游合作开发战略。跨境旅游合作开发的主要形式是建立两国跨境旅游合作区，即相邻两国各自设定一定地域形成一个跨境区域。两国在该区域共同规划、联合建设、共同经营、共同盈利。跨境旅游合作区在我国2010年提出，目前尚在探索阶段。我国沿边地区旅游开放开发应大力推进跨境旅游合作区建设，广西与越南边境建立多个跨境旅游合作区，以推动广西沿边地区旅游开放开发的升级。

（3）沿边沿海内地旅游联动发展战略。广西沿边地区旅游开放开发，除了从国家战略层面加大与相邻国家相互开放力度外，还必须加大我国沿边地区境内旅游合作开发力度，形成沿边跨区域旅游合作开发机制，逐步形成“沿边与内地联动、沿边与内地呼应、沿边与沿海并进”的旅游开发格局，以增强沿边地区旅游开发成效。以广西为例，通过加强广西与珠三角发达地区的互联互通，完善已有的两广十市区域旅游合作联席会议机制，促进两广区域旅游市场一体化，打造区域旅游形象、品牌和线路。争取把港澳与广东在CEPA框架下的先行先试政策扩大到广西，吸引港澳对广西旅游业的投资。

（4）沿边地区旅游产业融合发展战略。广西沿边地区旅游资源丰富，旅游开发具有良好的资源基础。但由于旅游业的综合性特征，必须实施旅游业与相关产业的融合开发，才能将沿边地区旅游产业做大做强。沿边地区旅游业与相关产业的融合，包括旅游业与农林业第一产业的融合，与旅游用品生产和土特产品加工业等第二产业的融合，与商贸、文化体育、信息通信、金融等等第三产业的融合。

（5）沿边地区生态优先旅游发展战略。广西地区西南沿海地区，南与越南接壤，北邻湖北和贵州，西接云南，相较于中东部地区，经济和政治环境较差，生态环境也较为脆弱，如旅游开发不当则会给当地生态环境造成严重破坏。为此，广西必须实施生态优先的旅游发展战略。而要实施生态优先旅游发展战略，必须加强对沿边地区旅游资源和生态环境的保护，实施“保护第一、开发第二，在保护中开发，在开发中保护”的原则。同时，对广西沿边地区进行生态功能区划分，根据各沿边地区生态脆弱程度采取分级分类保护。通过实施保护性开发，将广西边境地区旅游业打造成产业体系完善、发展模式创新、产品特色鲜明、经济效益和社会效益显著的可持续发展产业。

2. 旅游开放开发战略布局

我国沿边地区旅游开放开发，要在“海陆统筹、东西共济、面向全球”的全面开放开发大战略格局下，立足于国内外旅游市场和沿边地区旅游资源特色，形成“一带三区五核心”的旅游开放开发空间布局。

（1）一带。即由我国沿边地区边境线构成的沿边地区旅游开放开发带。该开发带东北起于辽宁省的丹东市，西南止于广西壮族自治区的东兴市。它具有三大功能：一是联通功能，它连接我国三大重点沿边旅游区和五个重点旅游合作市场；二是旅游功能，即在沿边地带开发旅游景点、线路，形成沿边旅游带；三是旅游交通功能，即利用沿边地区的公路作为旅游交通线路，缩短沿边地区景区间的距离。

沿边旅游带的开发思路：沿我国陆路边境线完善陆路交通，带动沿途的旅游开发，实现三大重点沿边旅游区和五个重点旅游合作市场的辐射功能，形成沿边地区“点、线、面（区）结合”的沿边旅游发展格局。

（2）三区。即我国沿边地区旅游开放开发重点区，包括东北区、西北区、西南区。东北区的区域范围包括：内蒙古自治区东北部、黑龙江省、辽宁省和吉林省的沿边地区；西北区的区域范围包括：新疆维吾尔自治区的沿边地区；西南区的区域范围包括：广西壮族自治区和云南省的沿边地区。

西南区域范围开发思路：西南沿边区以少数民族风情和生态文化为主要旅游吸引物，开发沿边地区民族风情体验、边境生态观光、度假休闲和康体养生等特色旅游产品。

（3）五核心。即以崇左为核心的中越旅游合作市场、以西双版纳为核心的中缅旅游合作市场、以新疆喀什、霍尔果斯为核心的中亚旅游合作市场、以满洲里和黑河为核心的中俄旅游合作市场、以丹东为核心的中朝旅游合作市场。各重点旅游合作市场的开发思路：涉及广西的中越旅游合作市场，以崇左市为核心，东南到防城港东兴市，西北至百色市那坡县。重点推进中越德天—板约瀑布国际旅游合作区建设和中国东兴—越南芒街跨境经济合作区之旅游板块内容；开发实施东兴北仑口跨国湿地公园、龙州县胡志明主席革命足迹跨国游、靖西大兴河跨国漂流等项目。

3. 旅游开放开发战略重点

我国沿边地区旅游开放开发的重点是依托广西东兴、云南瑞丽、内蒙古满洲里三个国家重点开发开放试验区，以及新疆喀什、霍尔果斯经济开发区和珲春国际合作示范区，抓紧推进跨境旅游合作区建设，并以五个开放试验区为核心向沿边地区辐射，最终形成我国沿边地区旅游全面开放开发的新格局。

跨境旅游合作区为促进沿边地区经济发展奠定基础，是国际关系的助推器和缓冲器，对于通过沿边旅游服务于周边外交和兴边富民都具有重要的作用。广西在跨境旅游合作建设中，首先可推动中缅跨境旅游合作区和中越德天—板约瀑布国际旅游合作区建设；其次，再推进中国东兴—越南芒街跨境旅游合作区、中亚跨境旅游合作区等跨境旅游合作区建设；最终形成沿边地区旅游全面开放合作的新格局。

（四）广西沿边地区旅游开放开发保障措施

广西处于我国西部落后经济带，沿边旅游开放开发对带动该地区经济发展从而富民兴边具有重要的战略意义。为此，国家和广西应制定相应的政策措施以保证沿边地区旅游开放开发战略的顺利实施和目标的实现。

1. 建立跨境多边、多层次旅游合作协调机制

（1）建立国家、省级、市级层面的沿边旅游合作协调机制。在国家层面，建立沿边两国或多国旅游合作开发协调委员会，由各国主要负责旅游事务的副总理级别的人员任命主席的职位，执行主席的职位由文化和旅游部的负责人担任，委员会人员的选取包括了多方面的部门负责人，设立相关的制度在固定时期或随机地举办两方或多方会晤，对有关跨境旅游合作相关的问题进行探讨和分析最终选取科学合理的处理方案。适应每个区域的具体需要，国内外的相关省份建立相应级别的旅游合作开发协调委员会，定期会晤，解决双边或多边旅游合作开发中的实际问题。

（2）建立跨境旅游合作区协调机制。按照“一带一路”倡议，在已有的“中国—东盟自由贸易区”区域性经济合作基础上，建立跨境旅游合作区。在合作区逐步实现互免旅游签证、自驾车跨境通行便利化以及人员、货物、服务和资金流通无障碍化，由边境相邻的两国地方所在省建立跨境旅游合作区协调委员会，当地省领导担任委员会主任，协调处理跨境合作地区内部的部分问题和平时事务，有助于边境区域旅游产业的共同成长和共同繁荣。

2. 建立沿边地区之间及沿边与内地之间的旅游合作机制

（1）沿边地区之间的旅游合作机制。鼓励相邻沿边地区的旅游合作开发，建立沿边省（区）与省（区）之间旅游合作开发机制，设立常设机构负责合作省区之间日常工作，建立沿边旅游区之间省旅游局沟通联络机制，定期会晤，互通信息，共同为沿边旅游开发出谋划策，完善沿边各省（区）之间的航空和陆路旅游通道，共同整合和打造沿边旅游精品线路，实现优势互补、资源共享。

（2）沿边地区与内地、沿海旅游发达地区之间的合作机制。在政府、旅游企业和行业协会等几个合作主体间，通过建立行政推动机制、市场调节机制、协商调解机制、法律保障机制和人文融合机制，实现内地、沿海旅游发达地区与沿边地区优势互补，合作共赢。

全面推广广西沿边地区与内地、沿海旅游发达地区建立一对一互补帮扶机制，在人才培养、景区规划、产品开发与营销、客源共享等方面形成合作共赢模式。

3. 进一步促进沿边地区出入境便利化

（1）增加边境口岸联检警力。本书课题组调研发现，警力不足是困扰沿边地区游客出入境便利化的重要原因之一，此问题在广西凭祥和东兴等口岸尤为突出。建议增加沿边口岸联检人员编制和过关通道，解决口岸联检警力不足与口岸快速发展矛盾问题，延长口岸通行时间，确保边境一日游客人延长在境外逗留时间，促进旅游商贸和娱乐。

（2）加强口岸信息化管理。建设口岸公共电子信息平台，打造智慧旅游体系，提升口岸的技术水平，增强硬件的质量，在满足条件的部分口岸，充分利用高科技，渐渐地推行游客电子自助式通道，依靠科技的力量，使游客通关的耗时更加合理化。站在物流的层次上，提供沿边地区便利的通关条件政策，实现行政监督、通关任务、信息技术、综合服务和口岸治理协调“五个一体化”，逐步实施“两国一检”通关合作。

（3）提高签证便利化程度。根据《国务院关于促进旅游业改革发展的若干意见》，渐渐改进外国人 72 小时过境免签政策，在一定程度上新增部分免签城市，科学设立外国人 72 小时免签政策的沿边口岸。将东盟游客在桂林入境停留 6 天免签证的政策，进一步推广至其他沿边口岸。简化边民入境商贸、旅游签证手续，延长边民入境旅游和经商时间和线路。清理中介服务和收费，规范游客出入境秩序，降低出入关时间和经济成本。重点口岸入境的给予减免签证费，鼓励境外商旅人士在我国沿边区域停留。针对国际邮轮和跨境自驾车出入境的团队游客，简化出入境手续，免除自驾车出境担保押金。

4. 落实沿边旅游购物退税免税政策

（1）实施沿边地区旅游购物离境退税政策。《国务院关于促进旅游业改革发展的若干意见》（国发〔2014〕31 号）“（十一）扩大旅游购物消费”提出，“合理对境外旅客购物离境退税政策进行优化改革，在全国范围内符合条件的区域都将落实该政策”。在旅游服务贸易逆差逐年扩大情况下，扩大境外游客购物离境退税实施的地区范围，率先在广西东兴、凭祥等以购物旅游为主、入境人数较多的沿边县市实行旅游购物离境退税政策。

（2）优化沿边地区免税店和特色旅游商品区建设。加快沿边地区出境免税店建设力度，构建起沿边地区免税购物体系。对沿边地区免税店建设在土地使用、建设报批等方面给予政策倾斜；加快重点口岸和城市的免税区建设；结合免税店建设，配套建设地方特色商业街区，鼓励发展特色餐饮、主题酒店，打造沿边地区特色商品品牌，延长游客在免税店逗留消费时间。

5. 实施鼓励沿边地区旅游开发的政策

（1）沿边地区旅游开发资金支持政策。旅游业是一个资金需求量大、见效慢的产业，沿边地区的基础设施建设相对滞后，为加快发展沿边地区旅游开放开发，国家可根据各省区情况，制定相应的资金和财税政策，进行沿边地区旅游开发扶持。建议设立中央财政沿边旅游发展基金，以国家投资、项目补助或贴息贷款的形式对沿边地区的旅游基础设施建设和重大旅游项目建设给予资金支持；从中央扶贫发展基金拿出一部分资金重点对沿边地区的贫困县旅游项目的投资给予扶持；制定金融政策，对发展沿边旅游的企业给予融资便利和利息优惠，为沿边地区旅游项目争取亚洲开发银行等境外国际金融机构和外国政府低息贷款。另外，建议给予经济落后沿边地区的口岸征收的关税留取 50% 的比例作为边境基础设施、口岸、互贸区的建设发展基金。

（2）实行优惠的土地和产业政策。实行沿边地区旅游开发土地差别化政策，优先保障关于交通运输、环境保护、基本能源等基础功能建设用地，有效利用每一块土地，加大力度鼓励广大群众把先天条件不太好的环境合理利用；产业政策方面，国家在编制发展规划、布局重大项目时，对沿边地区旅游开发项目给予倾斜；给予旅游企业和一般工业企业同一样的优惠政策和条件，尽力减少运营成本，同时在开展政府采购和服务外包时批准旅行社的加入。

（3）沿边乡村旅游开发政策。开展广西区级“沿边特色旅游名城（镇）”评选工作，出台评选创建细则和动态管理模式，指导和鼓励广西沿边地区特色旅游城镇建设规划。结合沿边乡镇实际，在广泛征求群众意见基础上，根据地理环境、自然风貌、人文景观等特点编制有关生态乡村建设规划，创建沿边乡村旅游示范区。完成“美丽广西，清洁乡村”工程，结合社会主义新农村建设开展沿边地区生态乡村建设，鼓励和支持利用独特的边关风貌、民族风情、特色农业等旅游资源发展休闲农业和乡村旅游。针对沿边地区多为少数民族聚集地的特点，采取省级文化厅统一规划，地方政府配合的方式建设一批民族文化生态博物馆，保护和展示沿边少数民族村落、街区建筑格局、整体风貌、原生态的生产生活方式和生态环境。加强广西沿边地区民族文化传承、历史文化保护和生态环境建设，处理好旅游开发利益相关者的权益，使当地居民在沿边旅游开发中受益，发挥旅游业在沿边地区旅游扶贫、富民和兴边方面的独特作用。

6. 推进海陆空立体交通网络的建设

（1）海上交通方面。根据国家规划“丝绸之路经济带”，按照“21 世纪海上丝绸之路”航线，重点打造广西北部湾—东盟海上丝路邮轮航线和发挥北海作为国际邮轮母港功能，使之成为 21 世纪海上丝绸之路的重要始发港之一。利用好中国—东盟博览会等平台，加强与沿线国家的交流沟通，共建海上丝绸之路。

（2）陆路交通方面。加强沿边地区公路桥梁的建设，按照一类口岸高速公路，二类口岸二级公路的标准建设。继续推进中国到东盟国家铁路建设，规划和嫁接贯穿东西的泛亚铁路和泛亚公路等交通主干线。

（3）航空方面。广西在沿边地区率先推广中国民航局在海南进行的航权开放试点现行成熟政策，鼓励航空公司增加到达沿边地区城市和口岸的国内外航线，推进桂林国际机场的扩建工程，优先考虑沿边地区的机场建设立项项目。

7. 制定人才发展规划，完善人才培养体系

（1）制定旅游人才发展规划。根据行业和沿边地区旅游业发展特殊要求，开展沿边地区旅游发展人才需求调研，制定沿边地区旅游人才发展规划。打通旅游职业教育从中职、专科、本科到研究生的上升通道，充分发挥市场机制作用，引导社会各界特别是行业对沿边地区旅游职业教育的投入和支持，利用5~10年的时间，培养一批高素质应用型旅游人才，使沿边地区旅游从业人员中人才比例达到50%。

（2）重点建设一批沿边地区旅游院校。在政策、资金和人才引进等方面重点支持一批沿边地区旅游院校，通过世界名校合作工程，引入世界排名第一的瑞士洛桑酒店管理学院学术体系，将桂林旅游学院打造成国际知名旅游院校，鼓励广西沿边地区旅游院校和开设旅游专业的高等院校加入世界旅游组织知识网络，全面提升沿边地区旅游教育的国际化水平，为沿边地区培养急需的旅游人才。

（3）推进国际旅游教育合作，培育具有国际竞争力的人才高地。加强国际合作，推动广西沿边区域跨境旅游精英互动。积极吸取相关的培训经验，建设一批沿边地区跨国人才培养高地，为东盟国家旅游人才提供奖学金，为沿边地区和相邻国家培养一批跨境旅游人才。

8. 沿边旅游开放开发配套政策和措施

（1）金融服务政策。鼓励金融机构加大投入，设立广西沿边旅游银行，支持开展外汇管理改革试点，支持开展跨境人民币贷款和个人直接投资旅游业务试点；推动发展离岸金融业务，在设施、网点、人员等方面向沿边地区旅游景区倾斜，建立“国际信用卡刷卡无障碍区”，实现相关景区ATM机和POS机全覆盖；利用金融创新扩大在线跨国、跨地区支付范围，大幅度提高支付便利化，降低成本。加快建设我方倡导的加大金融与保险业结合，开发提高意外、医疗保障额度，扩宽旅行协助保障范围，针对银行卡盗刷、航班延误、证件丢失等旅行常见意外情况提供保障。鼓励多种方式发展旅游消费信贷，放开沿边地区银行卡清算市场，允许民间和国际资本参与，扩大“支付宝”等第三方支付在沿边旅游业务中的运营范围，实现旅游消费支付便利化。

（2）推动沿边地区旅游智慧化建设。加强传统旅游与现代科技的创新结合，利用云计算、移动互联网等技术，借助便携终端设备，为游客提供导游、导览、导购及导航等服务。提高Wifi在沿边地区各旅游景点景区，酒店、机场及车展等公共区域的覆盖面和连通速度。将崇左、大兴、凭祥等沿边县市设置为国家级智慧旅游试点城市，打造以“智能导游”为核心的沿边智慧旅游服务，开发玩伴智能手机系统。将智慧旅游与边检、海关、外事和公安等部门融合成一个整体，造成信息共享的局面，根据旅游信息数据的具体情况设立预警体系，使应急管理能力大幅度提升。将沿边的中越边境德天瀑布景区景点划入“全国智慧旅游景区”

范围进行建设，提升沿边地区智慧旅游建设水平。

九、旅游供给侧改革战略

现阶段我国旅游业发展正处在关键的时机，市场需求量大，供需关系不能处在一个平衡的状态，尤其是缺乏高质量的创新项目和服务。想要推行全域旅游的发展战略本质上就是要加大力度实施旅游供给侧改革，把旅游消费和投资促进计划落实在实际情况中，加强旅游交通、景区景点、自驾车营地和信息化等硬件设施建设，推进“旅游+”，大力发展乡村旅游、工业旅游、文化旅游、养老养生游，实现旅游业与第一、第二、第三产业融合发展。

（一）政府要将文化产业与旅游业设立为结构改进的核心

在广西产业构成改进的过程中，文化产业和旅游业占据着不可替代的位置，政府相关部门在改善产业结构的过程中要把注意力放在两大产业的发展形势上。第一，结合实际情况，进一步完善改革相关的规章制度，保持文化产业与旅游业发展的优势，促使全行业处在良好的环境中。第二，充分调动政府的能力作用，使其促进产业以较为理想的速度发展。第三，加大力度实施产业机制体制改革的方案。所以，总体来说就是要持续对产业机制体制进行改进优化，使产业可以不依靠政府独立发展，在产业的发展过程中进一步发挥市场的潜力。

（二）产业内部要加大力度发展具有优势和潜力的产品

供给侧结构性改革的实施目标就是产业，产业结构完善的实施目标是行业，所以，一个产业想要得到进一步发展关键是要选择一个与之相匹配的行业。在广西，在结合文化产业与旅游业整体化发展的环节中，就会发现行业是具有选择性的，要通过合理科学的方式选择最合适的行业。举个例子，在广西，文化产业在民族文化行业中存在着十分显著的优点，把上述两个方面结合起来构成一个整体就是民族文化旅游业，其可以充分满足现阶段的消费需求。在大力扶持优势行业的同时，还应该采取措施促进产业自身进行自发性的创新发展，这也可以说是在一定程度上完善了产业内部结构。举例说明，广西绣球文化旅游是独一无二的一种形式，它的存在不仅可以扩充产业内容，还能够促使广西旅游业的市场核心竞争力得到进一步的提升。

（三）推动文化与旅游的产业融合，最大化地利用资源

广西的文化产业和旅游产业在融合过程中出现了很多问题，比如人力资源的活力不足，也没有充足的资金支持，在技术方面也不占据优势，政府的支持也很

有限，所以两大产业还需要进一步地融合。从具体的分析来看，必须让产业的内部人员流动起来，让更有能力的人进入到产业之中，并且找到合适的定位，特别是对于高端人才的引用，才能够充分发挥人力资源的作用，在资金方面要积极寻求社会的力量，通过资本带来资金的支持，同时也要努力争取政府在财政方面的帮助，要大力推动技术创新，通过各种奖励措施激发创新动力，积极引进先进的技术。同时也要研究政府最新出台的政策，从而可以获得很多政策性资源，将其转化为实际的帮助，将这些资源聚集起来之后还要搭建相应的平台，通过资源的不断整合，进行统筹规划，可以最大化地利用资源，推动产业进一步发展。

（四）推动供给侧改革来促进乡村旅游发展

通过供给侧改革，可以让乡村旅游焕发新的生机，找到新的发展之路。针对乡村旅游当前出现的问题，政府部门应当激发市场的活力，促进市场主体进行供给侧改革，可以不断优化乡村旅游的整体结构，特别是在乡村旅游的弱势方面，通过改革转化为优势，提升乡村旅游的整体服务水平和质量，才能够适应社会的发展和消费者的需求，特别是针对供需方面，要不断地协调完善，达到平衡状态，才能促进乡村旅游质的飞跃，转型升级，实现可持续发展。具体而言，首先要改革生产要素，改革生产要素就是要不断开放市场的资源活力，同时要让资源相互流通，优化供给结构和资源分配，例如土地、技术、资本、信息，最后达到提升经济增长速度和质量的目标，在进行供给侧改革时，先要从体制和管理方式方面入手，在行政管理方面不断进行制度创新，统筹起来整体协调发展，让市场主体焕发出新的生命力，让各种生产资源能够更好地进入市场并且进行自由重组。

十、旅游“双核驱动”发展战略

近年来，为深入落实国家整体战略部署，广西壮族自治区党委、政府又提出了两区一带“双核驱动”发展战略，这是在全面深化改革的宏阔历史背景下，对广西区情、发展优势、发展潜力、发展途径的科学认知；是重新审视广西开放发展历史方位、审视广西发展战略、审视广西发展方式的智慧结晶；是进一步加快广西经济社会发展步伐、如期实现“两个建成”富民强桂目标、推动广西跨越发展的正确的战略选择。

所谓“双核驱动”，就是要倾力做大做强北部湾经济区、西江经济带，在这两个区域打造经济社会发展的动力核，把握战略机遇和迎接挑战，找到实施对策和路径，把广西的开放发展提升到新的层次和更高水平，为“两个建成”打牢基础。对于如何以“双核”驱动战略为总引领、抓住重要的战略契机、打造区域战略发展升级版，全区上下形成了基本共识。

（一）加快建设西南中南地区开放发展新的战略支点

2014 年国务院的工作报告中指出要以海陆的重点口岸为基础，将沿海地区和西南中南地区形成经济发展带。广西在西南中南地区占据着重要的地位，是连接东南亚地区、东盟地区、粤港澳地区的重要通道，可以引入国内外各项资源，是促进西南中南地区经济发展的重要支撑点。广西的发展理念是通过支撑点带动周边地区的运转，要大力发展交通，通过交通联结更多的地区。发展现代新兴产业，积极引进国外资本，大力发展金融，打造新的城镇体系，同时要坚持可持续发展的道路，要发展港湾、河道、出海地区的交通运输，让陆路、水路形成完整的运输体系，打造西南中南腹地面向东盟开放的支撑带。

（二）加快重点领域改革和先行先试

党的十八届三中全会指出要大力推进上海自贸区的发展，特别是对于重点产业和领域要加快创新的步伐。广西在进行深化改革的过程中，将北部湾地区作为首先发展的重点。按照中央深化改革的相关决定，除了推动经济区的内部改革，还要发展综合配套设施。要从体制改革上做文章，不断优化行政管理的程序，创新金融业的发展道路，国有企业也要跟随市场不断地自我革新，同时要清楚国家的各项政策，将发展战略和国家政策结合在一起，获取政府的支持，同时要扩大开放程度，增加和国外的贸易往来，不断创新培育沿海发展新的增长极。

（三）加快珠江—西江经济带建设

目前，长江经济带和珠江—西江经济带是带动经济发展的重要发展战略。通过经济带可以让发达地区的资源进入欠发达地区，让整个经济带的资源流动起来，发挥出欠发达地区的活力。目前珠江—西江经济带的巨大作用已经让其成为国家的重要的战略发展计划，因此，要大力推动两广的协调发展，同时也要为东部地区的产业转型提供重要的支撑。要利用黄金水道，让陆路和水路交通形成完整的交通体系，从而带动产业的发展，激发创新活力，让两广流域的经济高度一体化，以全流域发展形成东西部合作示范区。

（四）加快建设 21 世纪“海上丝绸之路”

我国重点发展“海上丝绸之路”和中国—东盟自贸区的升级。相关地区要抓住发展的机遇，进入到国家发展的浪潮之中，广西在地理位置上占据先天的优势，它紧挨东盟国家，海上的距离也是最近，所以广西要扩大开放，特别是推动港湾经济的发展。和东盟的港口企业合作，建立起完善的交通体系和合作网络，同时要打造相应的信息平台，完善港口的配套服务，提升服务水平，迈向国际化的道路，要逐渐发展成为区域性的国际航运枢纽，同时也要将南宁—新加坡的运输资源融合进海上丝绸之路的发展规划之中。坚持推动中国—东盟加强合作，加快构建临港产业带和海洋经济的合作发展，推动中国—东盟自贸区不断升级革新，进入到新的历史发展阶段，打造新的十年发展战略规划。

十一、全域旅游发展战略

大众化旅游时代的到来。改革开放以来，我国旅游业在“景点模式”的驱动下，实现了从短缺型旅游向初步小康型旅游的历史性跨越。2015 年我国人均 GDP 已达到 7940 美元，人均出游率超过 3 次，表明我国大众化旅游消费的时代已经到来。大众旅游时代，“景点旅游”模式已经不适应新形势下旅游业发展的要求。新形势下旅游业的发展，必须顺应市场和旅游发展的内在要求，加快旅游业发展模式的革新步伐，遵循旅游业发展的客观规律，推进以抓点、线为特征的“景点旅游”发展模式向整合区域资源，推进产业融合、促进共建共享的“全域旅游”发展模式转变。

中国进入新常态的发展时期，旅游产业成为了新的经济增长点。根据 2015 年的旅游产业报告，有 41 亿人次在中国境内旅游，产生了 4. 13 万亿元的经济效益，各项资本也进入到旅游产业，增长了 42 个百分点。虽然目前我国经济发展放缓，但旅游业仍旧充满生机，产业规模在不断扩大。发展全域旅游具有促进新常态下稳增长、调结构、促就业、惠民生等作用，有利于推动经济结构的战略性调整。

旅游业进入多元化、特色化发展新阶段。中国旅游消费市场开始向多元化、多层次、多领域发展，人们出行旅游将对吃、住、行、游、购、娱、商、养、学、闲、情、奇、厕各方面提出更高要求，由基本满足型逐步向舒适型、享受型过度，我国旅游产业的消费水平的等级也在不断提升，消费的趋势也越来越多元化，旅游产业要注重特色产品的开发，增强产品核心吸引力，更加适应游客个性化的需求。发展全域旅游有利于促进旅游业与其他产业的融合发展，延伸产业链，培育旅游新业态，丰富旅游产品类型，更能适应未来旅游市场的多元化、特色化要求。

全域旅游是广西加快发展旅游业的重要方向，是新时期广西促进旅游业改革发展的重要突破口，是秉承“创新、协调、绿色、开放、共享”五大理念的全新发展规划，广西的旅游业着重点在于特色的县市和乡镇，同时要形成完整的旅游体系，开展旅游示范区和特色旅游名县创建工作，共同促进县域经济发展和县域旅游转型升级，形成了“双创双促”的全域旅游发展模式，在这种模式下，通过抓体制、抓规划、抓建设、抓整合、抓环境、抓管理、抓培训、抓宣传等路径，推动旅游业由“景区旅游”向“全域旅游”发展，促进产业融合发展，全民参与旅游共建和共享旅游与经济发展成果①。通过多个县域全域旅游发展，形成以点带面的发展格局，将广西作为一个大景区进行全域的旅游开发，最终促进整个广西全域旅游发展。

（一）广西发展全域旅游的主要思想

广西在推进全域旅游的过程中，要坚持科学的发展方向，坚持党的战略部署和政策，深入贯彻习总书记系列讲话精神，按照“四个全面”战略布局，要确立“创新、协调、绿色、开放、共享”的理念，明确将广西建设成为旅游强区和全国一流、世界知名的区域性旅游目的地的目标，以改革创新、提质增效为主线，以加快美丽广西和生态文明建设为契机，突出规划引领、保护优先、创新驱动、开放合作。按照国家相关的规定和要求，推动旅游产业的转型发展，将全域旅游作为发展的重点，整合特色资源，优化发展布局，提升产业素质，实施扶贫攻坚，推动广西旅游产业供给侧改革，全区积极创建“全域旅游示范省”，各市县积极创建“全域旅游示范区”，把旅游业逐渐发展成为我区的支柱性产业，同时促进服务水平的不断提升，可以为两个建成目标的实现贡献更多的力量。

（二）广西发展全域旅游的总体规划

1. 全域化

统筹全域的旅游资源，不断协调，从整体的角度来看待广西的旅游产业的发展，把推进全域旅游作为地方经济社会发展和“稳增长、调结构、惠民生”的重要抓手，统筹规划、统一部署、整合资源、协调联动、全面优化，把广西整体作为一个旅游景区来进行规划，在推进城乡变革时，要和旅游业融合在一起，有计划地把各个城乡打造成为特色的旅游景区，同时要推动各项旅游产品的发展，不管是观光、休闲，还是度假，都能满足消费者的需求，提供很高的服务品质，将旅游产品、旅游路线和旅游品牌结合起来，通过整体的宣传策略、全方位的旅游覆盖和社会的积极参与，让广西成为旅游业发展的示范区。

2. 生态化

旅游业的发展不能以生态环境为代价，所以必须要保护地区的生态环境，倡导旅游业的生态化。要合理利用各种生态资源，特别是重要的生态地区，要做好保护工作，让消费者感受到大自然的真实和魅力，体验广西真正的风土人情。旅游业的开发要统筹资源，合理分配，旅游业的发展要促进环境的改善，还要宣传

① 海鹰，吴宁．全域旅游发展首在强化旅游综合协调体制机制［J］．旅游学刊，2016（12）．

和鼓励绿色低碳旅游，不仅可以提升旅游业的经济效益，同时也为环境的保护做出贡献。

3. 特色化

因地制宜，突出特色，结合广西特色旅游名县创建工作，以特色引领全域旅游建设，立足广西实际，深入挖掘地域特色、文化特色，培育主打产品、主题形象、产业体系，防止千域一面、千景一格、千点一味，形成色彩斑斓、各具特色、生动活泼的全域旅游大格局。

4. 人性化

旅游业发展要考虑消费者的需求，以人为中心，不断提升旅游业的服务水平，要建立统一的服务标准，同时要根据不同地区的特色开展特色服务，让人们在旅游中能够真正地放松自我，同时在结合先进的信息技术和高新设备，打造旅游品牌，同时要提升旅游的品位，让旅游成为消费者不可缺少的事情，提升国民的整体幸福感。

5. 共享化

共建共享，互惠互利。实现旅游与其他产业共建共享，充分发挥“旅游＋”的整合功能，调动各方积极性，推动特色产业、城乡建设、现代科技、创意文化、生态文明建设等与旅游业有机融合发展，大力发展产业融合产生的新业态。实现游客与居民共建共享，将全域旅游的发展成果分享给更多参与其中的人，让游客感到开心，居民获得经济收益，政府增加财政收入，企业规模不断扩大。

6. 国际化

广西的旅游业不能只局限于国内，要将眼光放到国外，引进国外先进的管理理念和发展理念，同时要用国际化的标准来要求旅游业的服务水平，不断扩大市场规模，打造特色性的旅游产品，增加旅游品牌的国际影响力，推动旅游企业的发展，完善整个旅游体系，通过旅游业的国际化发展带动广西其他产业的国际化。

（三）广西全域旅游的战略目标

1. 总体目标

到2020年，广西全域旅游要形成完善成熟的体系，整体旅游产业实力居于全国前列，成为一流的旅游品牌，在国内外的旅游市场都具有很强的影响力，同时要建立生态旅游区，成为国家的旅游产业的领头羊。

（1）处处美景。要以桂林、巴马、北部湾作为发展国际旅游的重要支撑点，打造国际旅游度假区，特别是要与周边地区结合起来。发展南北旅游、东西旅游、边关旅游，粤桂黔地区旅游，建设国家级的风景观光区，发展中越德天—板约瀑布的旅游合作，以及中越友谊旅游路线。把中国东兴和越南芒街的旅游资源结合起来，以及大力发展红色旅游路线。要积极寻求国际旅游市场的合作，同时也要将文化旅游和风景旅游结合起来，让游客可以享受到多种多样的旅游产品，比如桂林的文化之旅、北部湾的休闲之旅、巴马的养生之旅，要结合当地的特色，发展出多元化的旅游产品。此外还可以个性化设计旅游路线，大力发展精品旅游和定制旅游。

（2）资源整合。要把农业、文化、体育等多个产业的资源整合起来，融入旅游业的发展之中，依托热带和亚热带水果、中草药、海产品、特色禽畜养殖、无公害蔬菜等特色产业，打造休闲农业体验园区、特色农业示范基地、中医药健康养生基地、海洋牧场等特色产业园；依托丰富的民族文化资源，加大创新力度，打造桂林国际文化旅游产业集聚区等一批特色文化旅游产业集聚区；发展骑行驿站、游艇、自驾车营地、低空旅游等户外旅游新业态，促进海陆空多产业融合发展；所有 AAA 以上景区、三星级以上宾馆和三星级乡村旅游区实现 Wifi 网络全覆盖，可提供网络支付、电子门票等便民服务。

（3）全时服务。旅游产品的提供和服务在任何时间段都要准备好，特别是通过节假日激发旅游市场的活力；依托高速公路和高速铁路的快速集散和运输能力，完善中心城市到各旅游景区、乡村旅游区的交通公路，提升旅游通达性，将更多产品组合形成更丰富的旅游线路，让游客能够在同样的时间内获得更多的旅游体验；强化生态避暑休闲度假吸引力，建设巴马长寿养生国际旅游区，利用优越的森林条件，建设一批避暑度假区，吸引“候鸟人”旅游市场和避暑度假的旅游市场，在发展旅游的重点区域要结合文化旅游，特别是文创产品的开发，打造专属品牌。

（4）成果共享。通过旅游业的发展，要改善当地居民的生活环境和生活条件，特别是贫困地区，政府要大力帮扶，让很多的居民参与进来，也能获得相应的经济效益。

2. 分项目标

（1）旅游支柱产业地位得到进一步提升，对于旅游产品的开发要有整体的规划，旅游产业也要不断转型升级，通过旅游品牌扩大影响力，建立起完善的旅游体系，同时配套的设施也要及时更新，提供更优质的服务，体系全面提升，多元化市场不断拓展，区域旅游合作不断深化，旅游人才队伍不断壮大，依法治旅水平不断提高，旅游综合管理和执法体系得到建立，逐渐扩大旅游产业的整体规模，提升服务品质，坚持可持续发展的能力明显增强。

（2）到 2020 年，要创建 20 个国家级的旅游示范区，发展广西特色的旅游名县 20 个。

（3）旅游业的发展会带动一系列产业的发展，综合计算，旅游业占 GDP 的 15% 以上，旅游业所产生的附加值占据权区的 10% 以上，特别是在增加就业这方面有突出的贡献，同时让旅游地区的居民获得经济收入，脱贫人口占据全部的17%。

（四）广西全域旅游的发展思路

紧紧围绕建设旅游强区总目标和建设国际生态大公园的全域旅游发展目标，以改革创新为动力，全域化战略为路径，国际化战略为导向，品质化发展为保证，以创建广西特色旅游名县和国家全域旅游示范区为抓手，落实精品带动、优势聚合、差异定位、服务升级四大发展战略，创新工作机制，加强旅游和各部门的统筹协调，构建绿色生态、长寿生态、海洋生态、人文生态和乡村生态五大支撑，促进游客群体广泛化、旅游空间全景化、旅游活动丰富化、旅游产业融合化的“四化”发展，升级完善人本化的全域旅游公共服务体系，强化智慧旅游体系建设，开发多元化的全域旅游产品体系，着力打造特色化旅游产品，实现观光活动向深度游转变、旅游与其他产业深度融合、精品项目打造与产品整合、创设国际化网络化服务平台四大突破，创新推进精准化的全域旅游营销推广体系，夯实规范化的全域旅游行业管理体系，建立立足民生的全域旅游消费促进体系，加快旅游市场主体培育，全面优化政策保障，加强组织领导和旅游人才培养，强化监督考核。

广西全域旅游发展按照三个层次推进：

1. 自治区层面

以全域旅游发展理念，将全广西作为一个整体的旅游目的地，依托自治区“十三五”定下的“三大国际旅游目的地、四大旅游发展带”的发展格局，以三大国际旅游目的地和四大旅游发展带的发展，构建全域广西的核心吸引物体系，以南宁、桂林两大集散中心和全区高速铁路网络、高速公路网络，构建支撑全域旅游发展的骨架，推进全区旅游扶贫。

2. 市级层面

鼓励各地市申报和创建国家全域旅游示范区，整合市域内的旅游资源、产业要素和其他资源，将整个市域作为一个旅游目的地来打造，进行“旅游+”业态布局，推进旅游产业转型升级。

3. 县（市、区）层面

（1）所有广西特色旅游名县申报和创建国家全域旅游示范区。

（2）所有广西特色旅游名县的创建县和备选县要在创建过程中将国家全域旅游示范区指标体系纳入创建体系，在创建广西特色旅游名县的同时同步创建国家全域旅游示范区，并带动区域其他县（市、区）旅游发展，其他县（市、区）具备条件后，也可创建国家全域旅游示范区。

（3）其他县（市、区）应当以国家全域旅游示范区创建标准为参考，将全域旅游开发融合到地方旅游发展和经济建设中，按照全域旅游的理念和标准体系，积极推进本区域内全域旅游的发展，从而带动整个广西的全域旅游发展，成为在全域旅游方面的国家示范区。

（五）广西全域旅游发展的主要目的

1. 创新融合，发展具有广西特色的旅游名县，成为国家全域旅游的示范区

在广西特色的旅游名县的创建基础上，根据国家全域旅游示范区标准和工作导则，大力推进各国家全域旅游示范区创建单位的创建工作，实施管理体制改革，构建特色旅游产品体系，促进产业融合和新业态发展，打造全域旅游品牌，完善全域旅游公共服务体系建设，加强市场营销，建立大数据平台和推进智慧旅游发展。推动广西特色旅游品牌的打造，创建特色旅游名县，其他县也要按照国家的旅游示范区标准，让广西所有的县都能够具有高品质的旅游服务，通过特色名县创建和全域旅游创建的同步建成。

2. 党政主导，构建现代旅游治理体系

（1）改革创新全域旅游领导体制。以各市、县创建特色旅游工作领导小组为主体，形成推进全域旅游的领导体制，强化党委、政府对旅游业的领导。领导小组应落实全域旅游示范区创建主体责任，明确创建目标及时序安排，形成推进全域旅游的重要力量，同时在发展全域旅游时，各县市要出台相关的政策支持，将资源和资金整合起来，发展产业融合机制和目标责任考核机制，强化政策、资金、规划扶持，保障要素供给，落实全域旅游示范区创建工作责任。

（2）建立旅游综合协调管理机构。加强旅游发展委员会、旅游局等旅游部门职能建设，这些部门的主要作用就是对旅游产业的发展制定总体的规划，同时监管和协调旅游资源，提升综合协调能力。旅游部门对全域旅游进行统筹规划、统筹部署、整合资源、协调联动、全面优化。增加旅游部门人员配置，优化旅游管理人才队伍建设。

（3）建立旅游执法机构和相应的旅游法规。大量的游客容易发生各种突发事件，因此需要旅游警察部门，以及专门的旅游执法机构、专属旅游业的法庭，要建立旅游工商部。各部门执法机构要联合起来，协调各方的力量，促进旅游业依法进行发展，保护游客的安全。针对旅游业的监管需要将责任细化，政府和旅游部门要通力合作，同时也要积极运用旅游企业和社会的作用，通过四个方面做到全方位监管，使旅游业可以健康地发展下去。

（4）积极推进新导游革命。

①积极探索建立一套包括导游人员注册登记、年审考核、薪酬和社会保障、执业规范等法律法规和规范性文件，建立健全的企业合同、行业公约、同业守则等规则制度，形成导游队伍基本规章制度。

②完善全区导游网络化服务管理系统，以旅游城市、广西特色旅游名县、广

西特色旅游名县创建县、广西特色旅游名县备选县为重点，以导游从业资质、执业情况、信誉档案等为内容，逐步形成区、市、县三级分工负责的导游服务管理系统，切实加强对导游队伍的服务管理。

③旅游业的导游是非常重要的角色，所以要针对导游建立明确合理的劳务制度，专职的导游必须有基本的工资，然后根据工作的具体情况进行补贴，特别是桂林成为了国家旅游改革的试验区，所以同时要对导游的劳务制度经营改革。

④推进导游自由执业试点，在有条件的旅游城市、广西全域旅游示范区创建单位等出台导游自由执业试点管理办法、导游自由执业服务规范等，促进导游执业从行政化、非流动、封闭式管理向市场化、自由化、法制化管理转变，并完善导游自由执业的职业保险制度及导游个人的基本社会保障制度。

⑤完善导游准入—退出机制，重点完善年审统计和导游 IC 卡计分管理制度，尽快出台导游 IC 卡有效时限及注销退出办法，规范导游执业。

（5）建立广西特色旅游名县创建和全域旅游示范区创建“双创”工作共享共促机制。将全区特色旅游名县、创建县列入广西壮族自治区实施全域旅游示范区创建的重点单位，鼓励创建县（市）及备选县入围全域旅游示范区创建单位，形成创建梯队；将创建标准与创建全域旅游示范区标准有机衔接，已经通过国家全域旅游示范区标准的县和广西的特色旅游名县享有同等的政策奖励待遇。

3. 产业互融，促进各项旅游产品的体系化发展

旅游业要积极和其他产业进行合作，整合资源，打破各产业的边界。通过创新发展出多元化的旅游产品，推动各产业内部的深度结合。集结社会和市场的力量。旅游业可以和农业、文化业、商业等结合在一起，通过产业之间的相互渗透，让旅游业拥有更多的附加值，同时推动城乡的发展，让产业资源利用达到最大化。此外，要积极创造和发现旅游业新的消费热点，让旅游产品的市场规模更加扩大，无论什么季节和时间都有相应的旅游产品可以提供，让每一个游客都能找到自己想要的服务。提升桂林山水、长寿巴马等旅游品牌的影响力，要发展多元化的旅游产品，从观景、休闲度假到文化旅游、红色旅游。要给游客提供多种不同的选择和体验，还要根据游客的喜好推出定制化的旅游项目，可以进行自驾游、探索游、情感游等方式。

（1）实行“旅游＋”战略，促进产业融合发展。

要大力推进“旅游＋”模式的发展。通过旅游产业带动其他产业的发展，找到旅游产业的新发展之路，要促进旅游业与各级产业的资源整合。让旅游和文化、科技等多方面进入融合，从而创造出新的旅游产品。要根据不同的目的和主题打造专项旅游产品，比如农业旅游、文化旅游，同时也要结合市场的热点推动康健旅游、医疗旅游等创新性的旅游产品。

①旅游＋互联网。旅游业要积极利用信息网络，建设相关的配套设施，让游

客在旅游区的周围以及重要的旅游路线上都能够有无线网络或者基础网络的提供，增强旅游景区的智慧性，创建相关的智慧旅游路线。建立旅游大数据平台，建立旅游与多部门数据共享机制，让更多的人可以参与“旅游+互联网”的创业之中。要打造相应的示范基地，结合社会的热点和高新技术，发展智慧旅游，特别是在行动支付方面要做到全覆盖。通过网络技术让游客更加方便快捷，通过互联网对客源市场进行具体分析，充分利用微博、微信、微站、微店、App 等新技术，创新旅游网络营销模式；利用大数据、云计算技术手段，创新旅游管理方式。

②旅游+新型城镇化。结合特色旅游名镇名村建设和美丽乡村工程，以旅游为先导，深入贯彻落实新型城镇化战略，提高县域城镇发展水平。以大县城和建制镇等中小城镇为重点，开发建设特色旅游小镇和特色旅游名镇，保护性开发一批古村镇，推动旅游与新型城镇化有机结合，促进城乡一体化发展。

③旅游+相关产业。

一是旅游+农业。大力发展休闲农业，推进旅游与农业融合发展，创建乡村休闲旅游示范县、特色旅游的名镇名乡、星级乡村旅游区、星级农家乐等创建工作。

二是旅游+林业。逐步推动广西国家公园体制改革，特别是生态保护区和森林公园基础设施的完善，推动森林旅游的发展，提供生态旅游、康体养生、森林体育、森林探险、湿地休闲度假、森林体验、林家乐和森林人家等特色项目，重点组织实施森林旅游的“510”规划，积极创建 10 个重点的森林公园、10 个湿地类型的公园、10 个森林保护区的旅游区、10 个森林疗养基地和 10 个风景观赏区。打造一批现代特色林业生态旅游（核心）示范区和一批森林生态旅游的特色旅游产品。

三是旅游+交通（航空、海上交通、高铁、高速）。大力推进风景廊道、旅游绿道和高铁旅游廊道建设；大力发展自驾车旅游；开发低空旅游项目。围绕 21 世纪海上丝绸之路旅游航线开发，推进各个海港的邮轮旅游和游艇旅游，针对内湖也要开发出具有创新性的旅游产品。

四是旅游+文化。合理适度利用广西区内各种文化遗产资源、历史文化名城名镇名村等，培育和创建重点的文化旅游区，特别是结合传统的珍贵技艺和世界闻名的文化遗产，比如左江花山岩画，以此为基础，加入更多的文化产品，打造专属的文化旅游区，同时要积极利用历史文化资源，例如海上丝绸之路，开发各海港的旅游产品，提供更高水平的旅游产品，也要积极保护各类文化资源，让游客可以处处感受到；加大对革命历史文化遗迹的保护和利用，突出主题、传承精神，大力推进红色旅游，要积极利用各少数民族的文化和民俗，特别是少数民族的一些重要节日，可以将“三月三”打造成为民族旅游的特色品牌，然后结合表演，重视游客的新体验，着力推动舞台及实景演艺项目；开展侨乡民俗风情旅游节庆活动；开发旅游影视与动漫作品，培育文化旅游创意产业。

五是旅游＋中医药。充分挖掘广西中医药健康旅游的旅游产品，打造专属的品牌，扩大品牌的影响力。重点发展以休闲养老、康体保健、文化体验、旅游度假、节庆会展、中草药养生食品加工为特色的健康旅游产业和产品，精心打造一批中医药（民族医药）健康旅游路线，逐步形成桂西北、桂西南、桂东北、桂中、北部湾和桂东六大片区协调发展的空间格局。将长寿、生态、药用资源具有突出特色的县（市）纳入广西特色旅游名县的创建之中，打造中医药的健康旅游城镇、度假区、文化街、主题酒店等。深度开发高铁沿线中医药（民族医药）健康旅游市场，同时要积极寻求其他健康旅游区的合作，打通旅游路线，客源共享。

六是旅游＋体育。大力发展体育旅游，积极推进攀岩、漂流、龙舟、赛艇、滑翔伞、户外徒步等山地、江河、海洋、低空、生态户外运动休闲旅游产品开发，培育若干融合户外运动休闲项目和经典旅游景点的线路；大力推动中国—东盟汽车拉力赛的举办、柳州的水上竞赛、各项马拉松赛事的承办，还有中越边境的自行车赛、国际龙舟大赛，通过各类活动，可以让更多的人参与进来，从而增强旅游区的影响力，同时也和体育活动完美的融合。

加强旅游和工业、商贸、会展、水利以及其他行业的资源整合，可以打造一批生产旅游文创产品的企业，同时也要促进会展商务旅游的发展，加快水利风景区建设，以旅游引领其他产业转型升级，以旅游为驱动，带动全行业发展。

（2）加强特色旅游产品的发展，优化升级山水旅游产品。

游客在进行山水观光旅游时，要注重他们的参与和体验感，同时打造多种不同的观光线路，给予游客更多的选择，提升整体的服务水平，要重点建设桂林和“中国南方喀斯特”世界自然遗产、大化七百弄国家地质公园、乐业—凤山世界地质公园、资源国家地质公园、大新德天跨国瀑布、南宁大明山、龙胜梯田、靖西通灵大峡谷、百里柳江画廊、玉林大容山、上思十万大山、钦州八寨沟、龙州弄岗等旅游区。

①大力发展休闲度假旅游。各类旅游产品应该同样重视，特别是现代社会更需要让人放松身心的地方，所以要推动休闲度假旅游。以桂林为例，促进桂林旅游由山水观光型向文化休闲型转变提升；进一步加快北部湾国际旅游度假区开发，建设一批滨海型旅游度假区和度假基地，加快建设北海、防城港邮轮母港，开发跨国海上邮轮度假旅游产品；推进温泉度假、森林度假、乡村度假等多元化的旅游产品的发展，要创建一批特色旅游的示范基地，提供更高品味的旅游产品来满足大众对于休闲度假需求的国民度假地。

②创新开发健康养生的特色旅游。广西拥有美丽的自然风光和良好的生态环

境，所以要大力发展养生旅游，以巴马长寿养生国际旅游区为核心，加强民族医药文化与养老养生旅游的融合开发，打造一批中医药健康旅游示范基地，建设一批长寿养生特色旅游城镇和疗养康复基地，丰富健康养生产品类型，进一步提升健康养生旅游品质。

③合作开发边境跨国旅游产品。全面加强与泛北部湾地区各国的合作，形成广西与泛北部湾地区跨国旅游一体化发展格局。加强与越南的旅游合作，以北海、防城港、崇左、百色等地区为重点，以跨境旅游合作区和跨国陆海旅游线路共建为抓手，打造具有鲜明特色边境旅游路线，特别是针对中越边境地区，要开发多种旅游产品，推进中越德天—板约瀑布的旅游合作，中越友谊关—友谊国际旅游合作区，中国东兴—越南芒街跨境旅游合作区和崇左“全国红色旅游国际合作创建区”，积极培育跨境自驾车旅游。

④深度开发乡村旅游产品。以观光体验、休闲度假与特色专项为方向，进一步丰富乡村旅游的多元化发展，推动农务体验活动和少数民族生活体验活动。建立乡村的文化馆，采取农家乐的形式，还可以建立规模化的酒店，开展乡村休闲度假、观赏山水、健康养生等多种旅游活动，规范提升以“农家乐”为代表的传统乡村旅游产品，以星级乡村旅游区和星级农家乐为抓手，促进广西乡村旅游提档升级。建设一批特色旅游小城镇和特色旅游村，重点发展阳朔、龙胜、大新、靖西、扶绥、灵山、横县、田阳、上林、巴马、宜州等县的旅游村镇，推进昭平县黄姚镇、灵川县大圩镇、南宁市扬美镇、阳朔县兴坪镇、鹿寨县中渡镇、大新县硕龙镇等城镇打造一批“国际慢城”；坚持“一村一品”，不断创新发展模式，培育民族村寨、乡村民宿、森林人家等乡村旅游新业态；培育形成一批乡村旅游产业基地、乡村创客基地和乡村旅游集聚区，推进和完善阳朔遇龙河、贵港四季花田、玉林五彩田园、那坡黑衣壮风情园、南丹白裤瑶风情园等一批乡村旅游项目。

⑤充分开发少数民族文化特色旅游。充分开发各少数民族的特色，将民族文化与风景观光结合在一起，突出壮歌、瑶舞、苗节、侗楼、京哈等特色文化，打造“八桂民族风”旅游品牌。重点打造广西刘三姐精品文化旅游产品，构建桂林—柳州—红水河刘三姐文化旅游线路和刘三姐故乡旅游品牌；依托三江、融水浓郁的侗苗风情，发展侗苗风情体验为主的休闲产品；整合桂北、桂中地区的特色民俗文化，保护原始村寨的风貌，充分利用民族的特色文化，打造专属旅游品牌，加快东兴京族、罗城仫佬族、环江毛南族、南丹白裤瑶、那坡黑衣壮、隆林苗族等民族文化开发。结合民族节庆活动，开发一系列民族风情浓郁、参与性强的节事活动。

⑥积极开发绿色生态旅游产品。逐步试点国家公园体制改革，依托森林湿地公园和各个风景观光区，充分保护生态环境，推动广西国家级公园的创建，除了

休闲度假，还要在商务旅游方面进行开发，同时要创新多元化的森林旅游产品，推出养生类、科普类等多种方式的旅游路线，给游客提供更多的可能性，也符合国家绿色旅游的规定。

⑦充分开发红色文化的旅游产品。要从历史的角度开发红色旅游路线，不断丰富红色旅游的形式，进一步打造和提升“胡志明小道”“红七军”等红色旅游品牌，将红色文化资源整合起来，统筹发展，将红色文化旅游做的越来越深入，打造专属旅游路线，同时相关的旅游景区也要进行红色主题建设，完善周边的配套设施。细化打造优秀革命传统教育、爱国主义精神、改革创新的时代精神、中越革命友谊四个重点红色旅游品牌，打造 11 个全国性质的红色旅游景区，将红色旅游资源整合起来，推动合景区之间的合作，加强与越南合作，推进红色旅游国际合作，依照胡志明的足迹打造专属的旅游路线，同时又具有跨国因素，可以更快推进旅游品牌的进步。

（3）加强景区培育工作。培育一批品牌影响力大的旅游产品，通过特色的旅游产品和高品质的旅游服务来增加吸引力。打造百个精品景区，全面提升旅游产品的影响力，要创建 4A、5A 的旅游景区，不断提升景区的整体档次，到 2020 年能够达到 4A 级旅游景区 160 个，A 级景区 400 个。

（4）打造具有代表性和品牌影响力的全域旅游线路。积极学习其他国家全域旅游的经验，通过广西的本土特色打造旅游名县，提升全国的知名度，优化精品线路组织，以各个交通线路作为旅游产品的基本路线，将重点景区之间相互联系起来，形成完善的旅游体系和专属品牌，根据不同地方的特色推出多元化的旅游产品，比如桂林的山水观光之旅、北部湾的休闲度假之旅、边境跨国之旅、少数民族文化体验之旅、巴马养生康健之旅、自然保护区的生态之旅，通过多种旅游产品的提供，让游客能够有多种选择。

4. 补齐短板，提升旅游景区的基础设施和服务品质

（1）完善旅游景区之间的交通路线，打通整个旅游交通网络。

①打通旅游交通全网络。以航空路线、高速公路、高铁路线、旅游中心城市和港口城为支点，市区内的公路和景区专属路线和内河交通为辅助路线，打通整个旅游交通网络。加快广西七大机场的航线培育，积极开通国内、国际航线；推进“一轴四横四纵”快速铁路网络建设；加快西江内河航运、水库、湖泊等水上旅游交通设施建设；加快北海、防城港和钦州邮轮港口建设。在高铁站、火车站、机场、港口之间开通直达公交车，实现铁路、公路、航空、海运和公共交通无缝对接。鼓励建设慢行系统，沿公路、江河建设绿道，在重要景区及节点增设自行车租赁点，同步做好休闲设施、景观小品等配套。推进旅游公路网络向旅游景区、乡村旅游点延伸，提升通往景区和旅游村屯的交通道路等级，构建“外通内联”的旅游交通网络，切实解决“断头路”和“最后一公里”问题。

②推进国家风景道建设。重点推进中越边境国家风景道（南宁—防城港—东兴—爱店—宁明—凭祥—龙州—大新—龙邦—靖西—百色）、西江风景道（贵州兴义—广西百色、柳州、荔浦、梧州—广东封开、德庆—肇庆）等国家风景道建设，建设内容主要包括资源保护工程、沿路立体景观营造、观景游憩设施、综合服务设施、旅行服务资讯等。

③加快发展自驾旅游，营地驻扎和旅游驿站。要大力推动具有广西特色的旅游名县和旅游名县创建县、广西特色旅游名县备选县自驾车营地、旅游驿站建设，依托高铁站、汽车站、高速公路服务区及各主要交通要道上的加油站建设自驾车营地咨询服务中心，并设立自驾车线路导览牌，完善旅游咨询服务功能。加快防城港、崇左、百色等地自驾车营地建设，积极培育跨境自驾车旅游。在那坡—靖西—崇左—宁明—凭祥边境公路、桂林—龙胜—三江公路、桂林—阳朔—平乐—黄姚公路沿线试点建设旅游驿站，然后建设相关的配套设施，给游客提供休息，询问等多种服务。

④旅游景区的停车场规划。推动广西特色的旅游名县、民族特色旅游景区、乡村旅游区、旅游停车场建设。各市县应出台节假日公共停车场应急预案，建立应对公共停车场突发事件防范、指挥、处置体制和机制，鼓励推行停车场错峰开放，采取开放式停车场管理方式，增加停车场有效供给，平衡需求。

（2）完善旅游公共服务设施，推进旅游服务全域化。

①加快智慧旅游的发展。要充分利用现代信息技术，建立起广西旅游产业的大数据网络，结合广西的信息化发展，推动旅游景区的发展转型，特别是要和国家旅游的相关部门和国家旅游产业平台等相关平台的对接，实现数据共享交换，加大旅游数据研判分析，形成多渠道旅游信息发布与交流。

构建智慧旅游、智慧管理和智慧营销于一体的智慧旅游体系。建设智慧旅游服务平台。开发移动终端服务信息交互功能，加快建设以手机导览、手机预定和支付为重点的智慧旅游产品，要建立相关的旅游平台，通过电子处理各项事物，对游客进行多方面的分析，做好安全监管工作。对重点景区的旅游设施监控全覆盖，强化客流量和安全监测，推动旅游业监管力度的优化，打破传统的监管方式。可以在过程中进行实时监管，完善广西旅游目的地智慧营销平台，加快推进广西旅游政务网等旅游网站及旅游手机 App 建设，与旅游网站合作在线发布旅游资讯，以大数据平台为载体，实现精准、定位、互动式旅游营销。

加快推进各地级市建设智慧旅游城市，以各城市旅游咨询服务中心为支点，推动各市建立和完善旅游微信、微博平台、旅游政务网、旅游信息网等网站信息平台，打造完整的智慧旅游体系，不管是旅行社还是酒店或是景区都要做到智慧化，大力推进智慧旅游试点县和智慧旅游试点村镇建设，实现智慧旅游全域化。

②深化厕所革命。大力推进厕所革命，使旅游景区内和旅游路线中途，特别是交通枢纽地区和乡村旅游的厕所要数量充足、达到旅游厕所的国家级标准，保证整个旅游过程中随时都能找到厕所，并且干净舒适，严格管理。积极推动“以商建厕、以商管厕、以商养厕”。

③加快旅游集散中心及旅游咨询服务中心建设。依托高铁站、机场、客运站、火车站及码头等综合交通枢纽，加快各地级市、特色旅游名县、广西特色旅游名县创建县、广西特色旅游名县备选县的旅游集散中心建设，并开通各旅游集散中心到主要旅游景区的旅游专线，让高铁站和机场以及公共交通之间可以方便快捷的联通起来，形成旅游城市—景区和集散中心—分中心—集散点等旅游交通网络体系，推动各县市旅游中心的服务品质提升，完善旅游咨询服务功能，实现重点旅游城市、旅游景区、广西特色旅游名县、广西特色旅游名县创建县、广西特色旅游名县备选县的咨询服务全覆盖。

④完善旅游标识系统。加快旅游标识的多语种化、规范化建设，对旅游标识牌进行统一规划、统一设置、统一管理。在国家 A 级旅游景区、广西星级乡村旅游区和星级农家乐等游览场所设置中外文对照的引导标识（包括景区介绍牌、导览图、景物介绍牌、导游全景图、指示牌等），在高速公路出口、国省道出入口等重要节点和通景区公路沿线设有中外文对照的交通指示牌、旅游标识牌，标识设置符合国家标准的公共信息图形符号。

5. 破除壁垒，促进旅游消费提升

（1）转变政府职能，释放消费潜力。各级政府和部门要加快政府职能转变，进一步简政放权，简化审批程序，从而提升政务工作的整体质量和水平，充分运用市场的功能，促进市场投资，激活市场，释放旅游消费潜力。

（2）打破行业壁垒，推动产业开放。旅游产业中政府和企业要脱离开，各自管理不同的事物，特别是要引进多方资本进入旅游市场，全面开放，激发旅游市场的活力，增强市场需求，通过旅游来促进消费。加快广西国有旅游企业改革创新步伐，增强发展动力、经营活力和竞争能力。要让有能力的民营企业和社会资本进入旅游产业，还要积极寻求海外市场的合作。引入外商投资，提升旅游产业的国际化水平。鼓励旅游组织的发展，支持和培养一批重要的旅游集团，不断扩大规模和影响，让旅游市场更旅游创新性，可以激发新的消费热点，政府也要给予政策支持，帮助中小旅游企业的发展，但同时要注重诚信和实力。

（3）落实休假制度，激活市场潜力。要大力推动带薪休假制度的实行，各企业、组织和机构的工作时间应该具有灵活性，才能够让员工有时间和精力开展旅游活动，所以要鼓励员工在带薪休假时多出去旅游，可以促进旅游产业的发展，释放出更多的活力。

（4）不断协调旅游消费结构，促进旅游产业的整体消费。旅游产业的经济发展应该着眼于旅游过程中的其他消费，所以要控制景区的门票价格，提升旅游购物和娱乐的消费，让旅游消费结构更加合理，从而带动交通业、餐饮业、住宿业等多个产业的发展。

推动节庆日旅游消费。依托数量众多、内容丰富的少数民族节庆、乡村民俗农事节庆和地方节庆活动，整合梳理一批主题旅游体验产品和线路，挖掘和扶持节庆旅游市场，制定节庆消费指南，做大节庆旅游经济。各市县要做好本辖区内的节庆旅游开发和组织活动。

①扩大旅游购物消费。培育壮大旅游商品生产和运营企业，依托城市、景区、乡村等平台，发展旅游购物街区（点）和城市旅游商业综合体，推进广西农特产品、传统工艺品、特色进口商品等旅游商品销售。

②推进景区门票改革。对于景区门票价格要进行严格控制，特别是收费较贵的景区要定期向游客提供优惠门票。对于公益性质的旅游景区，相关部门要将这一部分旅游资源整合起来，通过套票的方式进行经营。每个旅游景区都有淡季和旺季，所以要根据不同的时期和具体情况调整票价，同时旅游景区要结合多个产业的产品，带动其他产业的发展，建立完善的制度对景区门票进行监管。

③积极拓展线上旅游消费。加强与大型旅游电子商务企业合作，搭建电商旅游营销平台，完善微营销网络体系，常态化开展多种线上促销活动，不断拉动线上旅游消费。

（5）丰富旅游供给，促进旅游消费。旅游供给要丰富化、多元化，给游客提供多重选择，特别是推动博物馆、科技馆等文化产业向社会开放。城市的公共服务设施也要进一步完善，促进城市公园和休闲娱乐场所的建立，从而形成城市的特色品牌。开发独特的风味小吃，创新餐饮业的发展。建设多主题的高品位的酒店，而且要带有地区的特色，旅游业进行商业合作，开发文创产品和各类工艺品，旅游的整体路线规划要方便合理。引进大型的演出活动，让游客也能参与其中亲身体验。成立专化的旅游车船出租公司，满足游客交通旅行需求。

6. 强化监管，促进市场规范有序

（1）建立健全旅游市场综合监管机制，促进旅游市场有序发展。贯彻落实《中华人民共和国旅游法》，根据《国务院办公厅关于加强旅游市场综合监管的通知》精神，围绕旅游产业和旅游执法要求，创新旅游市场监管方式，推进旅游执法方式的变革，建设新的执行制度，为全域旅游提供综合执法保障。同时，要把旅游市场环境治理，纳入城市综合治理的范畴内，加大治理力度，形成管理联动，并设立旅游警察，构建全域大旅游综合协管机制，在重点景区、村落景区设立旅游警务室、旅游警察岗亭，因地配套设置旅游服务流动警务室，配置警务人员和设备。

针对旅游市场的监管，要以政府为主体，然后结合各职能部门的力量进行共同监管，确保对旅游市场全方位的监管。转变原来对旅游行业的监管方式，旅游全过程都要在相关部门的监督之下。通过多部门联合执法，使旅游行业能够更加健康的发展，同时要通过舆论和群众进行监督，完善监督体系。定期开展日常联合检查、专项整治、明察暗访，形成长效的监管机制，提升旅游综合管理能力，对涉旅报警求助，迅速出警，及时处置，化解纠纷，促进旅游市场良性发展。

（2）建立健全旅游纠纷处置应急联动机制，营造和谐旅游环境。明确涉旅各部门在规范旅游市场的职责，探索建立旅游企业质量诚信考评体系，督促企业诚信经营。健全“12301 投诉处理机制”，开通旅游维权绿色通道，形成高效的投诉处理机制。对于旅游产业内部要建立诚信和失信制度，提升旅游企业的服务水平。在县级全域旅游服务中心设立旅游巡回法庭，采取流动审判车形式，快速调解、审结旅游纷争。指导参与涉旅纠纷调解，快速化解矛盾纠纷；健全涉旅事件的调解、审判内部运行和管理机制，加大对价格欺诈、非法经营、黑车、黑导等违法行为的惩处力度。要评选出旅游产业中优秀的旅游从业者，对于不文明的游客要建立起相应的数据系统。做好旅游产业中的安全保障工作，提前做好应急准备。通过游客、网络和社会舆论对旅游景区进行监督，提升旅游服务的水平，创建舒适轻松的旅游环境。

（3）加强技术支持，实现监管方式现代化。依托大数据、云技术等现代高科技技术，提升旅游市场监管的科技含量和实际效能；建立旅游移动监管执法系统，运用无线虚拟专网把监管执法延伸到执法现场，使基层涉旅相关人员通过移动终端无线访问数据库，促进移动办公的发展，并且进行实时监管，提供信息查询服务，让相关部门能够更好地做好监管工作。

7. 精准施策，通过乡村旅游拉动居民收入

（1）将乡村旅游的发展纳入扶贫工作。借助国家及自治区有关扶贫政策，抓紧对广西区内贫困村县的扶持力度。通过乡村旅游来发展农家乐，利用扶贫资金，将扶贫工作推进到更深入的层面。通过旅游业带动游客的消费，从而增加贫困地区的经济效益。政府在这个过程中要占据主导地位，将各个部门的力量联合起来共同推进发展。要鼓励股权式的发展，让每家每户都能获得收益，推进乡村合作社和先进企业的发展，同时要做好扶贫资金的监督工作。

（2）完善旅游基础和公共服务设施，促进扶贫开发工作。完善以交通为核心的旅游基础设施建设，重点建设旅游扶贫村对外交通道路，打通贫困地区的旅游“致富路”，提高旅游扶贫村的可进入性，围绕旅游扶贫村旅游开发和区域旅游线路开发，构建整体的旅游交通网络体系，通过区域旅游发展提升旅游扶贫村的旅游开发效益。加快规划建设为游客提供“一站式”公共服务的多功能综合性乡村游客服务中心；加快城乡公共交通与各主要旅游扶贫村的交通网络建设，对于乡村旅游区的服务品质也要重视，加大基础设施建设和安全紧急措施，完善旅游公共信息化网络等配套设施建设。对于重点的公共场所，要设立服务中心，以便解决游客的各种问题和突发事件。

（3）引导社会力量参与，发挥帮扶效应。鼓励社会资本投入广西550个旅游扶贫村的旅游开发，促进企业、组织和旅游扶贫村建立友好、长效的合作关系，不断加强经贸、旅游、环保、生态等方面的合作，利用各种社会力量的集聚优势，形成“千人帮千户”的帮扶模式，积极为社会力量的参与争取更多的支持，为扶贫村的乡村旅游发展奠定扎实的基础。充分发挥经济发达地区的财政帮扶资金引领作用，整合扶贫村资源，打造一批脱贫攻坚示范村。按照政府引导，企业主体的市场导向原则，充分利用贫困地区的自然、人文、生态等资源和特色原材料优势，争取财政、税收、土地等优惠扶持政策，引导企业进入贫困地区投资、开发旅游产业，建设一批具有特色的旅游扶贫村带动当地群众脱贫致富。

（4）大力发展乡村电子商务，形成新型“造血”模式。以构建休闲农业与乡村旅游网络生态系统为核心，利用现代高科技手段及发达的网络通信技术构建乡村旅游电子商务平台，开发乡村旅游产品网上预订、网上展示、网上销售、网上付款和网上宣传等功能，支持游客在线导航、规划自己的行程，为企业提供采购、人才招聘等信息，并参与政府旅游主管部门电子政务，通过共享分析旅游预订数据和景点预订信息，实现大数据汇集，为乡村旅游景区、景点提供信息预警，支持旅游资源有效合理配置。通过建设乡村旅游电子商务平台，有利于提升扶贫村旅游知名度，带动当地扶贫特色产业发展，创造社会经济，提高贫困地区居民的经济收入，通过乡村旅游来推动扶贫工作。

（5）推动“美丽广西”的乡村建设，促进贫困地区的发展和生态保护。不断推进“美丽广西”乡村建设工程，以创造良好人居环境和生态环境为目标，大力改善旅游扶贫开发地区乡村的群众生产生活条件，通过对贫困地区的环境治理，有效改善当地的生态环境，使原来不适宜旅游的地方变成适合旅游之地。以良好的生态环境和人居环境为旅游扶贫开发为基础，充分挖掘和利用贫困地区的乡村旅游资源，积极开展特色旅游名镇（村）、打造乡村休闲旅游示范基地，建设生态旅游，农家乐、渔家乐、森林人家等创建活动，推进贫困地区的乡村旅游发展，最终形成以旅游促扶贫、以旅游推进生态文明建设的良性发展格局。

8. 全域整合，构建开放的旅游营销体系

（1）树立大营销理念，形成全域旅游营销的合力。建立健全区级—市级—县级旅游营销体系，同时要大力进行宣传，利用新闻、网络、杂志的宣传作用，吸引社区、游客等其他主体主动加入。通过政府主导，协调多部门和企业的力量，通过媒体和社会的宣传进行整体营销，构建支撑旅游全域化的营销共同体。各级政府要围绕本市（县、区）的旅游整体形象，整合各部门力量，加大资金投入，加强旅游形象宣传推广。各级旅游部门要围绕企业需求设计组织市场推广活动，扩大企业参与度，鼓励企业参与国际、国内旅游交易会和自治区、各市组织的各种形式的宣传推广活动，将整体形象宣传与企业产品宣传有机结合。加强与媒体的合作，实施对外宣传“请进来”“走出去”工程。提升旅游服务质量，形成良好的旅游口碑效应。

（2）建立以新媒体为核心旅游宣传新体系。利用数字技术、网络技术、移动技术等，加快旅游宣传品数字化进程，制作出简明，易携带，易理解的电子指导书，推出宣传片和相关视频，建立区、市、县三级智慧旅游宣传平台，大力推动企业的电子商务营销手段，或与第三方专业电子商务企业合作，扩大旅游宣传推广的渠道。在利用广播、电视、报纸等传统媒体资源的同时，积极利用网站、手机终端、博客、微博、微信等新媒体加强旅游宣传推广。全方位整合线上和线下营销渠道，推行旅游 O2O 线上线下的合作。线下推广方面，运用虚拟现实（VR）等新技术，全方位、多角度推广广西旅游整体形象和各地市旅游形象。同时要积极利用微博微信等网络平台，开通旅游服务热线，通过旅游网络平台和社交媒体进行推广，打造一体化的宣传体系，全面建立优化线上销售和线下体验相结合的旅游 O2O 模式。

（3）实施精准旅游营销。各级旅游管理部门和旅游企业要建立起游客管理信息系统，对游客的人口学特征、出游习惯等等有价值的信息进行分类、统计和分析，确定目标市场和市场定位。在对旅游产品服务和旅游目标市场精准定位的基础上，依托现代信息技术手段建立个性化的游客及团体沟通服务体系。根据旅游产品定位和目标客源的群体特性，选择合适的媒体平台，采取精准的产品投放、精准的价格策略、精准的广告投放确保精准营销在旅游市场上的效果。

（4）举办一系列常态化旅游特色主题活动。积极争取举办能够在国内外产生轰动效应的大型、长期的旅游活动，如举办旅游年、特色文化节、博览会等，增强南宁民歌节、桂林山水文化节、文化旅游节、中越（凭祥）边关国际旅游节、刘三姐文化旅游节等旅游节庆影响力。充分利用各地市丰富的民族传统节庆活动，创新活动模式，结合政府、社会、市场的力量推动旅游和文化、经济的融合，打造具有高知名度的旅游节庆活动。

9. 外引内联，培育市场主体和龙头企业

（1）推动建立大型旅游集团。首先要给旅游企业营造良好的政策环境，开放旅游市场，促进旅游企业向集团化、品牌化、特色化方向发展。推动旅游组织和旅游机构的发展，建立起大型的跨区域的旅游集团。积极引进大资本、高技术、高管理水平的旅游管理集团，发挥其管理、品牌、资本、技术、市场和人才优势，促进广西旅游企业优化整合和改造提升。推动国有旅游企业的内部变革，激发创造活力，提升竞争力，同时要将各集团的旅游资源整合起来，做到最优配置。积极引进境内外大企业进入旅游市场，推动各旅游企业的内部整合，通过连锁品牌的方式扩大企业的规模，完善企业经营网络。做强一批旅游酒店、旅行社、旅行交通、旅游电商等涉旅行业领军企业。

（2）大力扶持和发展中小旅游企业。积极引导扶持中小旅游企业发展，通过政策支持来帮助中小企业的发展，同时加大投入资金，给予中小企业充分的发展空间，推动中小企业之间加强合作，构建旅游企业战略联盟。引导和鼓励中小型旅游企业的内部改革，提升经营水平，细化服务，做出一批产业创新、服务创新、管理创新的特色涉旅企业。

（3）营造旅游大众创业环境。建立众创空间，促进旅游行业的信息共享，建设高效的交易平台。积极利用相关政策优势，整个资源，统筹发展，为创业者提供基本的需求。对于创业创新要有明确的规划思路，建立创新创业数据库。要让更多的社会资源进入旅游业，降低旅游创业门槛，通过提供市场信息和技术来服务创业活动，重视个体私营的旅游经济，鼓励居民参与到旅游业之中。

10. 扩大开放程度，实现旅游外交突破

深入贯彻“一带一路”倡议，发挥广西作为衔接“一带一路”的重要枢纽作用，拓展与“一带一路”沿线国家的旅游会展、海洋旅游开发、文化交流等海陆联动区域合作，以海上丝绸之路申遗为契机，以国际旅游合作区、中国—东盟自由贸易区、大湄公河次区域合作为旅游国际合作平台，实施全面开放战略。

（1）推动海上丝路联合申遗。积极推动与广州、宁波等九个城市联合申报“海上丝绸之路”世界文化遗产，以海丝申遗为契机，引领申遗点传承和发扬海丝文化，以海洋旅游为载体，弘扬与传承海丝文化，推动海洋旅游向近海、远海发展，打造国际海洋旅游合作品牌，发挥旅游在中国与海丝沿线国家经济、文化、外交等领域沟通交流的重要作用，以旅游促进海丝申遗的进一步拓展，将“海丝申遗”打造为中国引领沿线各国旅游共建的重要平台。

（2）打造国际旅游合作先行区。以中越德天·板约国际旅游合作区、崇左红色旅游国际合作区、东兴—芒街跨境旅游合作区为合作平台，不断创新合作理念，完善和扩大广西与周边国家的双边旅游国际合作，建立国际旅游合作机制，将广西打造成旅游全要素国际自由流动的合作先行区。依托国际旅游合作区推动跨国线路开发，联动南宁、桂林等城市与越南河内、高平等城市建立红色旅游跨国游线、山水旅游跨国游线等，进而推进广西全域接待国际游客，通过以点带线、以线带面的形式带动广西旅游向全方位、多层次的国际交流合作转变。

（3）拓展广西与东盟国家旅游合作新空间。以中国—东盟自由贸易区建成及东盟共同体建立为契机，深化广西与东盟国家国际旅游交流合作，对东盟国家实施通关便利化，实现快速通关。

（4）深化大湄公河次区域（GMS）旅游交流与合作。坚持共商、共建、共享原则，深化与大湄公河次区域内国家的特色旅游合作与交流。加强与大湄公河次区域内国家之间的旅游合作，发展特色的国际旅游路线，规划专属精品旅游路线。共同打造国际旅游品牌，实现品牌整体营销，共同吸引日本、韩国等亚洲市场及英国、法国等欧洲市场，扩大广西的国际知名度和旅游影响力。积极实施“大湄公河次区域签证”，实现“一个签证，六国通行”，提高旅游便利化程度，将广西打造成与大湄公河次区域互联互通的国际旅游大通道。

（六）广西全域旅游发展的安全保障

1. 增强领导作用

以政府为主导，联合各部门的力量，使全域旅游的发展有明确的目标和规划，特别是对于旅游业发展的重大政策方针和战略部署。要对体制进行变革，为重大旅游项目的建设指明方向，协调各部门的资源。特色名县创建领导小组统筹负责全域旅游示范区创建工作，增加人员配备。明确部门职责，落实自治区领导联系推进重大项目责任制。定期召开领导办公会议，研究全域旅游发展形势。听取国家全域旅游示范区创建工作汇报，及时探讨并解决重大问题，指导推动全域旅游的发展建设，形成全域旅游“全面抓、全面管、全面建”的统筹推进的工作机制。

2. 完善利益机制

树立人人都是参与者、行行都是推动者、处处都是旅游地的观念，尊重游客合法权益、尊重企业的主体地位，尊重员工的从业保障。健全法律保障机制，保障当地居民参与旅游规划和决策的权利。出台优化政策，促进旅游就业创业。完善收入分配和税收机制，保障旅游企业利益和当地居民的基本生活水平。健全经济补偿制度，为那些未直接参与旅游开发但同样受其影响的当地居民提供必要的经济补充。提供资金支持，鼓励旅游企业和当地居民参与旅游经济活动，帮扶农民创业，培育一批乡村旅游经营实体，通过组织招聘和提供培训服务，引导和帮助社区居民在旅游行业就业；推行合理的分配机制，让社区居民分享“产业红利”。推动政府和市场、居民和游客、企业和员工、资本方和资源方、旅游与相关行业和谐共处、协调有序，互惠互利。

3. 部门协调推进

进一步加强发展广西全域旅游的工作协调。对于重点工作要明确的任务分配，避免出现重大问题，将工作细化，明确责任人。此外，要实时监管资金的使用情况，让各项工作落到实处。各县（市、区）要落实全域旅游创建主体责任，明确发展目标及时序安排，相应建立工作协调机制，推进全域旅游发展任务。

4. 推动多规合一

各创建国家全域旅游示范区的市（县、区）应以本规划纲要为引领和指导，科学编制全域旅游发展规划，与县（市、区）域总体发展计划和城镇改革相互协调。按照相关的政策，对重点项目进行开发，非全域旅游示范区创建单位的市（县、区）应根据全域旅游标准，结合地方实际，以旅游发展规划为引领，推进本辖区内的旅游开发建设。

5. 加大财政投入

自治区和市县各级政府要加大财政资金支持力度，积极推进广西旅游产业发展基金的设立。根据财政收入增长情况逐年增加广西旅游发展专项资金，并有计划有步骤地向全域旅游发展倾斜。将资金用于全域旅游规划编制、全域旅游示范基地的建设，完善基础设施，培养专业人才，加大宣传力度，旅游公共服务体系建设等方面，推进广西全域旅游发展。

6. 强化政策扶持

（1）全面落实相关政策。各县（市、区）要积极落实自治区关于发展全域旅游工作部署，用好用足广西特色旅游名县的支持和激励政策，科学编制符合自身特点的全域旅游实施方案。旅游、发改、财税、交通、国土、农业、林业、文化、人社、金融、统计、公安、司法、工商等政府相关部门要全面落实关于促进全域旅游发展的相关政策文件和规章。通过各个相关部门的联动合作，全面推进广西全域旅游建设常态化。

（2）强化用地政策保障。创建全域旅游示范区的各县（市、区）要保障全域旅游的土地需求，在进行土地规划时要确立旅游用地，明确年度土地供应中旅游业的土地规模，针对重大的旅游发展项目，自治区、市级国土资源部门按照立项权限分别保障用地指标。各创建全域旅游示范区的县（市、区）可享受桂林旅游产业用地改革试点政策，应根据需要按程序调整旅游项目土地利用规划。

（3）落实税收优惠政策。各地市要贯彻落实各项税收优惠政策，切实减轻旅游企业以及其他旅游行业经营个体负担。积极推动全域旅游示范区内的旅游企业的发展。进一步做好对扶持旅游企业的各项结构性税收优惠政策的宣传。争取在南宁吴圩机场和东兴、凭祥口岸实施境外旅客购物离境退税政策，在桂林、北海、南宁、东兴、凭祥、等地建设特色减免税商品购物区。

（4）强化金融支持政策。自治区对关系到县（市、区）全域旅游发展的重大旅游项目实施财政贴息贷款扶持，安排旅游项目担保风险补偿资金，为各中小型旅游企业、乡村旅游企业银行贷款提供担保的机构进行风险补偿，全面强化金融支持力度。引导和鼓励金融机构对旅游企业的信贷支持，放宽对旅游企业的信贷限制条件，积极拓展金融支持旅游业的支持方式，加快开发适应旅游企业需要的金融产品。

（5）拓宽投资融资渠道。鼓励支持自治区引入金融行业的资金，扩大广西旅游的集团规模，企业投资主体在创建全域旅游示范区的各县（市、区）投资建设旅游项目。政府还要加大招商引资力度，鼓励引导外资和民营资本投资旅游业，实现投资主体多元化、投资机制市场化、投资方式多样化，充分调动各方面参与发展旅游业的积极性和创造性，推进投资主体多元化。

7. 加强队伍建设

按照国家全域旅游建设工作的要求，要进一步旅游管理部门队伍、旅游行业人才队伍、旅游综合执法队伍。旅游管理部门要深化对全域旅游的认识，形成发展全域旅游的共识。宣传、旅游等部门要做好全域旅游创建工作的宣传和创建工作的学习培训交流。各部门应安排创建全域旅游示范区的人才培训，重点培养各全域旅游示范创建试点的旅游管理人才和旅游从业人员，组织县市领导和相关管理部门领导到国内全域旅游发展较好的地区去考察和交流经验。加强旅游警察和工商旅游分局旅游市场监管队伍的培训。

8. 强化监督管理

要明确全域旅游过程中各部门的具体责任，通过工作的具体展开情况来对各部门进行考核，参照实行创建广西特色旅游名县的监督考核办法，制定量化的考核标准。实行监督考核通报制度，定期开展调度，重点对推进缓慢的项目开展专项检查和跟踪督查，并在政府网站通报各市、县的相关责任单位的工作进展。

第四章

广西旅游产业发展展望

第一节 广西旅游产业发展战略研究的不足

本书基于产业集群、产业融合、产业竞争力、可持续发展、区域一体化发展、产业非均衡发展、供给侧结构改革和人力资本等相关理论，分析了广西旅游产业发展的现状和出现的问题，提出了广西旅游产业发展的战略选择，对广西旅游产业的未来发展具有良好的指导作用。然而，旅游产业发展战略问题涉及领域广泛，本书在做好前期相关调查的基础上，提出了广西旅游产业发展的战略，但是依旧存在以下方面的不足。

第一，对旅游产业发展战略的相关概念的界定和定义尚未有一个统一的说法。本书在寻找相关理论依据的过程中发现，已有研究对许多概念的界定依旧存在较大偏误，主要原因是不同学科的学者会通过不同的角度和思维进行相关概念的界定，导致不同学科对旅游产业的发展战略存在不同的见解。本书因没有找到诸多学科的契合点，因此对相关概念没有进行详细的界定。

第二，在研究广西旅游产业发展现状的过程中，对测量指标的选择非常关键。由于指标众多，本书在对旅游产业结构、旅游可持续发展、旅游产业融合、旅游产业竞争力、旅游区域一体化等方面进行测量的过程中，只是从对旅游产业发展最为密切的相关要素中选择了部分关键指标，倾向于指标的量化处理，对定性指标的考虑不够深入。

第三，在研究区域的选取上，本书是以现有的行政区划为基础的，没有兼顾到旅游区划或经济区域划分中对区域的界定，在以后的研究中应从不同的范围对区域旅游的发展进行分析。

第四，在提出相关旅游发展战略的过程中，本书仅仅根据广西旅游产业发展现状提出与之相对应的发展战略，尚未结合新时代国际整体发展战略提出与之相配套的发展战略，对于旅游发展战略的梳理还是停留在现状层面，缺乏深入的挖掘。

鉴于以上不足，本书将在分析现阶段广西旅游产业发展现状基础上，对新时代广西旅游产业的发展进行展望。

第二节　新时代广西旅游产业发展的指导思想

2017 年 10 月，党的十九大胜利召开，习近平总书记在报告中指出：中国特色社会主义进入新时代，我国社会主要矛盾已经转化为人民日益增长的美好生活需求和不平衡不充分的发展之间的矛盾。这一判断，对我国经济社会发展提出了新的要求，作出了新的战略布局。旅游作为人民群众对美好生活的向往，作为美丽经济、健康产业、幸福产业，需要转变发展理念、发展模式、工作思路和工作重点，以发展优质旅游来持续增加旅游的有效供给和高质量供给，从而以更平衡更充分的发展满足新时代人民旅游美好生活需要。

新时代，广西旅游产业要全面贯彻落实党的十八大和十八届三中、四中、五中全会和十九大精神，深入贯彻习近平总书记系列重要讲话精神以及自治区党委十届四次、五次全会精神，坚持以邓小平理论、“三个代表”重要思想、科学发展观、习近平新时代中国特色社会主义思想为指导，按照“五位一体”总体布局和“四个全面”战略布局，贯彻落实创新、协调、绿色、开放、共享发展理念，紧紧抓住建设“一带一路”和更为紧密的中国—东盟命运共同体的历史机遇，进一步面向东盟、带动腹地，以开放促改革，向体制创新要“红利”，实施双核驱动战略，辐射带动左右江革命老区振兴，深入推进西部大开发，促进新型工业化、信息化、城镇化、农业现代化同步发展，着力构建交通、产业、开放、金融、城镇、生态六大战略支撑体系，推进“一带一路”有机衔接的重要门户建设，全面深化与东盟国家合作，全面构建“一个旅游龙头、两大核心旅游集散地、四大国际旅游目的地、八大特色旅游品牌和旅游产品、一批特色旅游名县名镇名村”，把广西打造成为我国对外开放发展新的战略支点[①]。

1986 年，旅游经济被纳入我国国民经济总体发展计划之中，我国旅游产业发展开始形成战略意识。所谓旅游产业发展战略，是指以旅游产业发展的各种因素与条件为基础，从关系到旅游产业发展全局的各个方面出发，制定在较长时期内旅游产业发展所要达到的目标、所要解决的重点以及为实现目标所采取的措施的总称。从旅游产业发展战略的特征上分析，旅游产业发展战略是有关旅游产业

---

① 王佳宁，晓林，罗重谱．“十三五”系列政策评论的超前性、对应度——比照 9 个省（区、市）的建议［J］. 改革，2016（1）：141－159.

发展的根本性、全局性和总体性的设计和谋略；从旅游产业发展战略的内容上分析，旅游产业发展战略主要是确立旅游产业发展目标、旅游产业发展方向、旅游产业发展模式和旅游产业发展措施。

旅游产业发展战略的基本内容应该包括：

一是旅游发展的战略目标，主要包括旅游产业要大道的数量指标、增长速度、产业结构的变化、技术进步，以及提高经济效益、社会效益和环境效益的要求等。二是旅游产业发展的战略重点、战略步骤、战略措施等。三是实现旅游发展战略目标所采取的对策、途径和手段等①。

旅游产业发展战略可分为三个层次：全国旅游产业发展战略、地方旅游产业发展战略、旅游企业经营发展战略。三个层次的旅游发展战略既互相区别又互相联系，低一个层次的发展战略总是上一个层次的发展战略的组成部分。所以，全国性的旅游发展战略是最重要的，它对下面层次的旅游发展战略具有指导意义，下面层次的旅游发展战略必须根据全国旅游发展战略来制定。

旅游产业发展战略是国民经济发展战略的组成部分。改革开放以来，我国先后实施了一系列的区域发展战略，由最早的沿海开放战略、东部地区率先发展战略，到西部大开发战略、振兴东北老工业基地战略、中部崛起战略，以及后来实施的一系列沿边、沿江和一些特定区域的发展战略，贯彻了小平同志关于让一部分地区先发展起来，带动和支持其他地区发展的战略思想，体现了经济社会发展的内在规律，已经被实践证明是完全正确的。广西壮族自治区党委、政府结合实际提出了“两区一带”的区域发展战略，是完全符合广西的区情和阶段性特征的，广西的区情首先是后发展、欠发达，其次是既沿海又沿边，既有西江黄金水道，又有大片的大石山区，有较为丰富的自然资源。广西的阶段性特征是总体上处于工业化中期，也是城镇化的加速期。实施“两区一带”的区域发展战略是促进广西经济社会发展的重要途径，广西旅游行业要结合实际，理清思路，坚定信心，积极有效地落实推进。

第三节　新时代广西旅游产业发展的战略重点

一、现阶段广西正在实施的区域发展战略

在国家战略的指引下，广西实施了积极有效的区域发展战略，经济社会发展

① 王耀东．旅游产业发展战略研究［D］．天津大学，2005.

呈现良好格局：

一是坚定不移，推动北部湾经济区加速发展。广西北部湾地区的优势在于临海和沿边，有较长的海岸线和较广阔的腹地，这在我国西部地区是唯一的。广西是我国对东盟开放合作的前沿和桥头堡。北海市曾是全国最早的14个沿海开放城市之一，但由于历史原因，发展明显滞后于其他沿海城市。虽然北部湾地区起步比较晚，但是条件比较好，发展空间和潜力比较大，应该成为广西未来实现跨越发展的一个新的增长点。有数据比较，北部湾经济区南北钦防4市总面积4万多平方千米，比珠三角9市少1万多平方千米；北部湾常住人口只有1200多万，比珠三角少4000多万，但是珠三角地区相当一部分属外来人口；北部湾海岸线将近1600千米，比珠三角海岸线还长几百千米。在20世纪70年代末，两地经济发展差距并不是很大。经过改革开放30年，珠三角成了我国经济发展的排头兵，其产值占了整个广东省经济总量的80%以上，而北部湾地区的生产总值尚不到珠三角的1/10，在广西经济总量中的比重也只占1/3左右。就主要经济指标而言，北部湾地区大体相当于珠三角地区20世纪90年代中期的水平。这个发展差距是多种因素造成的，但说明北部湾地区具有极大的增长潜力。这些年经过自治区党委、政府和各级党委、政府的努力，北部湾地区快速发展，交通设施得到很大改善，产业基础逐步形成，一批大型项目相继建成投产，一些特色园区初具规模，特别是港口建设取得迅速发展。只要把东盟和粤港澳这“两篇文章”做好，把基础设施建设好，把临海工业发展起来，把主导产业培植起来，北部湾地区完全可以成为广西未来发展的重要增长极，实现率先发展，进而带动其他地区发展。

二是双核驱动，鼓励西江经济带加快发展。西江沿江的柳州、桂林、梧州等7市具有良好的产业基础。广西大部分城市都是沿江而建、依江而兴，四季通航。一条西江黄金水道，相当于多条铁路和高速公路的运能，且水运成本远低于陆路运输。正因如此，广西传统的工业基础、产业基础、商贸基础主要在西江这一带。加快西江沿线发展，加大老工业基地的调整改造，依托现有企业提升传统产业，是实现广西跨越发展的必由之路。从我国区域发展来看，有一个经济现象：东部地区一般都是双核或多核驱动，即每个省份都有两个甚至两个以上经济中心城市，因而经济增长速度较快；到中西部地区就是单核了，一般是在省会城市，许多省会城市的经济总量占到本省的1/3甚至接近一半。从广西情况看，双核谈不上，单核也尚未形成，没有一个有较强经济辐射功能和带动能力的经济中心城市。因此，从发展战略上，广西既要加快以南北钦防为组团的北部湾地区城市发展，也要积极支持西江经济带城市快速提升，实现双核驱动，为推进广西跨越发展打造更强劲的引擎。

三是正视区情，打好扶贫开发攻坚战。广西属老少边穷地区，贫困面较大，贫困程度较深，主要集中在大石山区，尚有接近1000万群众处于贫困状态。这种状况如不改变，成百上千万群众不能摆脱贫穷，全面建成小康社会就无从谈起。全面建成小康社会不仅仅是经济总量的概念、人均的概念，还要看地区协调发展水平和老百姓收入及生活水平的均衡。贫穷不是社会主义，两极分化也不能叫小康社会。统筹城乡协调发展，统筹区域协调发展是全面建成小康社会的题中应有之义。这些年，广西在扶贫开发方面作了巨大努力，取得了很大成绩，探索了一些成功的做法和经验。广西的贫困地区很多是资源富集区，生态环境好，山清水秀，有深厚的文化底蕴，但资源优势、环境优势和人文优势尚未转化为经济优势。要把这些地区的资源开发利用和特色产业发展、城镇化建设、新农村建设、扶贫开发统筹起来，花大力气，下大决心，多管齐下，既抓政策扶贫、产业扶贫、旅游扶贫，又抓教育扶贫、科技扶贫、智力扶贫，促进城乡和区域协调发展，实现共同富裕。要守住生态环境保护这条底线，在一些生态环境优美，以特色农业、林业、养殖业和休闲旅游业为主，但工业基础薄弱的地区，要从实际出发，不要片面追求GDP的高增长①。

二、新时代广西旅游产业发展的战略重点

“一带一路”倡议的提出有利于加强我国与中亚、南亚及欧洲其他周边国家的经济合作关系，对深化区域经济、文化和政治交流，统筹国内外发展，维护周边环境安全及对外开放等起着十分重要的现实意义。广西是东盟与中国经济互动交流的重要通道和桥梁，在“一带一路”倡议及经济新常态的大背景下，要学会审时度势，化被动为主动，抓住机遇，加快发展。发展旅游业有利于提高广西经济，因此，要充分发挥广西旅游业的独特作用，明确新时代广西旅游业发展的战略重点。

（一）充分发挥和拓展独特的区位、旅游资源和人文优势

由于广西的区位优势十分优越，既沿海，又沿边，还比邻粤港澳，背靠大西南，面向东盟，既有东部的区位优势，同时又拥有西部其他省区“眼红”的出海通道，还享受着西部大开发政策的保护。这些区位优势都对广西旅游经济的发展起着重要的作用。要发展广西旅游业，就必须充分认识和发挥广西的区位优势，借助区位优势实现旅游经济的良好发展。广西的旅游资源十分丰富，当前已经开发了400多处景点、景区，其中最值得一提的是桂林到阳朔的百里漓江风景区，岩溶风景美不胜收，历来赋有山水甲天下之称。由于广西当前开发水平有限，当

---

① 彭清华．实施积极有效的区域发展战略［J］．当代广西，2013（8）：6-7.

前的旅游资源尚未被人们充分挖掘，因此要充分发挥广西的旅游资源。除此之外，广西是少数民族聚居地，民族文化色彩较农，各民族的文化有具有一定的差异，因此，在发展旅游业的过程中要注重人文旅游资源的开发。

（二）加快旅游产业的融合升级，紧跟“一带一路”倡议步伐

广西旅游业在“十三五”期间必须以加快旅游产业的融合升级，紧跟“一带一路”倡议步伐为战略重点。旅游业是开放性和综合性较强的产业，由于其他产业难以替代它的功能、地位和价值，因此独特性较为明显，特别是在“一带一路”倡议中其特殊功能尤为突出。旅游不仅可以展示沿线国家的经济活力状况与各方面的比较优势、各国人民的友好往来和生活面貌，还可以展示国家的优秀文化生态环境和美学人文特征，展示国家的竞争实力、市场份额和外汇收入，其特殊性不言而喻。在经济新常态和新外交政策的推动下，广西必须认准当前形势，及时调整发展策略，明确战略目标，借助自身地缘优势，充分发挥旅游的特殊功能，加快旅游产业的融合与产业升级，紧跟“一带一路”倡议步伐。

（三）实现旅游“提质增效”战略转型

要正确认识我国经济发展的阶段性特征，适应新常态。对于广西旅游业来说，要在新常态下，需要找准新的战略思路，用新常态要求谋划广西发展的新战略、新举措，把稳方向、沉稳换挡、平稳爬坡，才能推动经济社会发展行稳致远。“提质增效”战略转型。

广西今后的发展，必须以实现“提质增效”战略转型为重点，尊重经济步入新常态的客观现实，既理性面对增速换挡，坚持区间调控，保持“平常心”，又顺应提质增效的内在要求，坚持定向调控，统筹稳增长促改革调结构惠民生，发展战略应向“提质增效”转型，把精力主要用在结构调整、产业升级、创新驱动、环境保护、民生改善等提质增效的方面，追求财政增收、企业增效、收入增长、结构优化、环境洁化、生活美化的发展，推动实现规模与质量、速度与效益、增长与转型、生产与生活、生产与生态的关系达到一种新的平衡。

在“提质增效”战略取向下，旅游经济增长速度只要不出现“断崖式”和“自由落体式”下跌，不大幅度地突破区间下限，这都不应该成为问题，关键在于经济增速与经济转型、提质增效能否达到一种新的平衡、新的常态，具体要看各项指标的匹配度、看转型升级的进展度、看人民群众的满意度，从增强经济长跑后劲方面来考量。提质增效的功夫做好了，广西就能激发出更加强大的内生发展动力，实现合理、高质的增长速度将会水到渠成。

第四节　新时代广西旅游产业发展态势

一、广西旅游面临良好的发展环境与机遇

从全球来看，旅游业蓬勃发展，世界旅游业产值占 GDP 的比重已经超过 9.5%，对就业的贡献超过 10%。从我国来看，人均 GDP 超过 7000 美元，正处于旅游消费需求爆发式增长时期，进入大众化日常性普遍消费阶段。党的十八届五中全会提出大力发展旅游业的战略部署，国家出台《国务院关于促进旅游业改革发展的若干意见》（国发〔2014〕31 号）等一系列文件，旅游业成为新常态下促进经济发展新的增长点。从广西来看，已经实现国家重要战略的全覆盖。随着“一带一路”建设和广西北部湾经济区、珠江—西江经济带、左右江革命老区、桂林国际旅游胜地等发展战略的实施，将推动广西旅游业实现跨越式发展。同时，高铁等交通综合体系的不断完善以及现代化信息技术的飞速发展，带动全域旅游提速增量，并带来旅游业态、游客数量、客源结构、出行模式、行为偏好的显著变化，为旅游业的快速发展，创造了难得的发展机遇。

二、广西旅游发展也面临诸多问题与挑战

一是广西旅游资源缺乏深层次开发，高端品牌少，产品结构不够完善。观光型旅游产品有待提质升级；休闲度假、养生旅游、民族风情旅游和文化旅游等产品有待拓展；会展旅游、康疗旅游、邮轮游艇旅游、自驾车旅游、内河旅游、山地旅游、低空旅游等高端和新型旅游产品有待深入开发。二是旅游产业结构有待进一步优化。产业融合力度不够，旅游新业态的培育有待加强，旅游供给不能满足多样化的旅游需求。三是旅游基础设施和公共服务能力不足。旅游大通道建设亟待提升，旅游小交通设施亟待完善；旅游服务和接待设施尚不够健全，旅游公共服务设施等方面的建设资金投入不足。四是旅游市场体系不够完善，市场主体有待加强。旅游开发市场化程度不高，旅游市场营销创新不足。旅游市场的国际化程度不高，旅游市场主体弱小，上市旅游企业和实力雄厚的旅游企业不多，旅游投资模式和融资渠道还有待进一步拓展。五是旅游发展体制机制仍需完善。在职能组织、审批管理、资源开发与产业管理、旅游规划、行业组织等方面的体制机制有待完善。六是面临的市场竞争日趋激烈。广西旅游业发展水平与旅游发达省份相比还存在一定差距，同时还面临与广东、云南、贵州等周边省和东盟各国

的激烈竞争。七是面临自然与文化资源保护的压力，担负石漠化环境治理的重任，面临贫困地区保护资金相对不足等困难。

第五节　新时代广西旅游产业发展战略的主要目标

一、加快实现旅游产业融合升级

为实现加快旅游产业的融合升级，紧跟“一带一路”建设步伐，具体而言应做到以下几点：

（一）实现旅游与交通产业的融合

与其他省（自治区、直辖市）相比，广西与东盟“一湾连七国”，在海洋旅游和海上游轮上拥有优先发展的地缘优势，广西要充分利用地缘优势抢占先机，寻找最佳地点建立游轮母港基地，同时负责游轮的维护与保养，做好后勤供给工作。另外，要进一步加大机场、高铁、航运和高速公路等交通方面的建设支持力度，综合考虑广西旅游发展的各项需要，提高市市通高铁、县县通高速和房车营地的建设速度，加快完善未安置的交通标识，提高游客来桂旅游的可进入性和舒适性。旅游线路体现了旅游交通是否便利，要合理设计出针对航运、空中、高速公路及高铁游客对接的旅游路线。要科学合理地布局交通梯度旅游节点，将广西打造成“三地合一”——集旅游客源集散地、旅游目的地和交通汇集地于一身的旅游桥头堡。

（二）实现旅游与文化产业的融合

在发展旅游业的过程中，要重视文化对旅游的作用。习总书记提出，在“一带一路”的大环境下，要加强我国同沿线国家在教育方面、旅游方面、学术方面及艺术等方面的人文交流，在原有基础上将其提升到一个新的水平。当前在华留学的学生逐年增加，其中东盟 10 国的留学生在广西就学的人数占其来华学习人数的 25%。此外，在我国与东盟经济往来频繁的基础上，广西大学建立了中国—东盟研究院。区内一些大学还增设了东盟 10 国的官方语言专业。为促进中国—东盟各方面的发展，中国—东盟青年联合会、中国—东盟青少年培训基地和中国—东盟科技转移中心纷纷在南宁建立。广西还与东盟国家进行友好往来，缔结了 37 对友好城市，缔结数量为全国之首。此外，广西还要坚持打造特色旅游精品，鼓励专业旅游艺术团与区内各种重点旅游项目进行合作，特别要在民族传统歌舞、民族风俗习惯等其他文化产业上注入创新精神，将旅游产业和文化产业融合起来，提高旅游经济效益。此外，还要充分发挥文化投资集团的导向作用，在修学旅游、跨境旅游、商务旅游和文化旅游等方面创造出新的价值。

（三）实现旅游与金融产业的融合

2014 年，国务院印发了《国务院关于促进旅游业改革发展的若干意见》，该文件指出，在经济新常态下，国家正加紧脚步研究中央财政支持旅游业发展的相关政策。具体包含设立旅游产业基金，支持旅游人才培养、宣传推广、规划编制及旅游公共服务体系建设，研发旅游项目资产的证券化产品等。广西要充分发挥区位优势，利用国家政策支持的有利条件发展旅游业，进一步打造中越国际旅游合作区、桂林国际旅游胜地，开发涠洲岛旅游项目，建立旅游产业扶持基金，积极扶持一些旅游企业上市以集资发展旅游企业等。同时，还要大力培育和引进中高端的、创新型旅游人才，完善人才引进制度。另外还要重视金融对旅游发展集团的引领作用，利用金融推动产业结构升级，创造新的旅游服务模式和旅游市场新业态。

二、加速实现“提质增效”战略转型

为推进向“提质增效”战略转型，应采取八大举措，突破重点和薄弱环节。

（一）保持旅游经济快速持续增长

新时代，广西发展的环境、条件、任务、要求等都发生了新的变化，广西旅游业遇到良好的发展机遇，处于发展的钻石期。一定要按照自治区的战略部署，挖掘增长潜力，培育发展动力，厚植发展优势，拓展发展空间，推动旅游经济总量上台阶。

（二）转变旅游经济发展方式

要实施创新驱动发展，激发自主创新能力，实现更高质量、更有效率的发展。以高协同带动，产业协调发展，依靠劳动生产率的提升。要研究制定广西旅游创新驱动方案，形成以政府投入为引导、企业和民间资金投入为主体的多元化旅游科技创新投融资体系，加快确立企业的创新主体地位，全面推进产学研用结合，创造新的旅游核心竞争力。

（三）优化旅游产业结构

要加快改造传统旅游业，培育战略性现代旅游产业，发展旅游服务业链条，并积极培育新的业态和经营模式。加快产业结构调整转型，培育新的经济增长点，凝聚稳增长的内生动力。加快旅游业与工业化、信息化、城镇化融合，支持企业抓住新一轮科技产业革命和消费市场升级机遇，加快形成旅游、信息、环保、健康、金融和高端装备制造业融合新的主导产业，完成增长动力的转换与接续。

（四）加大旅游改革和制度创新

要在科技、产业、企业、市场、产品、业态和管理等领域全面推进旅游改革创新。围绕市场配置资源的决定性作用，培育和释放市场主体活力，思想再解放一点、胆子再大一点，提高改革行动能力，在审批制度、财税体制、金融体制等重点领域、重点环节改革取得新进展新突破，完善市场机制，释放制度性潜力，创条件、造环境，引资金、引人才、引项目，形成激发旅游经济增长的重要动力。

（五）旅游促进广西生态文明建设

要扎实推进生态环境保护，让良好生态环境成为人民生活质量的增长点，成为展现广西良好形象的发力点。抓好生态经济建设，打造“美丽广西”和谐家园，采取措施大幅降低能源、水、土地等资源消耗强度，大力发展生态农业、生态林业等绿色产业和战略性新兴产业，推动产业与生态融合发展，建立系统完整的生态文明制度体系，用制度保护生态。

（六）做好旅游助农和扶贫工作

抓好公共服务体系建设，让旅游发展成果更多更公平惠及群众，利用旅游优势，采取超常举措，拿出过硬办法，用一套政策组合拳，确保在既定时间节点打赢扶贫开发攻坚战。在实施精准识别、精准扶持、精准管理、精准考核等方面创出具有广西特色的、可复制推广的经验，为广西与全国同步全面建成小康社会打下坚实的支撑。

第六节　新时代广西旅游产业发展战略的主要任务

一、推进旅游供给侧结构性改革，增强旅游供给

在供给侧结构性改革的大环境下，为实现广西旅游业的可持续发展，必须加快推进旅游供给侧结构性改革。具体要做到以下两个方面：

（一）要加强旅游要素的供给

虽然当前广西已经出现了新的旅游要素，但还需继续加强旅游要素的供给。在加强旅游要素的过程中，要特别注重旅游用地和金融政策的改革，解决旅游用地问题和投资建设问题。在乡村旅游方面，要合理整治农村闲置房屋，通过盘活农村的集体建设用地来发展旅游，使土地资源得以充分利用。此外，还可以与农户合作，利用农场、林场或水面等资源，大力发展当前最热的休闲旅游观光农业，提高乡村旅游经济发展水平。为将计划落到实处，可将休闲旅游观光农业和乡村旅游项目建设纳入广西土地利用总体规划或年度计划当中，明确乡村旅游的用地政策。同时，还要加强金融要素的供给。通过金融手段鼓励信用担保机构为涉旅企业提供担保服务，进一步创新旅游投资融资机制，解决旅游企业的后顾之忧。

（二）加强旅游公共服务设施供给

加强旅游公共服务设施供给是推动旅游供给侧结构性改革的另一重要组成部分。除桂林、柳州和南宁之外，其他市的旅游公共服务基础设施水平较低，在旅游标识系统、旅游厕所和旅游信息导览牌建设上的投入少之又少。加强公共服务设施供给，不仅可以改善各个市的旅游环境，提高游客到桂旅游的幸福感，增加旅游收入，还可以改善人们的居住环境，对建设美丽乡村和新农村建设起到积极的促进作用。

二、推动旅游业跨界融合，塑造旅游文化品牌

在推动旅游跨界融合的过程中，要充分重视旅游技术创新对旅游发展的促进作用。除旅游观光休闲农业外，还可建立生态、养生、创意农业等其他新的业态。另外，还要塑造旅游文化品牌。由于旅游文化的垄断性较强，在一定程度上阻止了其他旅游经营者的进入，导致越来越多的旅游经营者忽略了旅游品牌，忽略了旅游文化品牌的建设。塑造旅游文化品牌的益处有三，一是可以增加旅游资源的附加值，增强游客的认同感；二是可以提升旅游地的形象；三是可以促进旅游文化的进一步传播。要想塑造旅游文化品牌，就要明确旅游文化品牌并不是一朝一夕就能建成的，因此在塑造的过程中不能操之过急，要根据当地的传统旅游文化来设定旅游文化主题。宣传是游客知晓旅游文化品牌的重要环节。游客不认同该旅游文化品牌，这证明这种旅游文化品牌没有充分发挥其特质。宣传旅游文化品牌，要突出旅游宣传口号，设计特色鲜明的旅游形象徽标，还可通过举办旅游文化节等方式进行宣传。

三、明确旅游业发展目标，突出当地旅游特色

要实现旅游的可持续发展，必须重视旅游规划的引导作用，充分发挥政府对旅游业的引导作用。如果政府对旅游发展目标特别明确，那么旅游业将会得到一定的政策支持。当前，国家大力开展扶贫工作，广西也紧跟扶贫脚步，做了一系列的扶贫工作。自治区政府可将旅游发展目标设定为：带动农村旅游经济发展，消除贫困，增加农民的居民收入，实现社会稳定。一方面引导旅游经营户抱团发展，积极扶持农民发展休闲旅游业合作社。另一方面是以项目为抓手，引导和支持社会资本开发农民参与度高、受益面广的休闲旅游项目。

此外，还要突出广西旅游的主题和特色，充分挖掘广西各市旅游业的民族特色，实现旅游业的本土化发展。要打好民族牌、文化牌、生态牌，突出广西旅游资源优势，培育各种旅游精品。由于地级市不同，旅游资源禀赋也存在差异。不同资源优势的地级市要从本地的民族文化特色和生态特色出发，大力宣传本地的民族、文化和生态特色。如加强民俗风情体验、少数民族原生态村寨、养生养老等不同类型的旅游产品开发，开展文化、历史和生态等不同主题的旅游特色村建设。

四、增强价值观的引导作用，深化精神文明建设

旅游人才在旅游业发展过程中起到十分重要的作用。高水平的旅游人才可以带动旅游业向更高层次发展。因此，增强价值观的引导作用，深化本区精神文明建设之分重要。

首先，高级旅游人才的旅游知识储备较为丰富，掌握了旅游业先进的科学知识，学习了先进的旅游企业管理经营理念，文明水平较高，大力培育和引进旅游人才，鼓励其传授个人旅游价值观念，可以让涉旅企业和农民能够更为直接、更加快速地接受新事物，转变传统的旅游发展观念，打开他们的视野。

其次，外来的旅游开发商不仅给当地带来了大量的民间资本，还可以与当地农民在多样化合作谈判中，逐渐增强村民的诚信观念、经营理念和共赢观念，使农民树立契约精神，进而提高农民的综合素质水平及农村社会文明程度。

最后，可以奖励乡村致富能手。通过乡村旅游开发脱贫致富的示范效应，激发农民脱贫致富的自信心和积极性，为农村营造积极向上的发展氛围，实现贫困地区的农民物质上和精神上“双脱贫、双致富”。

参考文献

[1] Dibb S, Simkin L. Targeting segments and positioning [J]. International Journal of Retail and Distribution Management, 1991, 19 (3): 4 – 10.

[2] Palmer A. Evaluating the governance style of marketing groups [J]. Annals of Tourism Research, 1998, 25: 185 – 201.

[3] Palmer A, Bejou D. Tourism destination marketing alliances [J]. Annals of Tourism Research, 1995, 22: 616 – 629.

[4] 保继刚，唐新民．区域旅游发展战略理论初探 [J]. 云南社会科学，1988 (5): 14 – 19.

[5] 本刊．陈武主持召开自治区政府常务会议 [J]. 广西经济，2015 (8): 13 – 13.

[6] 毕燕，陈乔，袁东超．广西旅游产业结构变迁研究 [J]. 国土与自然资源研究，2012 (6): 62 – 64.

[7] 曹新向．中国省域旅游业发展潜力的比较研究 [J]. 人文地理，2007 (1): 18 – 22.

[8] 曹雨薇，武邦涛．基于反馈控制的旅游业人才培养模式研究 [J]. 上海管理科学，2016, 38 (5): 114 – 118.

[9] 岑先梅．中国经济圈旅游乘数对比实证研究——兼议广西旅游发展战略 [J]. 国土资源科技管理，2008 (4): 112 – 116.

[10] 曾博伟．全域旅游发展观与新时期旅游业发展 [J]. 旅游学刊，2016, 31 (12): 13 – 15.

[11] 曾珊．广西东兴沿边开发开放试验区战略研究 [D]. 中央民族大学，2012.

[12] 常海鹏．全域旅游发展理念刍议 [J]. 商场现代化，2016 (9): 252 – 253.

[13] 陈传康．区域旅游发展战略的理论和案例研究 [J]. 旅游论坛，1986 (1): 14 – 20.

[14] 陈胜科，吴甫成．旅游业人才建设初探 [J]. 社科纵横，2010, 25 (8): 52 – 54.

[15] 陈顺，綦恩周．旅游业人才发展战略和旅游院校发展模式与对策 [J].

继续教育研究，2015（10）：101－103.

［16］陈燕萍．中国高铁对沿线城市旅游产业集群空间结构影响研究［J］．改革与战略，2015，31（8）：137－140.

［17］村外．中华人民共和国国民经济和社会发展第十二个五年规划纲要（节选）［J］．农产品加工：创新版，2011，34（6）：18－18.

［18］戴学锋．全域旅游：实现旅游引领全面深化改革的重要手段［J］．旅游学刊，2016，31（9）：20－22.

［19］邓超斌．桂西北旅游发展战略研究［J］．经济与社会发展，2006（10）：86－89.

［20］邓晨晖，吴晋峰，辛亚平，高佩佩．中国西部地区旅游规模分析［J］．经济地理，2010，30（9）：1557－1562.

［21］董希远．山海关龙园综合旅游开发项目研究［D］．燕山大学，2015.

［22］范德华．云南建设旅游强省指标体系研究［D］．云南大学，2014.

［23］傅嘉．基于信息时代背景下的旅游业人才培养模式创新［J］．中国市场，2017（8）：117－118.

［24］甘毛文．论广西旅游业创新发展的思路与对策［J］．经济与社会发展，2007（11）：102－104.

［25］甘永萍．广西入境旅游发展的区域差异及影响因素分析［J］．商业研究，2010（11）：149－154.

［26］高乐华．山东省旅游产业集群及其发展战略研究［D］．中国海洋大学，2009.

［27］郭焕成，韩非．中国乡村旅游发展综述［J］．地理科学进展，2010，29（12）：1597－1605.

［28］郭毓洁，陈怡宁．全域旅游的旅游空间经济视角［J］．旅游学刊，2016，31（9）：28－29.

［29］郝建明．我国商业银行银行卡业务竞争力研究［D］．浙江理工大学，2011.

［30］洪绍明，胡万蓉．新常态下安徽经济发展新思路——以马鞍山市发展为例［J］．安徽冶金科技职业学院学报，2016，26（2）：86－89.

［31］胡德坤，邢伟旌．“一带一路”倡议构想对世界历史发展的积极意义［J］．武汉大学学报（人文科学版），2017，70（1）：17－23.

［32］胡昊．中国产业竞争力及影响因素研究［D］．重庆大学，2007.

［33］胡林．旅游人才素质与旅游高等教育的改革——入世后中国旅游业的前沿问题［J］．企业经济，2002（9）：34－35.

［34］黄海辉．发达国家和地区乡村旅游的发展模式探析［J］．黑龙江对外

经贸, 2011 (6): 112-114.

[35] 黄钦琳. 新疆畜牧业发展问题研究 [D]. 新疆财经大学, 2010.

[36] 黄蔚艳. 我国区域旅游产业结构升级研究 [J]. 经济地理, 2009, 29 (4): 693-697.

[37] 黄细嘉, 李凉. 全域旅游背景下的文明旅游路径依赖 [J]. 旅游学刊, 2016, 31 (8): 13-15.

[38] 黄耀东. 广西边境旅游发展战略研究 [J]. 东南亚纵横, 2014 (1): 30-34.

[39] 黄永久. 在新的起点上把南宁市旅游业培育成战略性支柱产业 [J]. 中共南宁市委党校学报, 2010, 12 (6): 7-11.

[40] 黄震方, 陆林, 苏勤, 章锦河, 孙九霞, 万绪才, 靳诚. 新型城镇化背景下的乡村旅游发展——理论反思与困境突破 [J]. 地理研究, 2015, 34 (8): 1409-1421.

[41] 黄志勇, 陆昂. 广西近十年开放合作取得的主要成绩和成功经验 [J]. 广西经济, 2013 (6): 26-29.

[42] 贾清显, 朱芳阳. 多重机遇叠加下广西生态经济系统可持续发展研究 [J]. 改革与战略, 2017 (6): 123-127.

[43] 焦彦, 徐虹. 全域旅游: 旅游行业创新的基准思维 [J]. 旅游学刊, 2016, 31 (12): 11-13.

[44] 雷小华, 黄志勇. 我国沿边地区开放开发新方略及其对广西的启示 [J]. 东南亚纵横, 2013 (11): 36-41.

[45] 冷放. 旅游产业发展战略研究动态与策略探讨 [J]. 商业时代, 2012 (24): 127-128.

[46] 黎遗业, 覃朝膺. 广西南宁旅游业的可持续发展研究 [J]. 重庆工商大学学报 (自然科学版), 2008 (2): 215-219.

[47] 李芳云. 试论广西旅游业的可持续发展 [J]. 经济与社会发展, 2006 (9): 44-47.

[48] 李金荣. 关于旅游业可持续发展的几个问题 [J]. 当代经济研究, 2001 (5): 68-70.

[49] 李平, 王健, 邴建峰. 经济欠发达城市滨海旅游跨越式发展战略——以广西北海市为例 [J]. 河南科学, 2013, 31 (12): 2306-2311.

[50] 李胜, 朱彤, 王程. 生态文明观指导下的我国旅游业可持续发展探讨 [J]. 生态经济, 2008 (7): 136-140.

[51] 李晓钟, 陈涵乐, 张小蒂. 信息产业与制造业融合的绩效研究——基于浙江省的数据 [J]. 中国软科学, 2017 (1): 22-30.

[52] 李莺莉，王灿．新型城镇化下我国乡村旅游的生态化转型探讨 [J]. 农业经济问题，2015，36 (6)：29 -110.

[53] 李永文，史本林．区域旅游可持续发展初探 [J]. 地域研究与开发，2000 (3)：69 -72.

[54] 李远航．区域旅游发展战略规划研究 [J]. 知识经济，2013 (21)：107 -108.

[55] 连漪，姜营．区域旅游品牌发展及品牌价值提升策略——基于桂林旅游地品牌建设的思考 [J]. 企业经济，2013，32 (2)：122 -126.

[56] 廖国一．广西红色旅游发展战略研究 [J]. 改革与战略，2005 (9)：12 -16.

[57] 廖建华．西部地区旅游业可持续发展的障碍与对策 [J]. 经济师，2007 (8)：93 -94.

[58] 廖林萍．旅游业转型升级战略背景下广西高级旅游人才队伍建设探究 [J]. 广西教育，2014 (11)：25 -45.

[59] 林敏．网络舆情：影响因素及其作用机制研究 [D]. 浙江大学，2013.

[60] 林源源．区域旅游产业竞争力评价初探 [J]. 内蒙古科技与经济，2006 (2)：25 -27.

[61] 刘爱服．论我国旅游业专业人才的培养与教育 [J]. 社会科学家，2004 (6)：115 -117.

[62] 刘畅，潘喜凤，罗聪，黄巧蕾．“一带一路”倡议对广西旅游业发展影响 [J]. 现代商贸工业，2016，37 (8)：21 -22.

[63] 刘成文，冯淑华，唐丽萍．基于灰色关联度分析的旅游产业结构研究——以江西为例 [J]. 宜春学院学报，2010，32 (4)：50 -53.

[64] 刘红，刘蓓．论桂林旅游业可持续发展 [J]. 旅游纵览（下半月），2013 (6)：158 -159.

[65] 刘焕庆，吴健．全域旅游背景下的延边州乡村旅游可持续发展研究 [J]. 东疆学刊，2017，34 (1)：101 -105.

[66] 刘佳，杜亚楠．沿海地区旅游产业结构水平测度分析 [J]. 商业研究，2013 (7)：61 -67.

[67] 刘佳，杜亚楠．沿海地区旅游产业结构优化与经济增长关系 [J]. 经济问题探索，2014 (4)：74 -80.

[68] 刘民坤，蒋丽玲，陈湘漪．“一带一路”背景下中越跨境旅游合作区开发路径研究 [J]. 经济研究参考，2015 (53)：94 -96.

[69] 刘庆余，弭宁．全域旅游视野下健康养生旅游发展对策 [J]. 旅游学刊，2016，31 (11)：4 -6.

［70］刘衍衍．旅游业可持续发展研究［J］．理论探讨，2003（2）：58－60.

［71］刘艳，董晓峰．甘肃省旅游产业集群化初探［J］．甘肃科技，2010，26（13）：3－4.

［72］刘勇．“一带一路”倡议下旅游产业整体竞争力的提升路径［J］．鄂州大学学报，2015，22（8）：49－51.

［73］刘又堂，陈柏林．广西旅游产业竞争力提升策略研究［J］．桂林航天工业高等专科学校学报，2011，16（1）：35－37.

［74］刘又堂．全域旅游视阈下旅游目的地功能变化［J］．社会科学家，2016（10）：90－94.

［75］刘云腾，李丰生．桂林市国际旅游产业结构分析与优化［J］．大众科技，2010（2）：206－208.

［76］刘泽纯．旅游业人才培养模式探讨［J］．产业与科技论坛，2006（6）：124－125.

［77］刘长英．广西北海市旅游业发展高技能人才需求调查分析［J］．钦州学院学报，2012，27（1）：21－24.

［78］骆方金．桂林旅游业可持续发展的理性思考［J］．特区经济，2007（12）：165－166.

［79］马海鹰，吴宁．全域旅游发展首在强化旅游综合协调体制机制［J］．旅游学刊，2016，31（12）：15－17.

［80］马融．浅谈加快广西旅游业跨越发展人才培养的作用与对策［J］．旅游论坛，2013，6（4）：99－102.

［81］马一鸣．旅游产业竞争力的“钻石模型”分析——以大连市为例［J］．经济研究导刊，2010（12）：141－143.

［82］马勇，何彪．基于信息时代背景下的旅游业人才培养模式创新［J］．中国人力资源开发，2005（6）：83－85＋92.

［83］毛峰．乡村旅游供给侧改革研究［J］．改革与战略，2016，32（6）：58－112.

［84］毛润泽．中国区域旅游经济发展影响因素的实证分析［J］．经济问题探索，2012（8）：48－53.

［85］梅红建．基于产业集群理论的天津开发区生物医药产业发展研究［D］．天津大学，2010.

［86］孟秋莉，邓爱民．全域旅游视阈下乡村旅游产品体系构建［J］．社会科学家，2016（10）：85－89.

［87］杨振之．全域旅游的内涵及其发展阶段［J］．旅游学刊，2016，31（12）：1－3.

[88] 孟铁鑫. 以人才开发促进旅游业产业升级 [J]. 中国人才, 2011 (3): 62-63.

[89] 牟晓娟, 阚如良. 生态文明与旅游业可持续发展 [J]. 学习月刊, 2012 (10): 76-77.

[90] 南敏. 浅谈旅游业人才问题与旅游管理专业本科教育 [J]. 旅游纵览, 2014 (2): 292-293.

[91] 倪孟伟, 沈燕, 李康乐, 徐成, 杨琳, 欧益花. 广西智慧旅游发展策略研究 [J]. 商场现代化, 2015 (7): 152-154.

[92] 聂峥嵘. 贵广高铁沿线区域旅游发展潜力评价 [J]. 梧州学院学报, 2015, 25 (5): 23-29.

[93] 牛亚菲. 旅游业可持续发展的指标体系研究 [J]. 中国人口. 资源与环境, 2002 (6): 44-47.

[94] 潘冬南, 唐奇展. 民族地区旅游产业结构分析与优化对策——以广西为例 [J]. 广西民族研究, 2015 (4): 162-171.

[95] 潘冬南. 新常态下广西旅游产业转型升级的影响因素研究 [J]. 广西大学学报 (哲学社会科学版), 2017, 39 (3): 43-48.

[96] 潘建民, 杨昌雄. 广西发展特色旅游业与区域经济的全方位思考 [J]. 广西社会科学, 2001 (2): 43-48.

[97] 彭清华, 陈武. 彭清华书记、陈武主席论"双核驱动"战略 [J]. 广西经济, 2014 (3): 12-22.

[98] 彭清华. 实施积极有效的区域发展战略 [J]. 当代广西, 2013 (8): 6-7.

[99] 彭文喜, 孙虎, 刘慧慧, 孔庆蕊. 我国省际旅游业可持续发展能力的空间分异研究 [J]. 地域研究与开发, 2011, 30 (2): 113-118.

[100] 全峰梅. 项目策划视角下的中国—东盟现代农业科技合作园区概念性规划设计 [J]. 规划师, 2014 (1): 65-69.

[101] 全娜. 广西应用型本科院校英语 (旅游) 专业师资队伍建设研究 [J]. 广西教育, 2017 (7): 95-97.

[102] 萨础日娜. 民族地区对接"一带一路"沿线国家发展战略研究 [J]. 广西民族研究, 2016 (6): 136-143.

[103] 邵一乙. 临港新城旅游产业发展现状与策略研究 [D]. 华东理工大学, 2011.

[104] 生延超. 区域旅游产业发展水平的测度与评价 [J]. 湖南商学院学报, 2016, 23 (1): 58-66.

[105] 盛见. 区域旅游产业竞争力构成: 基于竞争力性质的研究 [J]. 旅游学刊, 2007 (8): 29-34.

[106] 史文斌，卢新元，张金隆．旅游产业集群竞争力评价模型研究 [J]．武汉理工大学学报（信息与管理工程版），2007（3）：113－120．

[107] 宋德勇，邓柏盛．中部地区旅游产业培育研究 [J]．资源与产业，2006（4）：63－66．

[108] 宋蕾．“大理好风光”可持续发展的问题及成因探析 [J]．赤峰学院学报（哲学社会科学版），2016，37（12）：67－68．

[109] 宋晓丽，周金泉，陈丽琴．全域旅游视域下旅游小镇发展策略探析 [J]．经济问题，2017（6）：103－107．

[110] 宋彦麟．辽宁省文化产业竞争力研究 [D]．哈尔滨工程大学，2006．

[111] 覃坚谨．彭清华：坚定不移，推动北部湾经济区加速发展 [J]．传承，2013（5）：6－16．

[112] 唐承财，钟林生，成升魁．我国低碳旅游的内涵及可持续发展策略研究 [J]．经济地理，2011，31（5）：862－867．

[113] 唐烨．全域旅游视角下我国乡村旅游发展研究 [J]．中国农业资源与区划，2017，38（7）：207－212．

[114] 唐羽．浅析我国生态旅游与旅游业的可持续发展 [J]．商场现代化，2011（22）：24．

[115] 唐正花，马永强，张端阳，等．县域茶产业发展的 SWOT 分析与竞争力框架构建——以广西三江为例 [J]．南方论刊，2016（12）：67－69．

[116] 陶良虎，张道金．论产业竞争力理论体系 [J]．湖北行政学院学报，2006（4）：53－55．

[117] 陶玉霞．乡村旅游需求机制与诉求异化实证研究 [J]．旅游学刊，2015，30（7）：37－48．

[118] 田里．区域旅游可持续发展评价体系研究——以云南大理、丽江、西双版纳为例 [J]．旅游科学，2007（3）：44－71．

[119] 图登克珠，管兵．西藏旅游人力资源开发的现状、问题及对策 [J]．西藏科技，2010（11）：23－27．

[120] 汪宇明，何小东．关于区域旅游障碍的辨析——兼论行政区划对区域旅游发展的影响 [J]．旅游学刊，2008（8）：39－45．

[121] 汪宇明．广西防城港市旅游发展的战略研究 [J]．现代城市研究，2001（1）：40－44．

[122] 王东红．精准发力　着力突破　坚决打赢新一轮扶贫开发攻坚战 [J]．党的建设，2015（6）：40－50．

[123] 王国红，李葆盛．提升广西旅游竞争力的战略构想 [J]．广西大学学报（哲学社会科学版），2000（4）：38－41．

[124] 王慧玲，温艳玲．区域旅游产业竞争力评价研究［J］．经济纵横，2012（12）：48－50.

[125] 王金叶，刘亚萍．广西北部湾经济区旅游创新发展策略探讨［J］．广西大学学报（哲学社会科学版），2011，33（4）：28－31.

[126] 王凯，鲁西奇．论旅游业可持续发展战略的切入点和实施途径［J］．热带地理，2003（1）：71－79.

[127] 王岚．地区文化产业竞争力评价研究［D］．天津大学，2009.

[128] 王琼英．乡村旅游的社区参与模型及保障机制［J］．农村经济，2006（11）：85－88.

[129] 王淑荣．旅顺经济开发区制造业与文化产业融合研究［J］．对外经贸，2016（12）：75－77.

[130] 王素洁，刘海英．国外乡村旅游研究综述［J］．旅游科学，2007（2）：61－68.

[131] 王欣，杨文华，胡莹，蔡凤．高铁对区域旅游发展的影响及其对策研究［J］．金融经济，2017（4）：46－48.

[132] 王欣，邹统钎．产学研结合促进旅游业实践型人才培养［J］．中国高校科技与产业化，2010（7）：46－47.

[133] 王新刚．大庆服务外包产业竞争力评价及提升途径［D］．东北石油大学，2011.

[134] 王信章．建立科学高效的旅游目的地市场营销体系的六个环节［J］．旅游学刊，2008，23（4）：6－7.

[135] 王杏丹，刘俊雅．“全域旅游”对民族地区的文化涵化影响与涵化路径引导［J］．中华文化论坛，2016（9）：142－147.

[136] 王学峰，张辉．区域旅游发展潜力评价体系构建及应用研究——以西部地区为例［J］．干旱区资源与环境，2013，27（12）：203－208.

[137] 王耀东．旅游产业发展战略研究［D］．天津大学，2005.

[138] 王迎涛．我国区域旅游资源整合研究进展与发展建议［J］．地域研究与开发，2009，28（1）：68－72.

[139] 王云龙．区域旅游产业结构基本书框架构建［J］．企业活力，2012（1）：5－10.

[140] 王兆峰，谢娟．我国区域旅游产业竞争力对比实证分析［J］．吉首大学学报（社会科学版），2012，33（3）：69－78.

[141] 王兆峰．区域旅游产业发展潜力评价指标体系构建研究［J］．华东经济管理，2008（10）：31－35.

[142] 王兆峰．区域旅游产业竞争力评价指标体系的构建［J］．经济管理，

2009, 31 (8): 33 -38.

[143] 王兆峰. 区域旅游产业品牌竞争力评价指标体系构建研究 [J]. 当代财经, 2007 (10): 83 -87.

[144] 韦东海, 刘又堂. 广西旅游产业发展模式比较研究 [J]. 企业经济, 2011, 30 (9): 119 -122.

[145] 韦复生. 广西民族旅游开发与贫困缓解 [J]. 广西民族大学学报 (哲学社会科学版), 2006 (6): 83 -87.

[146] 魏丽华. 京津冀产业协同发展困境与思考 [J]. 中国流通经济, 2017, 31 (5): 117 -126.

[147] 魏小双, 段文军. 广西旅游产业竞争力分析及提升策略研究 [J]. 产业与科技论坛, 2014, 13 (19): 17 -18.

[148] 吴殿廷, 王丽华, 王素娟, 等. 把旅游业建设成为战略性支柱产业的必要性、可能性及战略对策 [J]. 中国软科学, 2010 (9): 1 -7.

[149] 吴冬霞. 广西旅游产业结构分析 [J]. 广西社会科学, 2003 (11): 64 -68.

[150] 吴冬霞. 广西旅游产业结构调整研究 [J]. 改革与战略, 2003 (6): 25 -28.

[151] 吴倩. 民族地区文化产业与旅游产业的融合发展研究——以贵州省为例 [J]. 贵州民族研究, 2012 (6): 124 -127.

[152] 吴书勤. 职业教育伴随企业“走出去”的实践探索——以柳州城市职业学院国际化发展为例 [J]. 广西教育, 2017 (15): 6 -7.

[153] 吴旭云, 龙睿. 全域旅游背景下我国养老旅游目的地发展路径探讨 [J]. 改革与战略, 2017, 33 (5): 123 -126.

[154] 吴焱, 刘琳. 西部旅游业的可持续发展问题研究 [J]. 新疆师范大学学报 (自然科学版), 2009, 28 (1): 83 -86.

[155] 伍少金. 广西旅游业可持续发展的思考 [J]. 学术论坛, 2005 (10): 120 -123.

[156] 谢慧明, 沈玲佳, 沈满洪. 国内旅游业可持续发展的供求策略研究 [J]. 旅游论坛, 2016, 9 (6): 45 -50.

[157] 谢新, 张念萍. 基于非均衡发展战略的广西旅游产业发展布局思考 [J]. 旅游纵览月刊, 2016 (3).

[158] 幸岭. 区域旅游发展创新模式: 跨境旅游合作区 [J]. 学术探索, 2015 (9): 70 -75.

[159] 熊元斌, 蒋昕. 旅游业可持续发展的路径依赖及其创新选择 [J]. 商业经济与管理, 2011 (2): 92 -97.

[160] 熊元斌，刘好强．旅游业可持续发展的机制设计研究［J］．武汉商学院学报，2014，28（5）：5－11.

[161] 熊元斌，张文娟．旅游业可持续发展的制度安排及其创新［J］．世界环境，2010（4）：83－85.

[162] 熊远光．广西边境旅游发展现状及对策研究［J］．农业经济，2015（11）：53－55.

[163] 羊绍全．广西沿边、沿海地区旅游业人才培养模式探索［J］．教育与职业，2008（6）：59－60.

[164] 阳国亮．论泛漓江流域旅游圈［J］．改革与战略，2006（8）：31－34.

[165] 杨春玲．旅游业人才需求现状与发展分析——兼论广西旅游人才的现状与发展对策［J］．经济与社会发展，2005（10）：83－86.

[166] 杨帆．青城山旅游发展战略研究［D］．西南财经大学，2010.

[167] 杨铭德．论广西的大旅游发展战略［J］．重庆商学院学报，2000（6）：29－31.

[168] 杨勇．我国旅游产业综合竞争力：理论分析、测度体系与实证评价［J］．旅游科学，2012，26（6）：42－54.

[169] 杨值珍．中美关系与中国同周边国家互联互通建设［J］．湖北大学学报（哲学社会科学版），2014，41（3）：31－39.

[170] 叶新才，李洪波．区域旅游发展潜力评价体系框架构建［J］．乐山师范学院学报，2011，26（5）：51－56.

[171] 易乐权．民族地区旅游产业结构调整升级对策研究［J］．经济研究导刊，2008（7）：165－166.

[172] 殷剑，邱婷．以余江为例谈县域旅游开发的模式思考［J］．商，2015（40）：282－283.

[173] 银元，庞君．经济新常态下革命老区旅游业发展路径研究［J］．老区建设，2015（12）：24－26.

[174] 尹艳林．多元平衡：对外开放新战略［J］．国际贸易，2013（2）.

[175] 于长发．浅谈环境保护是可持续发展的重要保障［J］．价值工程，2011，30（3）：136－136.

[176] 余凤龙，陆林．制度变迁下的中国区域旅游发展与差异研究［J］．人文地理，2010，25（3）：124－127.

[177] 余小军．少数民族地区旅游业的可持续发展战略论——以广西盘阳河流域为例［J］．桂林旅游高等专科学校学报，2001（3）：53－57.

[178] 庾新顺．左右江革命老区振兴发展的若干思考［J］．传承，2016（12）：14－18.

［179］袁其国．我国刑事执行检察的回顾与展望［J］．人民检察，2016（12）：98－103.

［180］袁新华．旅游目的地营销应注重发挥好三个“效应”［J］．旅游学刊，2006，21（7）：8－9.

［181］张春永．浅析旅游业人才应具备的基本素质与特定素质［J］．商场现代化，2011（17）：116.

［182］张贡生．“六五”～“十二五”：经济区划分的历史回顾及其讨论［J］．经济问题，2013（2）：9－15.

［183］张广海，高乐华．旅游产业集群及其空间布局研究——以青岛市旅游产业为例［J］．中国海洋大学学报（社会科学版），2008（3）：38－42.

［184］张广海，刘菁．中国沿海区域旅游发展与碳排放脱钩关系研究［J］．资源开发与市场，2015，31（11）：1352－1357.

［185］张国良，支庭荣．上海与国内其他大城市传媒产业竞争力比较［J］．科学发展，2009（6）：88－101.

［186］张海燕，王忠云．基于产业融合的文化旅游业竞争力评价研究［J］．资源开发与市场，2010，26（8）：743－746.

［187］张华伟，武刚尧．产业竞争力理论研究框架——基于几种研究范式的分析［J］．科技创新与生产力，2007（2）：31－32.

［188］张家寿．加快区域协调发展与建设西部经济强区——以广西“两区一带”为例［J］．改革与战略，2013，29（12）：77－81.

［189］张瑾．资源型城市旅游业可持续发展评价［J］．湖北社会科学，2010（5）：90－96.

［190］张俊飞．“旅游＋”视角下青岛市旅游消费增长的路径研究［J］．职业技术，2017，16（4）.

［191］张帅．中、英两国旅游产业发展战略比较研究［J］．商业文化月刊，2007（11）：134－135.

［192］张位锋．浅谈旅游产业结构优化对区域旅游经济增长贡献的演变［J］．经济研究导刊，2017（8）：82－83.

［193］张英，彭苑．武陵山片区旅游型城镇建设的思考［J］．民族论坛，2012（18）：27－31.

［194］张瑛．进一步加强民族地区旅游业人才队伍建设的探讨［J］．技术经济与管理研究，2007（5）：88－90.

［195］张佑印，顾静，黄河清．中国区域旅游产业结构变化的空间差异分析［J］．经济地理，2012，32（4）：155－159＋172.

［196］张玥，欧阳柳依．一带一路，各省找路［J］．中国外资，2015（7）：

40 - 42.

[197] 赵华，于静．新常态下乡村旅游与文化创意产业融合发展研究 [J]．经济问题，2015 (4)：50 - 55.

[198] 赵玲，胡春．新兴文化产业的发展：三网融合新产业 [J]．现代传播—中国传媒大学学报，2012，34 (6)：87 - 90.

[199] 赵霞，韩一军，姜楠．农村三产融合：内涵界定、现实意义及驱动因素分析 [J]．农业经济问题，2017 (4)：49 - 57.

[200] 赵翔翔．论旅游业可持续发展 [J]．武汉大学学报 (人文社会科学版)，2000 (2)：183 - 187.

[201] 郑江宁，颜澄．区域旅游合作发展模式比较研究 [J]．生态经济，2008 (9)：107 - 109.

[202] 郑月波．广西生产性服务业发展之我见 [J]．百色学院学报，2010，23 (5)：64 - 69.

[203] 周武生．广西融水苗族自治县乡村旅游发展战略研究 [J]．农业经济，2010 (8)：40 - 42.

[204] 周小勇．区域合作背景下广西北部湾旅游电子商务发展战略研究 [J]．企业导报，2013 (5)：170 - 171.

[205] 庄小丽，康传德．旅游产业结构分析与优化实证研究 [J]．华中师范大学学报 (自然科学版)，2006 (4)：629 - 632.

[206] 卓庆卿，俞益武，方躬勇．休闲旅游业应用型人才培养体系的探索 [J]．商场现代化，2008 (36)：297 - 298.

[207] 王晓易．2014 年广西旅游业在经济新常态下实现新突破 [N]．广西日报，2015 - 02 - 10.

[208] 冼敏．我区打造国际旅游人才高地 [N]．南宁日报，2011 - 09 - 02.

[209] 吴丽萍．朝阳产业火起来 [N]．广西日报，2015 - 01 - 11.

[210] 邝伟楠．旅游对广西就业贡献率超 10% [N]．中国旅游报，2015 - 02 - 16.

[211] 把旅游业打造成为全区战略性支柱产业 [N]．广西日报，2015 - 01 - 05.

[212] 多措并举，推动乡村旅游跨越发展 [N]．广西日报，2015 - 02 - 09.

[213] 江东洲．全面推进全域旅游发展，加快建设生态旅游大公园 [N]．科技日报，2017 - 03 - 15.

[214] 江东洲．整合组织资源，打赢广西新一轮扶贫开发攻坚战 [N]．科技日报，2013 - 04 - 26.

[215] 彭清华．实施积极有效的区域发展战略 [N]．广西日报．2013 - 04 - 12.

后　记

本书是我负责的广西高校党的“十八大精神研究”专项课题重点项目《广西旅游产业发展战略与旅游管理研究》（DSBD13ZD024）的研究成果。同时，受“休闲养生旅游研究中心”广西高校人文社科重点研究基地和“旅游管理”广西一流学科（培育）资助。

本书之所以能够顺利完成，与桂林旅游学院杨德云、曾荣发、谢雨萍、钟泓、陈伍香、粟维斌、张念萍、杨莎莎、邓飞虎等老师及时提供部分课题研究参考资料是分不开的。在此，谨表最诚挚的谢意。

本书的出版得到经济科学出版社的大力支持和帮助。

本书划分为理论研究、现状分析、战略研究和发展展望这四大板块，内容涉及面较广，研究跨度也较大，在撰写过程中参阅了大量的中外经典文献，尽可能把握本课题研究的理论前沿，但由于时间和能力有限，书中难免会有疏漏甚至失误之处，恳请读者谅解，并欢迎批评指正。

林　娜

2018 年 10 月 15 日